Phönix-Journal Nr. 07

MEISTER DES REGENBOGENS
„DIE PRACHTVOLLEN SIEBEN"

von

DEN MEISTERN

Titel des Originals:
THE RAINBOW MASTERS
"THE MAGNIFICENT SEVEN"

Dieses Buch basiert auf der
dritten englischen Ausgabe, gedruckt von
PHOENIX SOURCE PUBLISHERS, Inc.
P.O. Box 27353
Las Vegas, Nevada, 89126 USA
August 1993

1. deutsche Ausgabe 2023
Layout, Umschlaggestaltung, Titelbild: José Buchwald
Satz: Arina Zwetkowa
Lektorat: Svetlana Zemli

Druck und Distribution im Auftrag des Herausgebers:
tredition GmbH, Heinz-Beusen-Stieg 5, 22926 Ahrensburg, Deutschland

ISBN Softcover: 978-3-384-09339-4
ISBN Hardcover: 978-3-384-09340-0
ISBN eBook: 978-3-384-09341-7

Die Texte der Phönix-Journale sind bewußt
nicht durch Copyright geschützt (siehe Seite 4), um eine bestmögliche
Verbreitung zu ermöglichen.
Urheberrechtlich geschützt sind Gestaltung und Aufmachung
dieses Buches und bedürfen bei publizistischer Verwendung
der Genehmigung des Herausgebers.

Die Deutsche Nationalbibliothek verzeichnet diese Publikation
in der Deutschen Nationalbibliografie;
detaillierte bibliografische Daten sind im Internet
unter http://dnb.d-nb.de abrufbar.

Phönix-Journal Nr. 07

MEISTER DES REGENBOGENS

„DIE PRACHTVOLLEN SIEBEN"

von

DEN MEISTERN

Aus dem Amerikanischen übersetzt von
Lydia Alberts
2023

Herausgegeben von
CM Publishing – www.christ-michael.net

Veröffentlicht auf Wunsch von
CHRIST MICHAEL ATON VON NEBADON

ERKLÄRUNG ZUM COPYRIGHT UND HAFTUNGSAUSSCHLUSS

Die Phönix-Journale sind gedacht als „Echt-Zeit"-Kommentare zu gegenwärtigen Ereignissen, so wie derzeitige Ereignisse in Verbindung stehen zur Vergangenheit und der Beziehung beider zur materiellen und spirituellen Entwicklung der Menschheit.

Geschichte, wie wir sie kennen, wurde von selbstsüchtigen Menschen revidiert, umgeschrieben, verdreht und verändert, um Kontrolle über die Menschheit sowohl zu bekommen als auch zu erhalten. Wenn man versteht, daß alles aus „Energie" besteht, daß sogar physische Materie „verschmolzene" [A.d.Ü.: im Sinne von „verdichtete"] Energie ist und daß alle Energie aus dem Gedanken GOTTES entsteht, kann man die Vorstellung akzeptieren, daß die erfolgreiche Ausrichtung von Millionen Gedanken auf ein zu erwartendes Ereignis es auch geschehen läßt.

Wenn man die vielen Prophezeiungen von Tausenden von Jahren ansieht, sind wir jetzt in der „Endzeit" (speziell das Jahr 2000, das zweite Millennium usw.). Das würde bedeuten, daß wir uns jetzt in der Zeitspanne der „Auslese" befinden, nur ein paar Jahre von der Ziellinie entfernt. GOTT sprach, daß in der Endzeit das WORT ergeht – in alle vier Himmelsrichtungen – so daß sich jede/r für den Weg entscheiden kann, den er/sie gehen möchte – entweder mit der Hinwendung zum Göttlichen oder der Abkehr – beruhend auf der WAHRHEIT.

So sendet GOTT Seine Heerscharen – Seine Botschafter – um diese WAHRHEIT zu verkünden. Die Phönix-Journale sind die Art und Weise, wie Er gewählt hat, sie uns zu präsentieren. So sind diese Journale die Wahrheit, die nicht mit einem Urheberrecht belegt werden können. Sie bestehen aus gesammelten Informationen, die auf der Erde bereits verfügbar sind, von Anderen recherchiert und zusammengestellt (einige zweifelsohne nur für diesen Zweck), und sollten nicht urheberrechtlich geschützt werden (außer *SIPAPU ODYSSEY*, was eine „Dichtung" ist).

Die ersten ungefähr sechzig Journale wurden von America West Publishing verlegt. Der Verlag entschied, daß aufgrund der ISBN-Nummer (notwendig für den Bücherverkauf) ein Urheberrecht angegeben werden müsse. Commander Hatonn, der ursprüngliche Autor und derjenige, der alles zusammenstellte, hat darauf bestanden, daß keine Urheberrechte bestehen und nach unserer Kenntnis wurden auch keine vergeben.

Wenn die Wahrheit alle Welt erreichen soll, muß sie frei weitergegeben werden können. Wir hoffen, daß jeder Leser das auch tun wird. Selbstverständlich sollte der Kontext erhalten bleiben.

DISCLAIMER

DIE ÜBERSETZUNGEN DER PHÖNIX-JOURNALE SIND EIN FREIES PROJEKT AUF DIESEM PLANETEN.

ES LIEGT KEINE BEANSPRUCHUNG DES MATERIALS DURCH ABUNDANTHOPE.NET ODER CHRIST-MICHAEL.NET VOR. VERÖFFENTLICHENDE WEBSEITEN KÖNNEN LEDIGLICH TRÄGER DES MATERIALS SEIN. EBENSOWENIG GIBT ES FESTE ANSPRÜCHE IRGENDWELCHER ÜBERSETZER AUF DAS KOMPLETTE MATERIAL.

ÜBER DIE PHÖNIX-JOURNALE

Die Phönix-Journale sind Ende der Achtziger bis etwa Ende der Neunziger Jahre des letzten Jahrhunderts in Kalifornien, USA, entstanden und wurden bereits damals schon teilweise in Buchform herausgegeben.

Die Autoren sind Wesenheiten aus der sogenannten *Bruderschaft des Lichts* der Kosmischen Ebenen. Allen voran *Gyeorgos Ceres Hatonn*, Oberster Befehlshaber für das Projekt Erdübergang, Esu Jesus Jmmanuel Sananda, der bereits vor 2000 Jahren als Botschafter der Geistigen Ebenen auf diesem Planeten – allgemein als *Jesus Christus* bekannt – inkarniert war, und diverse Meister der Farbstrahlen, wie z. B. der wohl bekannteste Meister des Violetten Strahls, *Saint Germain*, der auch mehrere Male im körperlichen Gewand die Geschicke der Welt gelenkt hat.

Hatonn stellt sich mit diesen Worten selbst vor:

„Ich bin Gyeorgos Ceres Hatonn, Oberster Befehlshaber Projekt Erdübergang, Sektor Flugkommando der Plejaden, Intergalaktische Flottenföderation unter dem Kommando von Ashtar; Repräsentant der Erde für den Kosmischen Rat und Intergalaktischen Rat der Föderation zum Übergang der Erde. Ihr könnt mich ‚Hatonn' nennen."

Eine kurze Zusammenfassung, was die Phönix-Journale sind, hat Kommandant Hatonn selbst gegeben:
„Diese Journale sind die Worte der Wahrheit, die Gottes Versprechen für die Veröffentlichung in der Endzeit darstellen, um der Menschheit eine letzte Chance zu geben, sich für die Wahrheit anstatt für die Lüge zu entscheiden."

Gyeorgos Ceres Hatonn outete sich später als niemand Geringeres als unser Schöpfersohn *Christ Michael Aton* und ist somit die höchste Autorität unter den Autoren.

Das Diktat wurde in englischer Sprache über radioähnliche Kurzwellen direkt an Doris Ekker alias „Dharma" übermittelt, die etwa 20 Jahre lang im Dienste der Himmlischen Heerscharen in etwa dreiwöchigem Rhythmus jeweils ein Journal fertiggestellt hat.

Ihr Beitrag für die Entwicklung der Menschheit kann nicht hoch genug geschätzt werden und sie war der einzige Kanal, durch den Gyeorgos Ceres Hatonn übermittelt hat. Nicht nur, daß sie tagtäglich im Dienst der Geistigen Ebene stand, ganz irdisch hatte sie auch zu kämpfen mit Anfeindungen, Verleumdungen, Übergriffen und sie mußte von der Geistigen Welt nach körperlichen Angriffen drei Mal wiederbelebt werden. Außerdem wurde oftmals der Buchdruck seitens weltlicher Verhinderer boykottiert oder die Zusammenarbeit der Phönix-Mitarbeiter in den damals arrangierten Radiosendungen diffamiert. Hier muß man fairerweise sagen, daß sich in dieser Beziehung bis heute rein gar nichts verändert hat.

Die Phönix-Journale sind ein Zeitzeugnis einerseits und – verbunden mit den dazu passenden geschichtlichen Hintergründen andererseits – ein geschichtliches Werk in mehreren Bänden, das den Menschen als geistiges Wesen betrachtet und somit in seinen Aussagen auch alle Bereiche berührt, mit denen ein Mensch während seines irdischen Seins in Berührung kommt – Geschichte, Wissenschaft, Gesundheit, Politik, Gesellschaft und nicht zuletzt Spiritualität und Religion, also die Verbindung zu Gott, unserem Schöpfer. Die Ebenen sind untrennbar miteinander verbunden und erst das „Be-Leben" und „Er-Leben" aller Ebenen macht den Menschen in seiner Gesamtheit aus.

Sie befassen sich mit dem, was sich seit Anfang unserer Zivilisation hinter den Kulissen abspielte, niemals an die Öffentlichkeit drang, oder einfach durch „Brände" – wie die Bibliothek von Alexandria – der sinnlosen Zerstörung „zum Opfer fiel". Oder auch durch Sintfluten, die die lemurischen und atlantischen Zivilisationen verschlangen.

Aus geistiger Ebene gesehen, tragen solche Katastrophen eine Aufforderung an die Zivilisationen in sich, die da heißen: Denken und

Handeln überdenken, zu geistiger Einsicht gelangen und sein Tun darauf abstimmen. Die Lebensregeln dazu liefern die Phönix-Journale auch in Form der Gebote der Schöpfung und Gottes.

Das erwartete Goldene Zeitalter wird die Zeit sein, in der sich die Menschen diesen Geboten wieder zuwenden und nach bestem Wissen und Gewissen danach leben, um auch die Schöpfung auf unserem wunderbaren Blauen Planeten wieder neu zu beleben.

Im Zuge der spürbaren Veränderungen auf unserer Erde ist es an der Zeit, daß die Menschheit ihre Chancen für eine bessere Welt wahrnimmt, die Verantwortung für ihr Handeln übernimmt, die Zügel in die Hand nimmt und nicht mehr abgibt an Regierende, sondern sich bewußt wird, daß der einzige Sinn und Zweck eines menschlichen Lebens in der seelisch-geistigen Entwicklung, im Wachstum, im Reifeprozeß und auf allerhöchster Ebene in der Heimkehr zum Schöpfer in geläuterter, geistiger Form besteht.

Uns dies bewußt zu machen, wurden die Phönix-Journale als DAS WORT wieder auf die Erde gebracht, das uns Gott als Führung und Leitfaden durch die „Endzeiten" versprochen hat. Wie Gyeorgos Ceres Hatonn sagt: Wer hören will, der höre, wer sehen will, der sehe. Unerläßlich für diese Entwicklung ist Wissen und Weisheit, die uns die Phönix-Journale bringen. Die stoffliche Welt ist der Spielplatz, auf dem die Seele Mensch verfeinert und geschliffen werden soll, dazu gehört die in der Bibel genannte „Arbeit" – an sich selbst! Damit jeder Mensch in seiner Einzigartigkeit wie Phönix aus der Asche zum Schöpfer aufsteigen kann.

Sananda in Phönix Journal Nr. 12, Kapitel 10:

„Es mag nicht das sein, was Manche zu hören ‚wünschen', aber es wird die Wahrheit sein und die Herzen der Menschen sollen es wissen! So sei es und Selah!"

INHALTSVERZEICHNIS

VORWORT	**18**
KAPITEL 1	**26**
ALLE ZEICHEN SIND SICHTBAR	26
WER SPRICHT DIE WAHRHEIT?	28
DIE GESETZE GOTTES	30
IHR BRAUCHT KEINE ANDEREN GESETZE	34
HIER IST EUER TÄGLICH BROT	36
KAPITEL 2	**39**
DIE SIEBEN STRAHLEN DES LEBENS	39
DER VIOLETTE STRAHL	40
IMMANUEL UND DIE ESSENER	42
VIELE KULTE UND KIRCHEN WERDEN MEINEN NAMEN BENUTZEN	43
DIE WAHRHEIT UND DIE GESETZE DER SCHÖPFUNG VERÄNDERN SICH NICHT	44
WERTVOLLES ALTES WISSEN WURDE ERHALTEN	45
KAPITEL 3	**48**
DIE HOFFNUNG KAM VOM STERN AUS DEM OSTEN	48
ALLES IST LEBEN	49
DIE VERWIRRUNG WIRD GEHEN – WO WIRST DU SEIN?	49
FEHLERHAFTES DENKEN	50
HERRLICHE ERDE	51
JEDER IST EIN SUCHENDER TEIL GOTTES!	52
TRAGT DIE BOTSCHAFT WEITER	53
ICH BIN	54
MEINE MISSION	55
UM ETWAS ZU ERHALTEN, MUSS MAN ZUERST ETWAS GEBEN	56
WIEDERKUNFT CHRISTI	57
URSACHE UND WIRKUNG	57
AH, IHR DACHTET, IHR SEID DIE ‚EINZIGEN'	58
KAPITEL 4	**60**
PROPHEZEIUNGEN	60
DIE AUFGABE VON CHARLES	62
DIE REGIERUNGEN SIND IN PANIK	62
EINE ZEIT DER SEELENENTWICKLUNG	64

FÜR DIE ERDE WIRD ES ZEIT, HEIMZUKOMMEN	65
MICHAEL SPRICHT	67

KAPITEL 5 — 69

ES IST DIE ZEIT DER GROSSARTIGEN ERKENNTNISSE	69
DER BUND DES *BOGENS*	71
DER AKKORD WIRD ANGESCHLAGEN	73
GEDANKEN	74
DIE SCHÖPFUNG NAMENS EWIGKEIT	75
DIE ERDE IST ETWAS GANZ SPEZIELLES	76
VORBEREITUNGEN FÜR DIE WANDLUNG	76

KAPITEL 6 — 79

DIE NOTLAGE DER VEREINIGTEN STAATEN	79
DIES IST DAS „WORT", WIE ES DER VATER VERSPROCHEN HAT	80
BEREITET EUCH AUF EINEN ERSTSCHLAG-ANGRIFF VOR	82
VORBEREITET SEIN IST DER SCHLÜSSEL	85
ERWACHET IN DIE WAHRHEIT	86
EIN KRIEG WIRD WAHRSCHEINLICH, WENN IHR EUCH NICHT VORBEREITET	87
HILFE STEHT BEREIT	88

TEILBEREICH 1 — 91

EINFÜHRUNG IN DIE ENERGIEN DER „PRACHTVOLLEN SIEBEN"	91

KAPITEL 7 — 92

DER ERSTE STRAHL	
EL MORYA, DER STAATSMANN	92
ES IST DIE ZEIT, SICH WIEDER ZU VEREINEN	92
BEISPIEL EINER VERÄNDERUNG	93
AUFSTELLUNG DER ARBEITSTRUPPEN	95

KAPITEL 8 — 98

DER ZWEITE STRAHL	
LANTO, DER WEISE	98
DEFINITIONEN/BEGRIFFLICHKEITEN	98
FEHLENDES WISSEN ÜBER DIE ERDE	99
„GEWALT" KOMMT NICHT VON GOTT	100
EIN BESSERER WEG	101
DURCHHALTEVERMÖGEN MIT UNTERSTÜTZUNG	102
SPIELT NICHT MIT DER „WAHRHEIT" HERUM	103

KAPITEL 9 — 105

- DER DRITTE STRAHL
  - PAUL DER VENEZIANER, DER KÜNSTLER — 105
- WUNSCH NACH ARCHITEKTONISCHER BETEILIGUNG — 106
- FORDERT DIE IDENTIFIKATION DES GEISTWESENS — 107
- ALLE HABEN TALENTE UND BEGABUNGEN — 108
- DER NICHT UNTERNOMMENE SCHRITT — 109
- DIE FALLE DES MENSCHLICHEN EGO — 109

KAPITEL 10 — 112

- DER VIERTE STRAHL
  - SERAPIS BEY, DER ARCHITEKT — 112
- „DHARMA" IST NICHT GLEICH DARMA — 113
- HOLT EUCH PAPIER UND EINEN STIFT — 114
- UNBEUGSAMER LÖWE — 114

KAPITEL 11 — 119

- DER FÜNFTE STRAHL
  - HILARION, DER HEILER — 119
- BEGRIFFLICHKEITEN — 121
- WER HAT WEN „AUSERWÄHLT"? — 122
- HEILUNG KANN NUR DURCH DEN GEIST ERFOLGEN — 122

KAPITEL 12 — 125

- DER SECHSTE STRAHL
  - LADY NADA — 125
- PROBLEME MIT DEN GESCHLECHTERN UND DER VERANTWORTUNG — 125
- KENNE DICH SELBST — 128
- SELBST VERGLICHEN MIT SELBSTLOSIGKEIT — 130
- ERKENNE DICH SELBST — 131

KAPITEL 13 — 135

- DER SIEBENTE STRAHL
  - GERMAIN, DER ALCHEMIST — 135
- ER LEBTE, UM DIE MENSCHEN ZU BEFREIEN — 136
- „MELCHISEDEK" WURDE DURCH DUNKLE EINMISCHUNG VERDORBEN — 137
- KEINE WUNDER, SONDERN UNIVERSELLE GESETZE — 138
- DER CHRISTLICHE PFAD WURDE ABSICHTLICH VERBORGEN — 139
- ALTE OFFENBARUNG — 140

KAPITEL 14 — 142

- MAHA CHOHAN — 142

TEILBEREICH 2 — 145
„RÜCKKEHR DER SIEBEN" — 145

KAPITEL 15 — 146
- EL MORYA — 146
- WARUM DIE PROPHETEN GEKOMMEN SIND — 148
- MONOTHEISMUS UND DIE RÜCKKEHR — 151
- DER WEG DES CHRISTUS IST KEINE AUSNAHME — 154
- HÜTET EUCH VOR FALSCHEN GEISTLICHEN — 156

KAPITEL 16 — 158
- EL MORYA — 158
- DER STRAHL DER MORGENRÖTE — 158
- DER WILLE DES HERRN — 159
- ICH KOMME, UM AUFZURÜTTELN — 160
- SELBSTBEHERRSCHUNG — 162
- DIE GLEICHE ALTE GESCHICHTE — 164
- STÄRKT EUREN WILLEN — 166
- ES GIBT KEINE GUTE FEE — 167
- VERWIRRENDE ENERGIEN VERÄNDERN — 168

KAPITEL 17 — 170
- EL MORYA — 170
- DIE WAISENKINDER DES GEISTES — 170
- KEINE WELTLICHE ALLIANZ — 171
- KINDER SIND UNSER HÖCHSTES ANLIEGEN — 174

KAPITEL 18 — 177
- LANTO — 177
- REGELT DIE RAHMENBEDINGUNGEN EURES LEBENS — 177
- HEILUNG — 179
- ES WIRD KEINE ZEICHEN GEBEN — 180
- SEI DER SEINSZUSTAND — 181
- SEID STILL UND HÖRT ZU — 182
- ZUKUNFT SICHERN — 184
- RESPEKT FÜR ALLE — 185

KAPITEL 19 — 187
- PAUL DER VENEZIANER — 187
- LIEBE UND DISZIPLIN — 187
- JEDER HAT EINZIGARTIGE VORSTELLUNGEN/GEDANKEN — 189
- BRINGT DIE DINGE IN ORDNUNG — 193

KAPITEL 20 — 196
- SERAPIS BEY — 196

FALSCH DEFINIERTE „LIEBE"	196
SEID IHR BEREIT?	198
BEWEGT EUCH AUS DER ABWÄRTSSPIRALE HERAUS	199
ALS KIND	201
ERFAHRUNGEN, DIE ZUM LERNEN NICHT NOTWENDIG SIND	203
DIE RICHTIGEN ENTSCHEIDUNGEN	205

KAPITEL 21 — 208

HILARION	208
DAS BÖSE	208
LAUSCHET DEM RUF	210
HEILEN	213
ES MUSS VON DAUER SEIN	214

KAPITEL 22 — 217

LADY NADA	217
WIEDERHOLUNG	218
ANKOMMEN BEI DER WAHRHEIT	220
ICH BIN	222
ERFOLG DURCH BRÜDERLICHKEIT	224

KAPITEL 23 — 226

GERMAIN	226
LEHRSTUNDEN FÜR DIE SCHREIBERIN	226
„SEHT" MIT DEM HERZEN	228
IHR MÜSST DIE KONTROLLE AUFRECHT ERHALTEN	230
EIN BEISPIEL	232
IRRTÜMER	233
HEGT UND PFLEGT EURE ABSICHTEN	234
ÄNGSTE SCHRÄNKEN EUCH EIN	235
ANNULLIERT DIE ASTRALE EBENE	236
HOCHMUT UND FALL	237
HELFERKREIS	238

EPILOG — **240**

BIBLIOGRAPHIE — **248**

Glossar — **249**

Buchempfehlungen — **258**

VORWORT DES ÜBERSETZERS

Liebe Leser,
neu geboren in Deutsch – das Phönix-Journal Nr. 07 mit dem Titel MEISTER DES REGENBOGENS, „Die prachtvollen Sieben". Ein weiteres, sehr psychologisches Werk unserer Geistigen Führungspersönlichkeiten, der Aufgestiegenen Meister. Sie kommen hier alle zu Wort: El Morya der Staatsmann, der Herrscher über den Ersten Strahl, Lanto der Weise, Herrscher über den Zweiten Strahl, Paul der Venezianer der Künstler, als Herrscher über den Dritten Strahl, Serapis Bey der Architekt als Herrscher über den Vierten Strahl, Hilarion der Heiler, Herrscher über den Fünften Strahl, Lady Nada als Herrscherin über den Sechsten Strahl und schließlich der uns allen gut bekannte Germain der Alchemist als Herrscher über den Siebenten, den violetten Transformationsstrahl, den wir in dieser Zeit wohl alle sehr nötig haben.

Es wird sicherlich einige Leser geben, die dieses wunderbare, lichtvolle Buch aufgrund seines Titels „Meister der ..." in die negative Ecke des New Age stellen würden, ich kann aber nur sagen, nichts wäre weiter gefehlt als das! Die kraftvolle Energie, die in den Lehren der Meister steckt, macht einen fast trunken. Das ist das, was ich beim Übersetzen gespürt habe. Es ist das perfekte Buch, um in die Tiefen des Kosmos einzutauchen und den Richtlinien derer zu folgen, die diese Kapitel für uns und unser Wachstum geschrieben haben. Wie bei so Vielem auf der Welt, das vom Antichristen pervertiert und benutzt worden ist, um uns Menschen in seiner Schleife der Verderbtheit, der Aggressionen und vor allem des Egoismus zu halten, sollte man das auch bei diesen Schriften im Hinterkopf behalten, sehr genau hinschauen und sich seine eigenen Gedanken dazu machen. Wie immer, haben wir auch hier wieder die Möglichkeit, Unterscheidungsvermögen walten zu lassen.

Denn wir wissen Alle, daß die Lehren Jesu Christi im Zeitalter des New Age das Bewußtsein der Menschen schon vor 50 Jahren für das

Goldene Zeitalter, damals sagte man noch Wassermannzeitalter, vorbereiten sollten und daß diese Bewegung damals schon vom Widersacher gekapert und die Menschen darauffolgend in die Irre geführt wurden, nämlich in puren Egoismus. Die Gegenseite hat damit auch den Grundstein gelegt für die heutigen gesellschaftlichen Entgleisungen und Verwerfungen wie der ganze Genderhype, die Sprachverstümmelungen, die nicht nur nervtötend sind, sondern die Verwirrung nur noch vergrößern, die Benutzung von Fremdwörtern, die immer mehr überhand nimmt, obwohl unsere deutsche Sprache so reich an genau passenden Begriffen ist, aber auch der Egoismus im sozialen Miteinander und besonders bei Abtreibungen, wobei man sich fragt – wo bleibt eigentlich die Verantwortung jedes Einzelnen für seine ausufernden Vorlieben? Und warum haben derjenige und diejenige nicht VORHER darüber nachgedacht?

Serapis Bey sagt es in Kapitel 20 sehr deutlich: „Und noch schlimmer, viele der Kinder, die früher oder ‚später' diesen Lehrern [gemeint sind hier die vom Antichristen gekaperten Lehrer des New Age] und deren Einstellungen gefolgt sind, sind vielen Irrtümern erlegen, die nur schwierig zu beheben sind. Durch deren unreifes Denken und Handeln wurden aus reiner Bequemlichkeit viele extreme Maßnahmen ergriffen, die die Vermeidung von Verantwortung bei „wirklicher" „Liebe" zur Folge hatten." Nun, die Verantwortung auf Andere abzuwälzen, ist heutzutage zu einer Art „mentalem Volkssport" geworden, den wir auch im täglichen Leben sehr zu spüren bekommen – in der heutigen modernen Bürolandschaft wird in „Teams" gearbeitet – jeder macht alles und keiner ist zuständig, d. h. verantwortlich für das, was dort „verbrochen" wird. Es wird gut sein, wenn aufgrund übermächtiger Ereignisse jeder wieder auf sich selbst zurückgeworfen wird, damit er lernt, daß er allein für sich und sein Handeln verantwortlich ist und diese Verantwortung auch – gezwungenermaßen – wieder annehmen muß. Allerdings – so schätze ich – wird das ein generationenübergreifender Prozeß werden.

Serapis Bey schreibt auch, daß sich die falschen Lehrer an die Jugendlichen wenden, weil sie noch zu jung sind: „Wie immer, finden die schlimmsten Angriffe auf die Jugendlichen statt, weil sie zu jung sind, um das Leben in seiner Gesamtheit zu erkennen, und daher aus einem Impuls heraus handeln und rebellieren." Was könnte besser in unsere heutige Zeit passen? Ich denke da an Greta, Luisa und deren Anhänger bei „Fridays for Future". Wohlstandsverwahrloste Kinder, die vor lauter Langeweile und mentaler Disziplinlosigkeit nicht wissen, was sie mit ihrer Zeit anfangen sollen und dem Kollektiv mit ihren dummen, zerstörerischen Aktionen nur Schaden zufügen. Und wieder: der pure Egoismus. Man ändert nichts zum Guten, indem man Schaden zufügt – egal wem und was. Man denke auch an die Klimakleber ... wenn man weiß, dann weiß man.

Die Meister geben hier ihre eigene Sicht der Dinge aus den entsprechenden Farbstrahlen wieder, in denen sie verankert sind, um mit uns zu arbeiten. Sie plaudern über ihre Erfahrungen und lassen uns wissen, wie wir unsere eigene Seele verfeinern können, um unsere Anbindung an Gott, den Allmächtigen, zu erarbeiten und sie dann auch weiterhin zu unserem eigenen Wohl zu erhalten und zu nutzen. Das Schlüsselwort hierfür ist, auf einen Nenner gebracht: DISZIPLIN. Disziplin im Denken und Handeln. Ich weiß, daß dies das wohl Schwierigste ist, muß man doch beständig „auf sich selbst aufpassen" und seine Gedanken, Worte und Taten immer wieder auf den Prüfstand stellen und auf das Ziel des eigenen inneren Wachstums und eigener Vollkommenheit mit einem gerüttelten Maß an Selbstkritik mit aller Konsequenz neu ausrichten, ohne im sozialen Miteinander in Egoismus abzugleiten. Denn nicht der Mensch an sich ist das Maß aller Dinge, sondern die Art, wie er „das Maß" oder „die Form" gestaltet und befüllt in seinem Leben und in seiner eigenen Einbettung in den Göttlichen Gesetzen. Aber keiner hat jemals behauptet, daß das Leben im Lichte Gottes und im Dienst am Großen Ganzen auf der Erde leicht sein würde. Und dann noch in dieser Zeit!

Ein Wort noch zum Epilog von Aton – beim Lesen sollte man bedenken, daß diese Bücher im Jahr 1989 diktiert wurden. Das war damals eine Zeit allertiefster Dunkelheit, die Schrift nuklearer Gefahren und Katastrophen war bereits an der Wand sichtbar. Wir hatten Säbelgerassel allüberall, welches sich ein paar Jahre später im sogenannten „Irak-Krieg" manifestierte und dann entsprechend weiter gerollt wurde bis vor ein paar Jahren, als christliche Weltführer die Bühne betraten. Meine persönliche Ansicht ist, daß nicht nur durch diese Veränderungen diese Katastrophen, die Aton in seinem Epilog schildert, sehr abgemildert werden konnten, sondern auch, weil sich mittlerweile viele Zeitgenossen Gott zugewandt haben, sich der Schöpfung verpflichtet fühlen und danach handeln. Sie haben sich „erinnert", wenn man so will.

Auch wenn wir uns mittlerweile und zum jetzigen Zeitpunkt wohl im Endkampf gegen den Antichristen befinden, so sind wir doch noch nicht ganz durch diesen Schlamassel hindurch. Das wird wohl noch ein Weilchen dauern. Aber es bleibt uns das Wissen, daß eine Veränderung in unserem Inneren, in unserer Haltung zu den Dingen, in unserem Umgang mit unserem Umfeld und in unserer Standhaftigkeit für Gott ganz sicher auch eine entsprechende Veränderung im Außen bewirken wird. Und es ist wünschenswert, daß immer mehr beseelte Menschen diese Haltung und Hingabe an Gott und die Schöpfung als lebensnotwendig erkennen, lernen, leben und konsequent und mit Disziplin und gesundem Menschenverstand umsetzen und durchziehen.

In diesem Sinne, geht mit Gott allezeit und Ihr seid beschützt!
Eure
Lydia Alberts

VORWORT

Aufzeichnung Nr. 1 | SANANDA

Sonntag, 1. Oktober 1989, 7.00 h, Jahr 3, Tag 46

Und wenn die sieben Engel die Fülle ihrer Lehren ausgegossen und nur Wenige gehört oder gesehen haben, werde ich kommen, um meiner Schöpfung den Frieden zu bringen. Ich werde DAS MANIFESTIERTE WORT GOTTES SEIN. UND MEIN NAME IST SANANDA. UND ICH WERDE AUF REINEN, WEISSEN WOLKEN KOMMEN UND ALLE „GERECHTEN UND GETREUEN" WERDEN MEIN BANNER HOCHHALTEN, DENN SIE SIND DIE AUFRICHTIGEN HEERSCHAREN DER HIMMEL SELBST. UND DIE TROMPETEN WERDEN ERSCHALLEN UND DIE MEINEN, DIE MIT MIR KOMMEN, WERDEN VORANGEHEN UND SICH IN MEINEN HERDEN SAMMELN, MEINE VOGELSTÄMME, DIE MEINE ORTE DER SCHÖPFUNG GEPFLEGT HABEN, UND IHR WERDET ZEUGEN SEIN UND SCHREIBEN, AUF DASS DIESER TAG NIE MEHR AUS DEM GEDÄCHTNIS DER MENSCHHEIT AUSGELÖSCHT WERDE.

Oh ja, Ihr Menschen der Erde, beachtet wohl die gütigen Worte der Weisheit von diesen Lehrern der Sieben Strahlen des Lebens, denn sie sind gekommen, um diese Reise zu Ende zu bringen. Für die Getreuen werden sie herrlich sein; für ihre Feinde werden sie den Tod bedeuten. Sie kommen auf diese Art und Weise zu Euch, um ihre Energien für die Schreiberin und Euch, die Ihr empfangen sollt, bekanntzumachen. Jeder von ihnen hat seinen eigenen Bereich der Wahrheit, damit Ihr Eure Anweisungen bekommt, die ein Licht auf Eure Aufgabe werfen, denn Ihr müßt Euch erneuern und wieder in die Ganzheit wachsen.

Ihr sollt Euch an jedes einzelne Ereignis erinnern, das Ihr über diesen wunderbaren Globus gebracht habt, denn die Krüge werden geleert und jeder wird seinen entsprechenden Lohn erhalten; keiner wird entkommen – nicht durch Mord, Selbstmord, Verstecken oder Weglaufen – vor den Himmlischen Räten wird jedem Einzelnen Gerechtigkeit widerfahren.

Strebt nicht alles immer mehr der Vollendung entgegen? Werden nicht diejenigen immer mehr und schmerzlicher geschädigt, die weiterhin das Zeichen des Tieres tragen, das schlußendlich diesen wundersamen Planeten auf die Knie gezwungen hat – die, die durch Gier, Sinneslust und Eigennutz die Kontrolle erlangt haben? Ihr habt Eure Fundamente auf die Götzenbilder der selbstsüchtigen, fleischlichen Ausschweifung und auf Macht, Gier und materielle Besitztümer gebaut.

Und die Ozeane werden tote Gewässer werden, in welchen die blühenden Lebensformen nicht mehr gedeihen können, denn es werden große Veränderungen kommen und die Wasser werden durch Eure Verschmutzung trüb geworden sein und die Ozeane werden kochen, wenn die Veränderungen kommen und Meere werden wieder zu Landmassen werden und dann werden die neuen Ozeane alles erneuern und heilen.

Die Flüsse, Seen und Ströme werden durch Eure Gier und Wollust Blut führen, weil Ihr alles, was in Eure Obhut gegeben wurde, verunreinigt habt, und wer von dem Wasser trinkt oder in den riesigen Strudeln gefangen ist, wird in Panik geraten und es wird weiteres Blut fließen. Die anschwellenden Wasser werden über die Ufer treten und Eure Augen werden die verwüsteten Felder ohne Ernte betrachten müssen. Aber überall in den Himmeln wird es widerhallen, daß Eure Belohnung gerecht ist, denn was Ihr ausgesät habt über diesem wundervollen Planeten in Eurer Obhut, das werdet Ihr ernten müssen.

Dann wird es Feuer geben, das wie vom Himmel regnen wird, da der Mensch den Holocaust auf den Menschen loslassen wird, denn das Böse kennt keine Grenzen für seine gewünschte Zerstörung. Und dann wird auch die Erde die Verderbnis über Lande und Meere ausspeien. Aber nach den Wehen der „Mutter" werden neue Landmassen und ein Neuanfang entstehen und bevor die Veränderungen abgeschlossen sind, wird alles so sein, daß es nicht wiedererkannt wird.

Und das Königreich des Tieres wird in die Dunkelheit gestoßen werden und diejenigen, die auf seinen Wegen gegangen sind, werden in Aufruhr sein und sie werden Gott verfluchen für ihren Schmerz, die eiternden Wunden und die sterbenden Körper, aber all diese Dinge haben sie sich selbst zuzuschreiben durch die Anbetung des Tieres, dem sie ihr Leben gegeben, die Gesetze verlacht und ihre RECHTE als Individuum eingefordert haben mit dem Satz: „WENN ES SICH GUT ANFÜHLT, DANN TU ES!" Wie Viele werden sich in ihrem verdorbenen Verhalten und den kurzen Momenten sogenannten Vergnügens an Glück erinnern können? Wird das diesen Preis wert gewesen sein?

Ah, und die großen Flüsse werden anfangen, auszutrocknen. Der große Fluß, genannt Euphrat, wird austrocknen, so daß die Könige des Ostens ihre Armeen ohne Hindernis gen Westen marschieren lassen können, und danach wird es ein großes Treffen aller Führer der Welt geben, um sich am Tag des Jüngsten Gerichtes für eine Schlacht gegen Gott aufzustellen. Aber ich werde über die unübersehbaren Heerscharen des Himmels gebieten und ich werde unerwartet kommen wie ein Dieb! Gesegnet sind die, die mich erwarten, die ihre Gewänder und ihre Habseligkeiten bereits gepackt haben. Das bedeutet nicht „Euer Aufstiegsgepäck", sondern es heißt, Eure Gedanken rein und Euren Seelenschimmer klar zu halten, damit Ihr keine Reinigung erwarten müßt – denn an diesem Tag aller Tage wird es keine Reinigung geben – alles, was Ihr haben werdet, wird nur ein Augenblick sein. Erschafft keine Ursachen, um nackt und voller Scham vor MICH treten zu müssen. Denn so wird es sein; von allem entblößt zu werden, wird im Verborgenen geschehen.

Alle diese großen Armeen werden sich in der Nähe des Berges Megiddo versammeln – Armageddon für die, die ihre Natürlichkeit bewahrt haben.

Dann wird der letzte Krug ausgegossen und ein unüberhörbares Rauschen wird rufen, „Es ist vorbei!". Die Erde wird schaudern und zerbrechen und es wird Tumulte geben, wie sie die Menschheit noch nie erlebt hat. Die Berge werden flach gedrückt und riesige Abgründe werden sich auftun, die Wasser werden hindurchrauschen und es wird Eis vom Himmel regnen, welches ein menschliches Wesen vollkommen bedecken kann und so schwer sein wird wie alle Eure mit Körnern gefüllten Beutel.

Und dann wird, genauso wie ich selbst, Jener kommen, von dem Ihr behauptet habt, er würde nicht existieren. Denn der Engel Luzifer und seine gefallenen Gruppen werden hervorkommen aus den Gruben und die Menschen werden überrascht und erschreckt sein, denn sie kannten das Tier, dem sie ehrlich gedient haben, bisher nicht. Und Ihr marschiert immer weiter in die Schlacht.

WO WERDET IHR STEHEN? WERDET „IHR IMMER NOCH BIS MORGEN WARTEN, WENN IHR MEHR ZEIT HABT", UM DIE WAHRHEIT ZU LESEN UND EUCH VORZUBEREITEN? WERDET IHR IMMER NOCH AUF EINEN ANDEREN WARTEN, DER DIE VORBEREITUNGEN AN EURER STELLE TRIFFT? WERDET IHR IMMER NOCH DASITZEN UND AUF DAS WISSEN WARTEN, DAS WIE EIN WARMER REGEN ÜBER EURE AUGEN UND OHREN FLIESSEN WIRD UND IHR DANN IRGENDWIE „HINAUF IN DIE WOLKEN SCHWEBEN WERDET?" – UM BEI MIR ZU SEIN?

MEINE GELIEBTEN, AN DIESEM TAG WERDE ICH MIT MEINEM BRUDER AUS DEN GRUBEN SEHR BESCHÄFTIGT SEIN – WOLLT IHR WARTEN, BIS ES KEINEN ORT MEHR GIBT, AN DEN IHR GEHEN KÖNNT, WENN ER MIT SEINER BANDE ABTRÜNNIGER ZURÜCKGEWORFEN WIRD IN DIE GRUBEN? WERDET IHR DARAUF VORBEREITET SEIN, DAS IN EURE PHYSISCHEN KÖRPER EINDRINGENDE BOMBARDEMENT ZU ERTRAGEN UND ZU ÜBERLEBEN? WERDET IHR EURE IRDISCHEN SCHUTZVORRICHTUNGEN VORBEREITET UND EURE

VORRATSKAMMERN UND WASSERFÄSSER FÜR DIESEN TAG GEFÜLLT HABEN?

Ihr sitzt zusammen und „lobet meinen Namen", meinen heutigen Namen, den die Meisten gar nicht kennen, obwohl diese Eure „Bibel" Euch gesagt hat, daß ich für mein Erscheinungsbild einen neuen Namen tragen werde. Ihr behauptet, glühend meine Rückkehr zu erwarten, damit Ihr in den Himmel entschweben und mich in den Wolken treffen könnt – WERDET IHR AUCH DANN NOCH WARTEN, WENN ICH BEREITS GEKOMMEN UND WIEDER GEGANGEN BIN? WERDET IHR MICH VERPASST HABEN – WIEDER EINMAL? Selbst meine Brüder der Ältesten aus meiner eigenen Art wurden verdorben und nur Wenige erkennen den Großen Weißen Geist, der sein Wiederkommen versprochen hat – wie Viele versuchen, meine Ankunft durch eine Dollarnote zu betrachten oder durch Brillengläser aus purem Gold? So sei es, denn der, der sich weigert, zu hören, wird nur noch den letzten Trompetenstoß vernehmen, dann wird es zu Ende sein.

An meine Schreiber, die diese Ankündigungen schreiben und erschöpft, aber dennoch mit Disziplin auf meinen Feldern arbeiten, EUCH WERDE ICH NACH HAUSE GELEITEN. EUCH UND ALLE, DIE INSTÄNDIG BITTEN UND TEILEN, WAS SIE HABEN – SELBST DER KLEINSTE BEITRAG WIRD UNERMESSLICH GESEGNET SEIN UND EURE KELCHE WERDEN AN JENEM TAG VOR FÜLLE ÜBERFLIESSEN. SELBST DER WINZIGSTE EINSATZ WIRD BEMERKT WERDEN, DENN FÜR MICH UND MEINE HEERSCHAREN SEID IHR DIE AM MEISTEN GELIEBTEN UND GESEGNETEN.

AUF DIESEM SCHIFF BIN ICH DER KAPITÄN, DER PLAN LIEGT FEST UND JETZT ERGEHT DAS WORT ALS „DAS WORT GOTTES" UND IHR SEID „MEINE AUFRECHTEN UND GETREUEN" – UND AN JENEM TAG WIRD EURE VERFOLGUNG ZU DEN VERFOLGERN ZURÜCKKEHREN UND WEHE DENEN, DIE MEINE LÄMMER VERWUNDET UND GEPEINIGT

HABEN. WENN IHR NICHT FÜR MICH SEID, DANN SEID IHR GEGEN MICH UND IHR WERDET IN GLEICHER WEISE AUSSORTIERT WERDEN – JEDER NACH SEINER WEISHEIT ODER DUMMHEIT.

DIE DINGE WERDEN BEI EUCH TÄGLICH SO OFFENSICHTLICH UND DRÄNGEND, DASS IHR HÖREN UND WISSEN MÜSST! WENN IHR NICHT „SEHT", DANN DESHALB, WEIL IHR EURE AUGEN VERSCHLIESST UND EURE OHREN VERSTOPFT UND EUCH WEIGERT, DAS ZU BETRACHTEN, WAS EURE ZERSTÖRUNG IST. IHR BEHAUPTET, EURE FAMILIE ZU LIEBEN – EURE KINDER – WIRKLICH? DIE MEISTEN VON EUCH HALTEN SIE AN DEN TÖDLICHEN ORTEN UM IHRER EIGENEN BEQUEMLICHKEIT UND GIER WILLEN GEFANGEN. ES WIRD ZEIT, DASS IHR ÜBER DIESE WAHRHEITEN TIEF NACHSINNT UND DIEJENIGEN ACHTET, DIE DEN MUT HABEN, EUCH DIESES WISSEN ZU BRINGEN.

IHR SEID ÜBER DIE ZEIT DER ZARTEN AUFFORDERUNGEN ZUM AUFWACHEN HINAUS – DIE UHR LÄUFT AB – UND IHR UND ALLE, DIE LIEBEVOLL MIT EUCH UMGEHEN, MÜSSEN ERKENNEN, DASS DIE ZEIT DER PRACHTVOLLEN UND HERRLICHEN SPEKULATIONEN UND VERBREITUNG DES LICHTS ÜBER GRUPPEN-CHANTEN VORBEI IST – VORBEI, VORBEI, VORBEI! HÖREN MICH MEINE EIGENEN LEUTE? HÖREN MICH DIE VON MIR GESANDTEN SPRECHER UND SCHREIBER? DIE MONATE DER KENNENLERN-SPIELE SIND DURCH. DIE ZEIT DER TRÖDEL- UND BUMMELSEMINARE LIEGT HINTER EUCH – IHR STEHT MITTEN IM „HIER UND JETZT" UND DIE ZEIT LÄUFT SCHNELL. DIE VORBEREITUNG IST IN VOLLEM GANGE UND ES NAHT DIE ZEIT DER SCHONUNGSLOSEN ENTSCHEIDUNGEN. DER LIEBLICHE, DURCHSCHEINENDE SCHLEIER DES WEICHEN UND SELBSTGEFÄLLIGEN KOSMISCHEN CHRISTUS-BEWUSSTSEINS IST GELÜFTET. ICH KOMME WIEDER IN NEUER FRISCHE UND MIT NEUER

AUSRÜSTUNG UND JETZT HABT IHR DIE WAHL – JETZT. DIE LEHRER, DIE BEHAUPTEN, IN MEINEM NAMEN ZU DIENEN, WERDEN NICHT DADURCH GEWINNEN, DASS SIE EINFACH MEINEN NAMEN WECHSELN WIE IHRE KLEIDUNG. ES GIBT KEINE MYSTISCHE VERWIRRUNG DARÜBER, WER ICH BIN. UND DANN HÖRT BITTE DAMIT AUF, AUS EUREN RAUMGESCHWISTERN, DIE ALS WEGBEREITER GEKOMMEN SIND, GÖTTER ZU MACHEN, DENN IHR HABT BEREITS KULTE UM SIE GEMACHT. IHR MINDERT IHRE WAHRHEITEN UND EUER SCHICKSAL IST DURCH DIESEN HANDEL BESIEGELT. SO SEI ES, DENN SIE ERZÄHLEN DEN SUCHENDEN WEITERHIN, WAS DIESE HÖREN WOLLEN UND DIESE IGNORANTEN WERDEN SEHR TEUER DAFÜR BEZAHLEN.

ICH HABE ANGEORDNET, DASS DIESER NACHWEIS VERBINDLICH GEMACHT WIRD, DAMIT DIE WAHRHEIT AUSGEDRÜCKT UND DAS GELEITWORT GEGEBEN WERDEN KANN – NOCH EINMAL, AN DIESE LEHRER (CHOHANS) DER STRAHLEN DES LEBENS, DENN SIE SIND EURE ENGSTEN FÜHRER UND LEHRMEISTER. IHR WERDET SIE MIT DEN ERZENGELN GLEICHSETZEN, DENN SIE SIND DIE AUFGESTIEGENEN MEISTER. ZUSAMMEN MIT MICHAEL, GABRIEL, URIEL, ZADKIEL, JOPHIEL, MARONI, MURU, KUTHUMI, RAPHAEL, QUETZALCOATL UND ANDEREN SITZEN SIE IM RAT DER ÄLTEREN RASSEN, DIE ICH NICHT ALLE NENNEN WERDE, DENN SIE GEHÖREN NICHT ZU EUREN ENGSTEN BEGLEITERN, DA IHRE AUFGABENBEREICHE VARIIEREN. WERDET BEIM SPIELEN MIT DEN ENERGETISCHEN MÖGLICHKEITEN NICHT STARR – IHR WERDET SPÜREN, WELCHER EUER FÜHRER IST ODER WER DIE FÜHRER SCHICKT; IHR SOLLTET NICHT ALLZUVIEL ZEIT MIT VERMUTUNGEN VERBRINGEN. DIE ENERGIEN KOMMEN EUCH JETZT IMMER NÄHER UND BALD WERDET IHR IHRE PRÄSENZ NICHT MEHR ÜBERSEHEN KÖNNEN.

KOMMT IN EURE ENTSCHEIDUNGSFÄHIGKEIT, DENN DAS GLAS IST UMGEFALLEN UND IHR SEID IN DEN STUNDEN DES ZWISCHENSTADIUMS. SO SEI ES UND MEIN WAHRHEITSSIEGEL LIEGT AUF DIESEN WORTEN. ES IST ZEIT FÜR EUCH, EINEN SCHWERPUNKT ZU SETZEN UND DIESE BOTSCHAFTEN ZU EUREN BRÜDERN ZU BRINGEN, DENN ICH BIN JETZT WIEDERGEKOMMEN, UM MEIN VOLK NACH HAUSE ZU GELEITEN.

IN LIEBE UND UNENDLICHEM SEGEN LEGE ICH MEINE HAND AUF EURE HÄUPTER, MEINE LÄMMER, DENN ICH SCHÄTZE EUCH ÜBER ALLE MASSEN FÜR EUREN LANGEN UND GUTEN DIENST. SELAH!

ICH BIN DER, DEN IHR „JESUS" IMMANUEL NENNT – MEIN SCHÖPFER NENNT MICH SANANDA. ICH BIN DER, DEN IHR ERWARTET.

ICH BIN DER ICH BIN, ICH BIN SANANDA

Dieses Teilstück soll als Einführung in *DIE MEISTER DES REGENBOGENS* abgedruckt werden, denn alles ist ein Teil des Ganzen und ist ein Teil der Wahrheit als Führung für Euch auf dem Planeten Erde. Es sind prachtvolle Chohans und sie sind augenblicklich zur Stelle und Ihr sollt Euch mit ihnen wohl fühlen, damit unsere Reise mit dem Beitrag Aller in Vollkommenheit gelingt. So sei es und ich lege meinen Segen auf diese „Einführung".

KAPITEL 1

Aufzeichnung Nr. 1 | ATON

Montag, 25. September 1989, 6.45 h, Jahr 3, Tag 40

ICH BIN ATON MIT MEINEN EMPFEHLUNGEN, DHARMA, IN DER HERRLICHKEIT DESSEN, WAS IST.

Es gibt so viel, das geschrieben wurde oder neu geschrieben werden muß, weil die Menschheit sehr unaufmerksam bei all den Dingen ist, die ihr schon einmal gegeben worden sind. Aber jedes Mal, wenn sie wieder darauf hingewiesen wird, zollt sie dem ein wenig mehr Aufmerksamkeit. Und das, was man Euch vor dreißig Jahren Eurer Zeitrechnung gesagt hat, kann jetzt offengelegt und als Wahrheit bestätigt werden.

Ihr Menschen der Station Erde seid gefangen in einer Schlacht des Überlebenskampfes, aus der Ihr herausgenommen und umgewandelt werden müßt, denn so könnt Ihr einfach nicht zu einem höheren Wesen werden. Ihr habt allzulange in der Disziplin der Selbstgefälligkeiten gelebt, die Euch die Dunklen Meister mitgegeben haben.

ALLE ZEICHEN SIND SICHTBAR

Dieses Kapitel soll vor den Botschaften der Sieben Chohans der Sieben Strahlen des Lebens eingefügt werden. Die Reinheit dieser Lehrmeister und die gegründeten „Orden" wurden degradiert und die Namen von der Bösartigen Bruderschaft vereinnahmt, um die Menschheit von ihrem Weg in ihr hohes Erbe abzubringen. Diese Orden wurden vor so unglaublich langer Zeit gegründet, daß Ihr es Euch nicht vorstellen könnt und dienten nur dazu, einen Namen oder eine Bezeichnung zu haben – genauso wie der Meister Christus viele Bezeichnungen hat, die den verschiedenen Sprachen und dem Evolutionszyklus entsprechen. Ich hatte genauso viele Namen wie Ihr Volksgruppen habt – das bedeutet aber nicht, daß ich auch unterschiedliche Energien trage – es ist nur so, daß die Menschheit allen Dingen ein Etikett aufdrücken muß, weil sie nicht mehr in der Lage ist, in der Stille „die reine Energie" zu unterscheiden. Ihr seid bei Eurer Kommunikation an die Notwendigkeit der Worte gebunden und doch ist das auch nicht akkurat. Zum Beispiel habt Ihr den Fraternitas Rosae Crucis, der der Rosenkreuzer-Orden war und in keiner Weise dem ähnelt, was in den vergangenen Zeitabfolgen gegründet wurde, und wenn Ihr Euch mit Eurer inneren Wahrheit mit diesen Namen verbindet, könnt Ihr fast sicher sein, daß Ihr für einen satanischen Orden arbeitet. Denn Satan hat schlauerweise stillschweigend die Vereinigung der Menschen, die sich mit diesem Namen identifizieren, in Gänze übernommen.

DIE MENSCHHEIT WILL IHRE HERKUNFT NICHT WISSEN. ES IST LEICHTER, IN EINEM MEER VON MYSTIK UND MYSTERIUM DAHINZUTREIBEN MIT DEM GEDANKEN „NUN, ICH WURDE AUS ERDE GEMACHT, WURDE VON DER SCHLANGE VERFÜHRT, WERDE MEIN LEBEN IN SÜNDE VERBRINGEN, WERDE MICH IRGENDWIE DAVON ERHOLEN UND DEN MEISTER CHRISTUS IRGENDWANN UND IRGENDWO DA OBEN TREFFEN, WENN ALLE ZEICHEN ZUSAMMENTREFFEN!" ALLE ZEICHEN SIND DA, MEINE KINDER, UND TROTZDEM ERGEHT IHR EUCH NOCH IN EURER VORSCHULISCHEN IGNORANZ – AKZEPTIERT DAS, WAS LÜGEN SIND, WEIGERT EUCH, DIE WAHRHEIT ZU SEHEN UND VERFOLGT OBENDREIN NOCH DIEJENIGEN, DENEN DIE WAHRHEIT GEGEBEN WURDE. DIE ÜBERBRINGER DER WAHRHEIT SAMMELN FÜR IHR TUN KEINE GROSSEN EHREN EIN UND GEBEN AUCH KEINE SEMINARE, UM DIE MASSEN BEI LAUNE ZU HALTEN – SIE STUDIEREN AUCH KEINE BEKANNTEN „AUTOREN" DER „EXPERTEN-BÜCHER", SIE SCHWEIGEN, ÖFFNEN IHREN GEIST UND IHNEN WIRD DIE WAHRHEIT ZUTEIL – UND ZUDEM SOLLT IHR EUCH NUR BEIM EMPFANGEN

DER WAHRHEIT TREIBEN LASSEN UND SONST NICHT AUF IRGENDWELCHEN WOLKEN IRGENDWOHIN SCHWEBEN, AUSSER IN DICHTERE EBENEN ZUR REGENERIERUNG ODER IN DEN GLEICHEN TYPUS DES ASTRALEN NICHTS, FÜR DEN IHR EUCH SCHON ENTSCHIEDEN HABT, BEVOR IHR EURE DERZEITIGE SEELENEXISTENZ ANGETRETEN HABT.

IN DEN REICHEN DES LICHTS GIBT ES NUR REINHEIT. WENN DAS BÖSE DAS REICH DES LICHTES BERÜHRT, WIRD DIESER TEIL ENTFERNT.

WER SPRICHT DIE WAHRHEIT?

Ihr fleht mich an, „Woher soll ich wissen, ob dieser oder jener ‚wahrhaftig' ist? Ist er getragen von der Wahrheit oder der Lüge?". Ganz einfach, Chelas, das ist sehr einfach zu unterscheiden. Wenn er vor Euch sitzt oder steht und nichts über die Gesetze der Schöpfung oder die Gesetze Gottes lehrt (sagt), ist er nicht von mir. Das heißt nicht, daß Menschen sich nicht irren dürfen, sondern sie sollen keinesfalls das Böse zulassen. Die Menschheit mag die Gesetze der Schöpfung und die Gesetze Gottes nicht, also schreibt sie sie um, um sie für sich selbst passend zu machen. Der Mensch hat alle Gebote, die ihm gegeben wurden, umgeschrieben und wenn eines nicht seinen persönlichen Vorstellungen entspricht, macht er Neue, dann werden „Kirchen" aufgebaut und reformiert und wieder reformiert, um den „Notwendigkeiten des gegenwärtigen Glaubens zu entsprechen". NEIN! WAS DER MENSCH UMSCHREIBT ODER REFORMIERT HAT KEINE BEDEUTUNG – WENN ER DIE GESETZE DER SCHÖPFUNG, WIE SIE GEGEBEN WURDEN, BRICHT, FÄLLT ER IN DIE VERDERBTHEIT. DIE GESETZE, DIE DER ERDE IN ALLER EINFACHHEIT VON DEN URSPRÜNGLICHEN LEHRERN DER SCHÖPFUNG GEGEBEN WURDEN, REICHEN VOLLKOMMEN AUS, MEINE LIEBEN. ERST DURCH DIE VERWEIGERUNG UND REFORMEN UND DURCH DIE FALSCHEN ANSICHTEN DAZU IST EURE ERDE JETZT AN DEM PUNKT

DER ZERSTÖRUNG ANGELANGT. DER MENSCH IST EIN SEHR IGNORANTER GENOSSE UND MUSS DURCH DEN SCHWIERIGSTEN WEG LERNEN, DEN ER BEKOMMEN KANN. SO SEI ES. GLAUBT NICHT DAS, WAS DIE „CHRISTEN" VON HEUTE ODER WÄHREND DER KREUZZÜGE ODER DER INQUISITION FÜR DAS „GESETZ" HIELTEN – NEIN, DAS ENTSPRACH DEN HANDLUNGEN DES BÖSARTIGEN MENSCHEN.

DIESE LEHREN WERDEN AUCH VERNICHTET, DENN DIE WAHRHEIT IST NICHT DAS, WAS DIE MENSCHHEIT HÖREN MÖCHTE. DER MENSCH WILL WEITERHIN AUF SEINE MENSCHLICHEN LEHRER AUS DEN GROSSEN GLAUBENSGEMEINSCHAFTEN HÖREN, SO DASS ER SEINE ÜBLEN WEGE WEITERGEHEN UND SICH ALS GESEGNET BETRACHTEN KANN. AUSSERDEM WIRD ER SICH FÜR DIE GRÖSSTEN GEMEINSCHAFTEN ENTSCHEIDEN, DAMIT ER VERHÄLTNISMÄSSIG WENIG DAZU TUN MUSS. IN SEINEM INNEREN WEISS ER, DASS MAN IHM NICHT DIE „GESETZE GOTTES" GIBT, WESHALB ER EIN WENIG DARAN „HERUMPFUSCHEN" KANN UND NIEMAND VON WICHTIGKEIT WIRD DAS AUFFALLEN – ER WEISS, DASS ES ÜBERHAUPT NICHT VON BEDEUTUNG IST, IN DAS INNERE DER STEINERNEN TEMPEL ZU KOMMEN. MEIN SEIN IST SEHR EINFACH, MEINE GESETZE SIND KURZ UND BÜNDIG, UND ICH KANN SIE SELBSTVERSTÄNDLICH HIER FÜR EUCH WIEDERHOLEN, DENN SIE STEHEN IN JEDEM HEILIGEN BUCH GESCHRIEBEN – SELBST IN DEN SATANISCHEN VERSEN – DENN DAS BÖSE HAT SIE AUFGEZEICHNET, DAMIT DIE ANHÄNGER SATANS DIEJENIGEN KENNEN, DIE ZU BRECHEN SIND. DIE ANHÄNGERSCHAFT SATANS HAT SICH ZUM ZIEL GESETZT, JEDES EINZELNE GEBOT, DAS VON GOTT UND DER SCHÖPFUNG GEGEBEN WURDE, ZU BRECHEN. ES WIRD IMMER SCHWIERIGER FÜR SIE, IN IHREN GANZ INDIVIDUELLEN PRAKTIKEN ZU VERBLEIBEN, DENN DIE WIDERWÄRTIGKEITEN SIND DERART

UNGEZÜGELT UND DIE REGELN WERDEN SO REGELMÄSSIG NEU GESCHRIEBEN, UM DER DOKTRIN DES KULTS GERECHT ZU WERDEN, DASS SIE IMMER HINTERLISTIGER ARBEITEN MÜSSEN, UM „ANDERS" ZU SEIN, UND IHR JAMMERT UND WEINT IN DER VORGEGEBENEN SPUR HERUM WIE „WAS IST AUS UNSERER WELT GEWORDEN?". SIE WIRD UNTERGEHEN, MEINE KINDER, SIE WIRD UNTERGEHEN, DENN IHR SELBST SEID ZU EINEM TEIL DES ZERSTÖRERISCHEN BÖSEN GEWORDEN.

DIE GESETZE GOTTES

Du sollst den Herrn Deinen Gott mit Deinem ganzen Wesen ehren und keine anderen Götter neben ihm haben. Denn Ich habe Dich als mein Ebenbild erschaffen, auf daß Du in Ehrfurcht, Ausgeglichenheit und Harmonie lebst und eins wirst mit und innerhalb der Schöpfung. Nur die Schöpfung allein ist ewig und allmächtig. Die Gesetze der Schöpfung sind ewig und absolut. Die Gesetze Gottes wurden dem Menschen als Leitlinie für sein Leben gegeben, um als Gesetze der Regierung die Ordnung aufrechtzuerhalten.

Das Höchste aller Gesetze der Schöpfung ist es, Wissen und Weisheit zu erlangen, denn das wird Euch befähigen, die Gesetze zu befolgen. Du sollst in Deinen Handlungen die Gesetze der Schöpfung in Wissen und Wahrheit anwenden, ansonsten wirst Du sie brechen – und auch die Anpassung an die menschlichen Ansichten wird nicht das kleinste Körnchen Wahrheit daran ändern. Wenn Euch gesagt wird: „Du sollst nicht töten", dann gibt es da kein „manchmal" und kein „möglicherweise". Wenn Dich ein Anderer mit einer Tötungsabsicht angreift und stattdessen er selbst stirbt, hat er dann nicht den Mord an sich selbst heraufbeschworen? Aber wenn Ihr ihn provoziert habt, sodaß er sich gezwungen sieht, sich zu verteidigen – habt Ihr dann nicht Euren eigenen Selbstmord provoziert?

Und jetzt ergibt das ein großes Problem – wer soll den Mörder, den Vergewaltiger usw. nun hinrichten? WER TÖTET, BEGEHT MORD.

ZU SAGEN, DASS ES EIN MENSCH VERDIENT HAT, FÜR EINE TAT ZU STERBEN, IST MANCHMAL EINE GUTE EINSTELLUNG (OBGLEICH IHR NICHT ÜBER DIE SEELE EINES MENSCHEN ZU GERICHT SITZEN SOLLT), WÄRE ES NICHT EINE BESSERE BESTRAFUNG, IHN IN SEINER MENSCHLICHEN FORM VOR DEM PHYSISCHEN LEBEN WEGZUSPERREN? DENN JEDER IST SCHULDIG, DER NICHT IN SELBSTVERTEIDIGUNG ODER GEMÄSS EINES URTEILSSPRUCHES HANDELT, WENN JENER TÖTET ODER VON ÜBLEM SPRICHT UND ES PRAKTIZIERT. IHR HABT KEIN RECHT, DAS ZU NEHMEN, WAS ICH GEGEBEN HABE, DENN DAS IST MEINE ENTSCHEIDUNG! UND DAS IST WAHRHAFTIG, SEI ES NUN EIN GEDANKE ODER EIN FINALER ÜBERGANG. WENN IHR JEDOCH DEN WERT DES LEBENSGESCHENKES, DAS ICH EUREM WESEN ÜBERGEBEN HABE, NICHT HOCH SCHÄTZT, DANN HABT IHR MEINE WAHRHEIT GENAUSO VERWORFEN.

WENN DIE ÜBERRESTE MEINER GESETZE GEACHTET WÜRDEN, GÄBE ES KEINE NOTWENDIGKEITEN FÜR ABTREIBUNGEN, DENN DANN GÄBE ES KEINE UNERWÜNSCHTEN MENSCHLICHEN BABYS. WENN DIE GESETZE AUS WOLLUST UND/ODER IGNORANZ AUFGRUND FALSCHER MENSCHLICHER LEHREN GEBROCHEN WERDEN, DANN IST EINE ABTREIBUNG MORD UND DAS URTEIL WIRD WIRKLICH HART SEIN. DAS HEISST NICHT, DASS EIN IGNORANTES VERGEHEN NICHT VERGEBEN WERDEN WÜRDE, ABER DIESES VERBRECHEN MIT EINEM ANDEREN, NOCH GRÖSSEREN IN VERBINDUNG ZU BRINGEN, IST WIRKLICH HÖCHST VERWERFLICH.

Du sollst nicht ehebrechen. Nicht manchmal oder vielleicht – niemals. Das Geschenk der sexuellen Vereinigung ist, Nachkommen zu zeugen, die gewünscht und liebevoll angenommen werden. Jede andere Gesinnung dazu, wie menschliches, fleischliches Vergnügen zu haben, ist demnach falsch. Ihr wollt gerne in Anspruch nehmen, daß es einem Menschen „zu Recht" gegeben wurde, Unzucht zu treiben und sein Vergnügen zu suchen – nein, das ist eine Prüfung, und Ihr Alle seid zu 99,9 Prozent durchgefallen. Ihr habt Eure Welt in die Überbevölkerung getrieben und dieses Ungleichgewicht kommt Euch jetzt sehr teuer zu stehen. Ihr habt es versäumt, für die Konsequenzen Eures Tuns die volle Verantwortung zu übernehmen – und jetzt degradiert Ihr das noch weiter und nennt es „Liebe". Denkt darüber nach. Stellt es nicht auf die gleiche Ebene wie das Verhalten der Tiere der Schöpfung in der Natur. Tiere werden sich nicht so vermehren, daß das Gleichgewicht mit ihren Überlebenschancen aus der Balance gerät – denn wenn sie das machen, stehen ihnen harte Zeiten bevor und die Natur wird ihnen ein großes Sterben auferlegen – SO SEI ES.

„Liebe" hat in den meisten Fällen nichts mit dem Sexualakt zu tun. Liebe ist rein und ist ein Seelengefühl – alles andere ist Mittel zu Macht, Kontrolle und reiner Genußsucht der Fleischeslust. Eigentlich ist das der absolute Niedergang der Menschheit als menschliche Wesen. GANZE KÖNIGREICHE WURDEN VERWIRKT FÜR 30 SEKUNDEN IN EINER ILLEGALEN VERBINDUNG – KÖNIGREICHE FALLEN, FAMILIEN WERDEN ZERSTÖRT, HERZEN WERDEN GEBROCHEN UND LEBEN ERSCHÜTTERT – BESCHMUTZT DEN BEGRIFF „LIEBE" NICHT DAMIT, SOLCHE AKTIONEN ALS „LIEBE" ZU BEZEICHNEN.

ICH HABE AUCH KEIN GEBOT GEGEBEN, DASS EINE FRAU EINEM MANNE IN ALLEN DINGEN UNTERTAN SEIN SOLL – DAS WURDE VON MÄNNERN SO DARGESTELLT, UM IHRE PHYSISCHE MACHT UND STÄRKE ZU DEMONSTRIEREN.

Du sollst keinen falschen Eid ablegen. Schwört nicht auf irgend etwas, denn Euer Wort soll wahr sein und nichts soll fester sein als Euer Wort. Einen Eid auf ein Buch oder eine Person zu leisten, ist von Anbeginn an eine Lüge. Du sprichst die Wahrheit oder du lügst, etwas anderes gibt es nicht. Manchmal aber ist eine Lüge die Wahrheit.

Urteile nicht, auf daß Du nicht beurteilt wirst. Das bedeutet nicht, daß Ihr nicht das Göttliche vom Bösen unterscheiden sollt. Es bedeutet aber, daß IHR nicht über die Seele eines Anderen urteilen sollt, denn dazu habt Ihr keine Berechtigung. Wenn ein Mensch die Gesetze der Menschen bricht, kann sein Verhalten „be- oder verurteilt" werden – nicht seine Seele. Wenn ein Mensch die Gesetze des Kaisers oder der Regierung bricht, jedoch nicht die Gesetze Gottes oder der Schöpfung und dieses Gesetz wird in den Gesetzen der Schöpfung nicht aufgefunden, dann ist das Gesetz falsch.

Betet keine Götzenbilder an. Einem „Ding" wohnt kein Zauber inne. Wahrheit, Weisheit und Wissen kommt aus dem Teil Eures Inneren, das als Seele bekannt ist und alles ist in manifester Form von dieser Quelle erschaffen worden – kein „Ding" wird etwas ausrichten können, außer Euch fehlzuleiten in das Übel.

Ehret Eure Eltern, denn sie haben Eurer Seele eine Wohnstatt gegeben – durch eine Vereinbarung. Das bedeutet, ehret sie, es bedeutet nicht, sich zu beugen oder zu krümmen oder zu meinen, sie seien Euch irgend etwas „schuldig". Aber so, wie sie für Euch gesorgt haben, so solltet Ihr für sie sorgen. Wenn sie sich nicht um Euch gekümmert haben, gerät etwas ins Ungleichgewicht, wenn Ihr aus Eurer eigenen Verantwortung schöpft, um Eurer Familie oder Eurem Nachbarn etwas zu geben, was nicht rechtens ist. Alle müssen mit Liebe und Wertschätzung des Lebens behandelt werden.

Verwechselt nicht den Zehnten für eine Kultgruppe mit menschengemachter Doktrin mit dem Zehnten für MICH. Sehr wenige Eurer Geschenke finden den Weg in Meine wahrhafte Arbeit. Hütet Euch vor denen, die Druck auf Euch ausüben oder Euer Wachstum auf den Betrag begrenzen, den Ihr GEGEBEN habt, denn sie legen falsches Zeugnis ab. Ich sage Euch auch, gebt Eure Gabe im Verborgenen, so daß KEIN MENSCH es weiß und wenn er nachfragt, dann hegt er aus menschlichen Gründen böse Absichten und steht nicht für das Königreich Gottes oder die Pflege der Schöpfung. Er ersucht um Mittel, um sich selbst und seine Tempel zu erhalten – MEIN WERK WIRD IN DEN HERZEN DER MENSCHEN GETAN UND NICHT NUR INNERHALB DER STEINERNEN TEMPEL DES PRACHTVOLLEN SYMBOLISMUS.

DER SCHMALE PFAD FÜHRT IN EINEN HERRLICHEN TEMPEL IN EUREM INNEREN, IN DEM IHR EUER WERK BEGINNEN UND EUREN BEITRAG LEISTEN KÖNNT, DENN DORT LIEGT MEINE „KIRCHE" IM ARGEN. MENSCHEN MÜSSEN TÄGLICH ESSEN, NICHT NUR AN OSTERN, WEIHNACHTEN ODER WENN ES EINEN PASSENDEN TAG FÜR „SPENDENAKTIONEN" GIBT. ODER, IHR VERSUCHT EUREN BEITRAG FÜR EIN ÜBERLEBENSZENTRUM ZU LEISTEN (DAS AUCH EURE OBDACHLOSEN BEHERBERGEN KANN, IN ZEITEN, WENN ES KEINE NOTFÄLLE GIBT). GEBT EUER SCHERFLEIN AN DIE, DIE MEINE WORTE DER WAHRHEIT BEI EUREN MITMENSCHEN VERBREITEN, DAMIT SIE IHREN WEG FINDEN. KEIN VAGABUND WIRD SICH JEMALS IN EURE STEINTEMPEL TRAUEN, UM NEBEN DER SELBSTERNANNTEN ELITE PLATZ ZU NEHMEN. UND WENN ER ES TÄTE, WÜRDE ER BEISEITE GENOMMEN UND GEMIEDEN WERDEN, WENN DIE „GLÜCKLICHE STUNDE DES TEILENS" NACH DER LESUNG DURCH DEN SELBSTERNANNTEN LEHRER ANGEBROCHEN IST.

IHR BRAUCHT KEINE ANDEREN GESETZE

Ihr müßt Euch so verhalten und Anderen das geben, was Ihr auch erhalten würdet (wenn Ihr eine ausgeglichene, harmonische Welt hättet). Ihr sollt keinen Anderen vor Euch selbst stellen, dann paßt es immer. Ihr würdet nicht wollen, daß Euch ein Anderer Eure Dinge stiehlt. Ihr würdet auch nicht wollen, daß Eure Frau neiderfüllt auf die Frau Eures Nachbarn schaut (Ihr würdet Euch nutzlos fühlen und wäret verärgert) – Ihr sollt einfach nur das ehren, was die Schöpfung und Gottes Gesetz überall ausmacht, dann werdet Ihr keinen Grund haben, Euch über Armageddon Sorgen zu machen.

BESCHREITET WEITERHIN DEN WEG DIESER WELT UND IHR HÄTTET BESSER ALLE VERBLIEBENE ZEIT DAZU GENUTZT, „REINEN TISCH ZU MACHEN", ICH GLAUBE, IHR BEGREIFT ES.

Ob Euch das jetzt gefällt oder nicht, ist für Mich nicht von Bedeutung. Die Wahrheit wird Euch gegeben werden. Wer das erkennt und in die Wahrheit wächst, wird das ewige Leben finden. Wer seine Irrwege weiterverfolgt und meine Lehrmeister mißachtet, die zu Eurer Unterstützung gesandt worden sind, wird sich wundern, was passieren wird. DIE WAHRHEIT FLIESST VORBEI, WÄHREND MANCHE DEM BÖSEN ERLAUBEN, DIE SCHEUKLAPPEN AUF SEINE AUGEN UND OHREN ZU LEGEN.

Es wird Euch gesagt, die Außerirdischen sind böse – WARUM? ICH BIN EIN AUSSERIRDISCHER, ESU JESUS SANANDA IST EIN AUSSERIRDISCHER, WIE SONST KÖNNTEN WIR KOMMEN? WIE KOMMT ES, DASS IHR NUR DEM ÜBLEN BRUDER GLAUBT? WIE KOMMT IHR DAZU, EURE EIGENE LEBENSQUELLE ZU VERLEUGNEN, DIE EUCH DIE SCHÖPFUNG GEGEBEN HAT? WEHE EUCH IHR KINDER, DIE IHR EUCH BESTÄNDIG DEM DUNKEL ZUWENDET, DENN WENN IHR EUCH NICHT DAS WISSEN ANEIGNET, WERDET IHR SICHERLICH MIT DENEN VERGEHEN, DIE EUCH DIESE FALSCHEN LEHREN VERMITTELN.

IHR GEHT IN EURE GOTTESHÄUSER UND EINER, DER DEN ANSPRUCH ERHEBT, MEHR ZU WISSEN ALS IHR, ERZÄHLT EUCH, DASS JEDER, DER VON GOTT ODER DEN MEISTERN EMPFÄNGT, DES TEUFELS IST? WARUM ERHEBT ER DANN DEN ANSPRUCH, DASS ER AUFGRUND SEINES WISSENS KOMMT? OH, EIN BUCH, DAS NACH DEN TATSÄCHLICHEN EREIGNISSEN GESCHRIEBEN WURDE? ODER BEHAUPTET ER, ZU GOTT ODER CHRISTUS ZU BETEN ODER ZU SPRECHEN UND EINE ANTWORT ZU ERHALTEN – (ANDERS AUSGEDRÜCKT – WARUM BETET IHR?). WIE KANN DAS PASSIEREN?

KINDER DER ERDE, MEINE KLEINEN, WIDERSPENSTIGEN UND BLINDEN KINDER, ES WIRD ZEIT, IN WISSEN UND WAHRHEIT ZU KOMMEN UND MIT EUREN ALBERNEN

SPIELCHEN AUFZUHÖREN, DENN EURE IRDISCHE WOHNSTÄTTE NAMENS ERDE KANN NICHTS MEHR VERKRAFTEN UND SIE WIRD IN DIE WIEDERGEBURT UND DIE HEILUNG DER WUNDEN ENTLASSEN, DIE IHR IHREM WESEN ZUGEFÜGT HABT. IHR WURDET GESCHICKT, UM DIESE WUNDERBARE SCHÖPFUNG ZU HÜTEN UND IHR HABT EURE EIGENE LEBENSGRUNDLAGE ZERSTÖRT. SO SEI ES, DENN ES WIRD SEIN, WIE ES SEIN WIRD UND DIE, DIE BEI MIR SIND, SIND BEI MIR UND DIE, DIE NICHT BEI MIR SIND, WERDEN MIT DEN GEFALLENEN LASTERHAFTEN GEHEN – ALSO IST ALLES UMSONST, WAS HÄTTE ANDERS SEIN KÖNNEN. SELBST ZUR MITTERNACHTSSTUNDE WERDET IHR ERWARTET, ABER WER BIS ZU DIESER STUNDE WARTET, WIRD SEHR WOHL HERAUSFINDEN, DASS DIE „WOLKEN" VOLL BESETZT SIND UND SEIN PLATZ VERWIRKT IST. ES IST WEDER SO PHANTASTISCH NOCH SO MAGISCH, WIE IHR EUCH DAS VORSTELLT, MEINE TÖRICHTEN KLEINEN.

IHR WERDET IRGENDWIE „IN DIE LUFT ZU DEN WOLKEN AUFSTEIGEN, UM BEI IHM ZU SEIN"? WIE? EINFACH IRGENDWO IN DER LUFT HERUMSCHWEBEN? WO? OH IHR ALBERNEN SCHAFE, DIE DIESES „WAHNSINNSKRAUT" GEKAUT HABEN, IHR WERDET DURCH DAS GIFT DER UNWISSENHEIT VERGEHEN.

HIER IST EUER TÄGLICH BROT

IN EUREM RITUALISIERTEN GEBET BITTET IHR MICH UM DAS TÄGLICHE BROT – NUN, HIER IST ES! IHR WERDET ETWAS ÜBER DIE SIEBEN STRAHLEN LERNEN, DIE ALTEN ORDEN, DEN UNTERGANG VON LEMURIA UND ATLANTIS UND ANDERER ZIVILISATIONEN VOR EURER ZEIT. IHR WERDET ETWAS ÜBER DIE CHRISTLICHEN ZIVILISATIONEN DESSEN HÖREN, WAS IHR DIESE „NEUE WELT" NENNT, REIN GEOGRAPHISCH.

DIESE ARME KLEINE SCHREIBERIN KANN NICHT GENUG STUNDEN AN EINEM TAG MIT DEM SCHREIBEN VERBRINGEN, ALSO WERDET IHR NACHFORSCHUNGEN ANSTELLEN MÜSSEN, WENN IHR FRAGEN HABT, DENN ES WURDE EUCH GEGEBEN, ABER IHR HABT ES NICHT BEKOMMEN. WIR WERDEN EUCH DIESE DINGE GENAU DARSTELLEN, EINE ENGE VERBINDUNG MIT EUREN ÄTHERISCHEN LEHRMEISTERN HERSTELLEN UND DANN WERDET IHR EUCH ENTSCHEIDEN – IHR FÜR EUCH SELBST UND FÜR NIEMANDEN ANDERS. WIR WERDEN ES NICHT ZULASSEN, DASS IHR EUCH AN WAHRHEIT ODER LÜGE EINES ANDEREN ANLEHNT – NUR DU UND ICH, BRUDER, NUR DU UND ICH!

SO SEI ES, DENN ICH HABE GESPROCHEN UND DA ICH GESPROCHEN HABE, ERWARTE ICH, DASS IHR ZUHÖRT. EURE TAGE AN DIESEM WUNDERBAREN ORT DER SCHÖPFUNG SIND GEZÄHLT UND IHR WERDET ZUR RECHENSCHAFT GEZOGEN FÜR EURE TEILNAHME UND DAS WACHSTUM – MAN NENNT ES TAG DES JÜNGSTEN GERICHTS – WIE WIRD MAN ÜBER EUCH URTEILEN? AH JA, EUER INNERER GOTT WIRD RICHTEN – UND ES IST BEREITS SO, DENN DIE, DIE GEFALLEN SIND, HABEN SICH BEREITS GERICHTET UND FÜR UNWÜRDIG BEFUNDEN – DENKT ÜBER DIESES WORT SEHR, SEHR SORGFÄLTIG NACH – IHR HABT BEREITS GEURTEILT UND BEZAHLT JETZT SCHON MIT EURER STRAFE IN DEN DERZEITIGEN UMSTÄNDEN – GENAUSO, WIE IHR EUREN WERT BEURTEILT HABT. DIE MENSCHHEIT HAT IHR VERHÄNGNIS HERAUFBESCHWOREN, DENN SIE HAT SICH SELBST BEREITS ALS UNWÜRDIG FÜR EIN WEITERLEBEN ERACHTET, UND DESHALB HABEN DIE WAHRSAGER UND PROPHETEN AUCH IMMER RECHT, DENN IN DER OFFENBARUNG HAT SICH DIE MENSCHHEIT SCHON SELBST VERURTEILT. SO SEI ES. ES IST VOLLBRACHT; JETZT MUSS DAS SPIEL NUR NOCH ZU ENDE GESPIELT WERDEN.

ICH WERDE DICH JETZT VERLASSEN, DHARMA, DAMIT DU EIN WENIG AUSRUHEN KANNST, BEVOR WIR TIEFER IN DIE LEKTIONEN UND ERINNERUNGEN AN DIE WAHRHEIT EINSTEIGEN.

ICH BIN DAS ICH BIN, ICH BIN ATON, AUS DER EINEN, LICHTEN SCHÖPFERQUELLE; LASST KEIN MISSVERSTÄNDNIS AN MEINER PRÄSENZ AUFKOMMEN, DENN OBGLEICH MAN MICH MIT VIELEN NAMEN UND BEGRIFFEN BELEGT HAT, BIN ICH DAS ICH BIN UND EURE ZEIT DER ENTSCHEIDUNG IST DA.

KAPITEL 2

Aufzeichnung Nr. 2 | ATON

Montag, 25. September 1989, 14.37 h, Jahr 3, Tag 40

Aton hier, um fortzufahren. Sei in Frieden, Dharma, auch wenn die Energien heute schwer auf Dir lasten. Hab keine Angst, denn wir stehen sehr aufmerksam Wache für Dich.

DIE SIEBEN STRAHLEN DES LEBENS

Diejenigen, die neu sind bei den Lehrstunden, müssen jetzt die Möglichkeit bekommen, sich einbinden zu können. Viele scheinen davon auszugehen, daß wir aus den höheren Dimensionen in der Zwischenzeit von vor 2.000 Jahren und heute nur rumsaßen und Däumchen gedreht haben. Dem ist nicht so und außerdem gab es Brüder, die schon lange vor der Zeit von Immanuel in Eurem Dienst standen und Führer, die Euch Anleitungen gaben. Von all diesen wurde bereits in den Büchern, die Ihr „Heilig" nennt, als die „Sieben Wesen vor dem Thron" gesprochen.

Ich werde mich jetzt nicht lange mit historischen Daten über jene Zeit aufhalten, denn das wurde bereits sehr gut durch einen Schreiber dokumentiert, der von Eurem Meisterlehrer Sananda in Peru, wie Ihr es heute nennt, ausgebildet wurde. Er trat hervor als einer, der unbestätigte und damit auch inkorrekte Informationen gab. Der historische Wert ist hier jedoch als Einführung und Vorstellung der Chohans Der Sieben Strahlen aus der Bruderschaft der Sieben Strahlen nicht wesentlich. Es ist nur wichtig, daß Ihr Leser in Eurer totalen Blindheit (und da schließe ich meine Schreiberin mit ein) jetzt wissen sollt, daß die Bruderschaft der Sieben Strahlen Eure Mentoren sind und daß die Eigenart eines Menschen unter der Herrschaft der großen Sieben Strahlen des Lebens steht. Innerhalb dieser Strahlen wird man von mächtigen Kräften geführt. Alles und jedes fließt auf einem dieser Strahlen ins bewußte Leben und Eure Lebenserfahrungen werden von dem Strahl beeinflußt, auf dem Ihr ins Leben getreten seid.

Der Erste Strahl ist der Weg der Führung; der Zweite Strahl ist der Weg der Bildung; der Dritte Strahl ist der Weg der Philosophie; der Vierte Strahl ist der Weg der Künste; der fünfte Strahl ist der Weg der Wissenschaft; der Sechste Strahl ist der Weg der Hingabe und der Siebte Strahl ist der Weg der Feierlichkeit. Die esoterischen Farben hierfür sind in der Reihenfolge: rot, hellblau, grün, gelb, indigo, rosa und violett. Als schnelle Erklärung: alle Mitglieder der Bruderschaft der Sieben Strahlen gehören zum Amethystin-Orden. Das ist der violette oder amethystfarbene Strahl (purpur). [A.d.Ü.: Die Farbskala reicht von blaustichigem Violett „amethyst" bis zu dunkelrotstichigem Violett „purpur".]

DER VIOLETTE STRAHL

Das Wort „Amethyst" kommt von amethystos, das ist das griechische Wort für eine Behandlung oder ein Mittel gegen Trunkenheit. In seinen reinigenden Aspekten will der violette Strahl eine Behandlung für die Trunkenheit der Erde sein, ein Mittel gegen deren Krankheiten. Das bedeutet nicht, daß der Amethystin-Orden die „Welt vor sich selbst retten wird"; es bedeutet nur, daß die auf dem Siebten Strahl wirkende Bruderschaft für die Chelas (Schüler) der Wahrheit von großer Bedeutung sein wird. Hört auf die Stimmen und Eingaben von diesen Euren Geistführern, denn sie werden Euch den Weg weisen und Euch großartige und wunderbare Geschenke des Wissens und der Wahrheit bringen, da Ihr Euch im Erdenübergang befindet. Der Chohan des Siebten Strahls ist der geschätzte Germain (Meister Saint Germain ‚Rákóczy') – und wie Ihr seht, sind Bezeichnungen abwegige Begrenzungen. In anderen Worten, er ist Lord (Meisterlehrer, spirituelles Oberhaupt) des Amethystin-Ordens. Wir befinden uns in einer Zeit der Veränderungen und Verschiebung eines dreidimensionalen Planeten in seine höhere Vierdimensionalität.

Es gibt etwas sehr Wichtiges für Euch, das Ihr genau hier und jetzt lernen müßt; der Amethystin-Orden ist ein illuministischer Orden der Essener dahingehend, daß alle Mitglieder dem Essener Vorbild des Lebensweges folgen. [A.d.Ü.: aus Wiki zu Illuministen: Der Illuminismus war eine intellektuelle und spirituelle Strömung im 18. und frühen 19. Jahrhundert in Europa. Ideen- und literaturgeschichtlich ist er mit der Romantik verwandt. Viele seiner Vertreter werden zugleich der klassischen Theosophie zugerechnet. Im Unterschied zur Aufklärung schloss für die Illuministen die Vernunft eine spirituelle Dimension ein. Die Illuministen befassten sich mit alten Lehren wie der Kabbala, der Alchemie, der Hermetik, der griechischen und ägyptischen Mythologie und der christlichen Theosophie Jakob Böhmes, die sie mit modernen Kosmogonien in Einklang zu bringen versuchten. Sie versuchten, das an Bedeutung verlierende Christentum mit neuen Riten und einer modernen Spiritualität zu erneuern, befassten sich mit der Entwicklung der Seele und mit Geschichte. Den Niedergang des Christentums und allgemein die Säkularisierung, aber auch die Ablehnung der Mystik durch die Kirchen betrachteten sie als Symptome einer Krise, die sie überwinden wollten.]

DAS WÄRE DIE VON DEN ESSENERN BEGRÜNDETE „WAHRHEIT", NICHT DIE DERZEITIGE, DURCH MENSCHEN ANGEPASSTE WAHRHEIT. ICH WERDE EUCH EIN WENIG DIESER WAHRHEIT GEBEN, DENN DIE WELT BEHAUPTET, DASS IMMANUEL ESSENER WAR – NEIN, NEIN – WAR ER NICHT! ER HAT AUCH NICHT LANGE BEI DEN ESSENERN GELEBT. DAS BEDEUTET NICHT, DASS ER IHREN LEBENSSTIL KOMPLETT ABLEHNTE, SONDERN ES BEDEUTET, DASS ER SICH KEINER LEBENSANSCHAUUNG IN FORM EINES KULTES ANSCHLOSS, DENN ER GING DEN WEG REINER WAHRHEIT UND REINEN LICHTES.

Immanuel ging in die Stadt Ephesus. In Ephesus lebten viele Menschen, Händler und Kaufleute, und sie kamen von Jerusalem her, um Geschäfte zu machen. Immanuel (Jesus) war aus Jerusalem weggegangen, da er und seine Nachfolger dort verfolgt wurden und Angst hatten, erkannt zu werden.

Doch bereits nachdem er einige Tage in Ephesus gelebt hatte, wurde er von einem der Händler erkannt, der es denen weitererzählte, die gleicher Gesinnung waren wie er; sie gehörten einem geheimen Bündnis an, das sie „Vereinigung der Essener" nannten.

IMMANUEL UND DIE ESSENER

Sie nahmen Immanuel mit zu einer geheimen Zusammenkunft; sie fürchteten das Volk, denn ihre Vereinigung war verboten. Unter ihnen war einer mit dem Namen Juthan und er war der Älteste des geheimen Bundes in Jerusalem und er sprach: „Siehe, wir wissen sehr wohl, was Dir in Deinem Leben widerfahren ist, wir wissen aber immer noch nicht, warum Du immer noch unter den Lebenden weilst. Bitte sag uns Dein Geheimnis." Immanuel wurde dahingehend geführt, ihnen nicht viel zu erzählen aus Angst, er könnte festgenommen und nach Jerusalem zurückgebracht werden, also erzählte er ihnen nur sehr wenig über seine Flucht aus Jerusalem.

Aber Juthan, der Älteste, antwortete und sagte: „Siehe, wir gehören einem geheimen Bund an, den man ‚Vereinigung der Essener' nennt. Aber unser Drängen und unser Wissen hat nichts gemein mit den Lehren der Schriftgelehrten, sondern ist angelehnt an die Geheimnisse der Natur und alles, was für die Menschen nicht erklärbar ist. Aber Dein Wissen hat große und mächtige Fortschritte gemacht und übersteigt unser Wissen bei Weitem. Deshalb bitten wir darum, daß Du Dich unserer Vereinigung anschließt, einer von uns wirst und uns Dein Wissen lehrst."

Aber Immanuel antwortete und sagte: „Obgleich ich Euch mein Wissen lehren soll, wäre es dennoch nicht mit Euren Lehren vergleichbar, denn Ihr lebt gemäß menschlicher Weisheit und macht Eure Lehren entsprechend; ich richte mich nur nach der spirituellen Wahrheit und den Gesetzen Gottes und Der Schöpfung aus. Demzufolge stehen sich unsere Lehren feindlich gegenüber. Außerdem bin ich nicht daran interessiert, mein Wissen an geheimen Orten oder im Geheimen weiterzugeben, denn das ist außerdem von den Gesetzen des Landes verboten. Ihr macht das, was Ihr wollt, im Geheimen, denn Ihr seid die geheime Vereinigung der Essener. Aber erlaubt mir, das Für und Wider drei Tage lang zu überdenken, dann werde ich Euch meine Antwort mitteilen. Wenn meine Antwort ja ist, komme ich wieder, ist sie nein, bin ich gegangen."

Juthan erwiderte: „Es sei, wie Du sagst. Friede sei mit Dir, Bruder. Wir werden drei Tage warten."

Aber Immanuel dachte nicht lange nach, sondern machte sich schnell auf den Weg aufs Land, wo er seinen Nachfolgern erklärte: „Sehet, die Vereinigung der Essener lebt nach einem falschen Kult, aber sie übernehmen viele meiner Lehren und fügen sie einfach ihren alten Lehren hinzu, so daß sie beide verderben. Ihre alten Lehren sind nicht die Lehren der Weisheit, weshalb sie nicht bestehen können, denn es ist nicht die Wahrheit und deshalb wurden sie wertlos. Das haben sie erkannt und jetzt verweben sie ihre Lehren mit den Meinen, um einen NEUEN Kult daraus zu machen und außerdem verletzen sie mich, da sie mich als Einen der Ihren bezeichnen."

„Sie werden sagen, daß ich mit ihrer Vereinigung verbunden bin und sie mich von Beginn meiner physischen Lebensreise an unterstützt haben. Sie werden auch sagen, daß meine Lehren aus ihren ursprünglichen Lehren erwachsen sind (Kult) und sie mich gerettet und ausgebildet haben. Außerdem werden sie mitteilen, daß meine Jünger auch aus ihrem Kult stammen – und dazu werden sie auch behaupten, daß ich der einzige eingeborene Sohn Gottes sei; das entspricht nicht der Wahrheit."

„Ich sage Euch jetzt, daß ich niemals Teil dieser Vereinigung der Essener war, daß ich nichts gemein mit ihnen habe und daß ich niemals irgendeine Hilfe von ihnen bekommen habe."

VIELE KULTE UND KIRCHEN WERDEN MEINEN NAMEN BENUTZEN

„Die Essener Vereinigung ist nicht die einzige Gruppe, die

meinen Namen benutzen wird, denn viele Kulte werden entstehen und ‚Kirchen' in meinem Namen aufbauen und mich darin glorifizieren, um für das Volk glaubhafter zu sein, sodaß man es leichter versklaven kann."

„In meinem Namen werden viele Kulte entstehen, aber nur zu dem Zweck, die Menschheit in ihrem Sinne zu versklaven, wobei die Kulte große Macht über Menschen, Land und Geld erschaffen werden. Aber ich sage Euch, kein Kult [A.d.Ü.: ich behalte das Wort „Kult" bei, es sind grundsätzlich gemeint Religionen, Glaubensgemeinschaften, ideologische Vereinigungen mit eigenen Regeln und Riten] ist gerechtfertigt, es sei denn, er erachtet Die Schöpfung als das Höchste. Es wird keinen Kult geben, der die ganze Wahrheit, Wissen und Weisheit vermittelt."

„Aber in zweimal tausend Jahren wird die Zeit kommen, da werden meine Lehren erneut und ohne Verfälschungen gepredigt werden. Bis dahin jedoch wird es so viele falsche Kulte geben, daß sie nicht mehr gezählt werden können. Sie werden alle auf dem Blut der Menschheit, auf Haß, Gier und Macht aufgebaut sein. Aber genauso wie sie geschaffen wurden, werden sie wieder zerstört werden, denn die Wahrheit wird triumphieren. Denn es wird keine Unwahrheit geben, die nicht als Lüge entlarvt werden wird. Und es wird nichts Verborgenes geben, das nicht offensichtlich wird. Die Menschheit wird das erkennen, was direkt vor ihrer Nase liegt und wird sich ihm offenbaren, wenn sie nach der Wahrheit und Erläuterungen für Weisheit sucht."

DIE WAHRHEIT UND DIE GESETZE DER SCHÖPFUNG VERÄNDERN SICH NICHT

„Ganz tief in den Gesetzen Der Schöpfung liegt die Wahrheit verborgen, die der Mensch suchen und finden soll. Wer wahrhaftig sucht, soll niemals aufhören, bis er gefunden hat. Wenn er gefunden hat, wird er tief erschüttert und erstaunt sein, aber danach wird er über das Universum herrschen, wie es sein Schöpfer vorgesehen hat, denn die Menschen müssen erkennen, daß das Königreich sowohl in ihnen als auch außerhalb von ihnen ist. Sie sollen auch wissen, daß sie als Hüter für andere wunderbare Erschaffungen innerhalb dieser Schöpfung gesandt wurden."

So sei es; die Menschheit täte besser daran, ihren Blick auf die Alten zu richten, die das Symbol der roten Hand tragen, denn sie sind den roten Pfad in Licht und Wahrheit gegangen. Die Menschheit sollte sich abwenden von der schwarzen Hand, denn sie ist das Symbol der Zerstörung. Die „verlorenen Städte" in Eurem Südamerika und die neuerdings ankommenden Besucher aus dem Raum sind sehr gut verbunden und Beide spielen eine sehr wichtige Rolle in Euren derzeitigen Lebensumständen.

Lemuria ist die Bezeichnung für den letzten Teil des großen pazifischen Kontinents Mu. Die Zerstörung von Mu und sein Abtauchen begann 30.000 Jahre vor Christus. Diese Zerstörung dehnte sich noch über weitere Tausende von Jahren hin aus, bis auch der letzte Teil Mu, damals Lemuria genannt, nach einer Reihe von Katastrophen versunken war. Das passierte kurz vor der Zerstörung von Poseidonis, dem letzten Rest des atlantischen Kontinents Atlantis.

Genauso wie Ihr heute informiert seid, wie es wird und Euch abwendet, so haben diese Menschen ihre verblendeten Wege weiter verfolgt. Die, die den Pfad der linken (schwarzen) Hand beschritten, fuhren mit ihren diabolischen Experimenten fort und beachteten meine ‚Schrift an der Wand' nicht, genauso wie heute auf Eurer krankmachenden Erde, auf der sich Millionen Bewohner entschlossen haben, weiterhin bei jeder möglichen Entartung mitzumachen, selbst wenn die Zeichen der Zeit ganz klar erkennbar sind.

WERTVOLLES ALTES WISSEN WURDE ERHALTEN

Die Meister und Wesenheiten, die auf dem rechten (roten) Pfad gingen, begannen, die kostbaren Aufzeichnungen und Dokumente aus den Bibliotheken von Lemuria zu sammeln. Jeder Meister wurde vom Rat der Großen Weißen Hierarchie ausgewählt (Lichte Bruderschaft), in verschiedene Gegenden der Welt zu gehen, wobei es galt, wissenschaftliches und spirituelles Wissen der vergangenen Zeitabläufe in sichere Aufbewahrung zu bringen.

Diese wunderbaren Reichtümer sind bis zum heutigen Tag erhalten. Zur Zeit des Umbruchs und wenn diese Kontinente sich verändern, werden bestimmte andere Orte wieder auftauchen, genauso wie es in Peru in der Gegend um den Titicacasee war und niemand erkennt das. Aber es werden diese gleichen Plätze sein, die beim Untergang von Mu erhalten blieben, weiterhin erhalten bleiben und noch sicherer werden vor den Untiefen des Ozeans.

Ihr in diesem Bereich erfahrt diese Botschaften, da Ihr Euch in einem Gebiet von großen und andauernden Veränderungen befindet. Zur rechten Zeit wird die korrekte Geschichte aus der richtigen Quelle und der geschätzten Thedra ans Tageslicht kommen, denn sie hat die Dokumentation in absoluter Vertrauenswürdigkeit erhalten und sie wird Sanandas persönliche Lehrstunden veröffentlichen, wie alles war. Außerdem wird Einer aus meinem geliebten Rat der Alten Traditionen mündliche Lehrstunden zur Wahrheit geben. Wer die Schätze weitergegeben und seine Tradition verkauft hat wird Wind ernten, denn sie hatten keine Erlaubnis dafür und deshalb ist ihre Arbeit nicht rein gewesen, sondern getrübt durch Gier nach menschlichen Gewinnen. Diese Schreiberin wird einfach das zu Papier bringen, was ihr durch Impuls-Signale in einem übertragenen Format gegeben wird. Seid nachsichtig, Ihr Erdenmenschen, denn die meisten dieser Dinge entsprechen überhaupt nicht ihrem Wissen durch vergangene Erfahrungen, irdischen Lektionen und Bildungswissen in dieser Lebenszeit und deshalb wird die Einwirkung auch groß sein. Für einen Schreiber ist es der größte Test überhaupt, das zu drucken, was fast zu schokkierend für ihn selbst ist. DIESE SCHREIBERIN HAT NICHTS VON DUNKELHEIT AN SICH, NOCH IN IHREM UMFELD UND SIE WIRD VON MEINER HAND BESCHÜTZT, DENN ES IST MEIN SIEGEL, DAS ICH AUF DIESE WORTE LEGE. SO SEI ES UND SELAH – DENN ES SOLL SO KOMMEN, WIE ICH ES SAGE.

Mach eine Pause, Dharma, damit wir die Einzelteile zusammentragen können. Dein geliebter „Großvater" des Silbernen Strahls des Schöpfers – einer meiner geliebten Erstgeborenen, Sanat Kumara, wird Dir eine Botschaft zum Niederschreiben bringen. Segen über Dich, kleiner Spatz, denn Du bereitest mir große Freude. Frieden.

ICH BIN

KAPITEL 3

Aufzeichnung Nr. 3 | SANAT KUMARA

Montag, 25. September 1989, 17.15 h, Jahr 3, Tag 40

Ich bin Sanat Kumara, der gerade reinkommt, Dharma, und ich sehe, daß Du mich erkennst. So sei es, denn am Ende sind wir alle der Eine.

DIE HOFFNUNG KAM VOM STERN AUS DEM OSTEN

Vor langer Zeit, und ich war Zeuge dessen, erschien im Osten ein großes Licht. Das war das Zeichen für die Menschen auf der Erde, daß das ewige Leben die Wahrheit sein würde. Keiner Seele, wie tief sie auch gefallen sein sollte, wird der Zutritt zu der großen Schule des Lebens verwehrt. Das wird die Zeit sein, wenn sich der Löwe wirklich neben das Lamm legt.

Auf der Erde habt Ihr eine starke Verwirrung in den Gedanken der Menschen, die sehr viel Unruhe bringt und die Meere voller Haß aufwühlt; aber ER kam, um zu beweisen, daß die unruhigen Wasser beruhigt und besänftigt werden können, der Zorn der Winde sich durch das Erheben SEINER Hand in liebevoller Segnung legt. Der Vater siedelte die Erde und alle Himmelskörper in den Himmeln an. Sie wurden für die Menschen aus spiralförmiger Urmaterie erschaffen. Der Mensch sollte der Gott der physischen Form sein; der Mensch, der höchste Ausdruck der Göttlichkeit im gesamten Omniversum. Oh, aber der Mensch hat es falsch verstanden und versteht es bis heute falsch. Oh Mensch erkenne, daß Du die höchste Form der Göttlichkeit überall und in der Gesamtheit des Omniversums bist. Das bedeutet nicht, daß Du der einzige „Mensch" im Omniversum bist. Aber es gibt nichts mehr jenseits von Dir – und deshalb bist Du majestätisch. Aber genau hier bist Du auch der Geringste.

Du bist der Geringste, da Du Vernunft hast, die andere Lebensformen nicht haben. Deshalb mußt Du beides sein, ihr Bruder und ihr Diener.

ALLES IST LEBEN

Wie die Alten wußten und entsprechend respektierten, befindet sich in allen Formen Leben und Intelligenz. Der Mensch ist nicht das einzige „denkende" Wesen. Es ist die „Vernunft", die den Menschen von seinen anderen Verbindungen abgrenzt. Jedes Element und jedes Mineral – alle Formen – haben eine innewohnende Intelligenz und der Mensch wurde gesandt, um ihr Hüter und älterer Bruder zu sein. Habt Ihr Euch um Eure Rolle der Sorgfaltspflicht gekümmert? Habt Ihr beschützt und behütet? Ihr seid die älteren Brüder dieser Formen, deren Anzahl im Omniversum ungezählt ist. Es liegt an Euch, sie zu einer immer höheren Evolution zu heben, damit sie zusammen mit Euch in Welten unendlicher Erhabenheit und Ewigen Lichtes wachsen können. Habt Ihr ein Muster von Wachstum oder Zerstörung angelegt?

DIE VERWIRRUNG WIRD GEHEN – WO WIRST DU SEIN?

Die herrliche Schönheit der Zeitalter nähert sich jetzt und alle Zweifel und Ängste werden zusammengerollt werden wie eine Pergamentrolle. Es wird ein großer Donnerhall sein. Die Himmel werden zerreißen. Dann wird der Mensch sich selbst erkennen und wird in seinen Spiegel des ‚Wissens' schauen – und es wird keine Verwirrung mehr geben. Wenn der Mensch das Zepter seines Göttlichen Geschenkes in die Hand nehmen wird, wird er nicht mehr durch die Dunkelheit von Unwissenheit und Aberglaube behindert. Wisse dies, und darin liegt notwendigerweise auch Wehmut; und doch muß da auch Jubel sein über die Schönheit, die sie hervorbringt.

Aber Ihr müßt wissen, was bevorsteht und kommen wird. Ja, es kann Atombombenexplosionen und ein Bombardement an kosmischen Strahlen geben – so sei es, denn wenn Ihr nur das tun würdet, was man Euch gelehrt hat, könntet Ihr in Sicherheit kommen – und das sind die „Wirkungen". Aber was ist die „Ursache"? Die Ursache der Zerstörung, die über die Erde kommen wird, resultiert aus den eigenen Gedankenmustern der Menschen.

FEHLERHAFTES DENKEN

Seit den Zeiten, als die Söhne Gottes sich unter die Menschentöchter mischten und Tiermenschen auf der Erde erschienen, strebte der Mensch von seiner Tier-Ähnlichkeit zurück zur Engel-Ähnlichkeit. Aber fehlerhaftes Denken wird sich jetzt Bahn brechen, da die Elemente sich weigern, weiterhin als das betrachtet zu werden, als das man sie jahrtausendelang auf der Erde betrachtet hat. Sie sind Teil des Ewigen, und weil sie Teil des Ewigen sind, werden sie dem negativen Denken der Menschen nicht mehr entsprechen. Sie werden sich aufbäumen und dabei riesige Gezeitenwellen und Stürme entfachen. Das ist bereits so! Millionen werden vergehen, denn sie wollen die Wahrheit oder die Warnungen weder hören noch sehen. Sie werden an andere Orte verbracht, die ihrer Entwicklungsebene im spirituellen Wachstum besser entsprechen. Ein paar Reste müssen jedoch auf der Erde verbleiben, damit diese gereinigt und auf eine andere Frequenz und Dimension erhoben werden kann.

Sehr bald – früher als Ihr es feststellen könnt – werden die Winde stürmischer – das ist bereits über Euch, denn ich habe es aus der Ebene über Eurer physikalischen Erdenebene bereits bemerkt und das bedeutet, daß, wenn sie auf die nächste Ebene hinabsteigen, es in Eure Realität eintritt. Felder und Städte werden sehr desolat aussehen ohne ihre Einwohner. Könnt Ihr Euch überhaupt große Städte ohne Einwohner vorstellen? Das ist sehr traurig, denn die Menschheit wurde vorgewarnt, hört sich aber lieber den Krach an, den sie in ihrer Verwirrung und ihrem Bemühen, die Wahrheit zu verstecken, erschaffen hat – sie laufen vor Gott davon, anstatt sich in Seine große Sicherheit zu begeben.

Oh, Ihr Menschen der Erde, wenn Ihr nur die große Liebe kennen würdet, die aus unzähligen Ebenen und unberührtem Geist auf Euch hinabströmt! Wenn Ihr nur hören würdet, würdet Ihr es wissen. Aus allen Katastrophen, die kommen werden, wird nur die Vision einer wunderbaren ‚Wahrnehmung' erhalten bleiben, denn der Mensch schreitet voran in ein reines Licht aus seiner eigenen Schöpfung. Aber der Mensch muß sehen und hören.

Die Macht des Schwarzen Drachens kann die Ohren der Menschen für die Sphärenklänge und die wundersamen Melodien der engelsgleichen Scharen betäuben, aber dennoch hat er bisher nicht die Kraft erlangt, die himmlischen Bestrebungen anzuhalten, denn der Mond trifft immer noch die Dämmerung eines neuen Tages, egal wie mächtig seine Armeen auch sein werden. Sie haben noch nicht gelernt, das melodische Murmeln eines Baches zu unterbinden, noch können sie trotz ihrer Kenntnisse die Höhen eines aufsteigenden Adlers erreichen, der wie ein herrliches Gebet zum Ewigen Einen strebt, denn der Adler ist über Allen der Meister der Erde.

HERRLICHE ERDE

Die Schönheit der Erde liegt in ihrer Erschaffung, der Schöpfung, auf der Ihr steht und von der Ihr Eure Nahrung bezieht. Sie ist wie die Brust unseres Vaters/unserer Mutter, wo Ihr Euch ausruhen und Kraft schöpfen könnt. Sie ist Eure Mutter und dennoch ist sie auch Euer Vater. Die Erde ist eine wundervolle Welt, meistens auch sehr viel schöner als einige ihrer Nachbarn. Ich habe die Erde immer von allen Schöpfungen am meisten geliebt, denn ich höre aus ihr eine Melodie, die noch nicht in den Äther aufgestiegen ist. Ich höre sie weinen wie jemand, der gefesselt und geknebelt ist. Sie soll jedoch nicht länger auf ihren himmlischen Gesang verzichten müssen.

Nein, der schwarze Drache mit seiner geballten negativen Macht war nicht in der Lage, die Schönheit dieser Erschaffung zu zerstören.

Diese Gewalt war auch nicht in der Lage, der Welt das Plätschern des Baches oder das Lied der Morgendämmerung wegzunehmen. Ja, wenn sie es könnte, würde sie das tun.

Es ist in den größten Archiven der Akasha-Chronik festgeschrieben, daß Gott erschaffen und der Mensch entzweit hat. Das ist anscheinend das Motto auf der Erde. Der Mensch muß aus seinen vielfältigen Sünden zurückfinden zu dem Einen Gott, denn den Vater finden wir nicht in der Vielschichtigkeit – wir finden Ihn nur in der Einfachheit.

JEDER IST EIN SUCHENDER TEIL GOTTES!

Vergeßt nicht in Eurem Dienst, daß wirklich jeder Eurer Mitmenschen ein Teil Gottes ist. Seht ihn nicht als Mann, Frau oder Kind, sondern wisset, daß jeder, der vor Euch steht, der Vater in Seiner Essenz ist! Wenn Ihr jeden auf der Erde als Teil des Vaters mit entsprechendem Respekt betrachten würdet, wären die irdischen Probleme alle sofort gelöst. Ah, aber Ihr tut es nicht!

Die hungrigen Scharen auf der Erde rufen nach einem Retter, der ihnen noch einmal Brot und Fisch aus einer kargen Substanz reicht, die sie satt macht und ihren Hunger stillt. Jetzt rufen sie nach dem Wasser des Lebens, nach dem Manna der Weisheit. Und ich sage Euch, es steht geschrieben – es ist ein Erlaß des Höchsten – daß dies getan werden muß, denn Er hat verfügt: Dies sind meine Kinder; sie müssen zurückgeführt werden in meinen Schoß und sie müssen mit meiner Essenz genährt werden. Und doch wissen sie nicht, wonach sie rufen.

Wir, und ja, auch ich, die wir die Erde in unseren Händen halten, helfen ihr, sich zu entwickeln, zu erblühen und Früchte zu tragen. Wir sehen jetzt, daß die Ernte üppig und der Speicher des Vaters gefüllt sein wird durch die Veränderung zu neuen erhabenen Wesen, wenn wir nur unser Werk tun als Handelnde in Seinem Namen und Seinem Dienst.

Ich möchte Euch für die kommende Zeit, die unmittelbar vor Euch liegt, ein Göttliches Gebot mitgeben: nährt die Schafe Gottes! Gebt, wo darum gebeten wird. Triumphiert nicht wegen Eurer Vergangenheit, sondern gebt ihnen, was ihre Seelen benötigen. Sagt ihnen, daß Katastrophen auf Euch zukommen! Bereitet sie vor, damit sie sich auf das vorbereiten können, was kommen wird; zeigt ihnen den Weg. Aber sagt ihnen auch, daß daraus ein größeres Licht erwächst. Sagt ihnen, ja, daß Leid über die Erde kommen wird; denn es wird die Nacht kommen, in der kein Mensch seine Arbeit tun kann und diese Nacht ist jetzt über Euch Gesegneten – Unglück und Verzweiflung, denn Ihr habt Euren Weg vergessen. Die Fluttore sind geöffnet und die Winde werden alles Alte wegwaschen und wegblasen. Es war die Brut der Dunkelheit; und es kann von allen Menschen, die wissen, daß jenseits dessen das Ende des Regenbogens steht, ertragen werden, wenn sie auch Vorbereitungen getroffen haben, wie sie Euch zur Anleitung gegeben wurden. Jenseits dieser Reise liegt die Einheit mit unserem Ewigen Schöpfervater.

TRAGT DIE BOTSCHAFT WEITER

Wenn Ihr nur die unzähligen Welten kennen würdet, die unendlichen herrschaftlichen Wohnsitze, die majestätischen Sterne, die mit ihrer Schönheit wie strahlende Kleinodien im samtigen Omniversum eingebettet sind – Millionen Seelen Eurer Brüder weinen unter einem Friedensgeläut um die Erde, die sich in ihrer Zeit der Wehen befindet. Ihr habt solcher Art Liebe und Zuwendung vergessen, weil Ihr Euren Weg vergessen habt.

Deshalb ist es Eure Pflicht, diese Botschaft zu verbreiten; diese Botschaft, die zwiefältig ist: einmal eine Warnung, sich auf das vorzubereiten, was kommen wird in den Wogen und den Stürmen; zum anderen ist es eine Botschaft, die Euch mitteilt, daß es welche gibt, die Sorge tragen und als Sendboten des Ewigen Einen arbeiten. Sagt den Menschen, daß sie geliebt werden, daß sie geführt werden, wenn sie darum bitten: „Bittet, so wird Euch gegeben; klopfet an, so wird Euch aufgetan."

Sagt ihnen, sie werden aufgefangen und dort sein, wo sich die Adler versammeln. Sie werden mit ihren Wünschen nicht allein gelassen.

Sagt ihnen, daß der Vater ihre Bitten erhört hat. Der Vater ist immer gütig und liebend gegenüber Seinen Kindern – aber Seine Kinder müssen sich Ihm zuwenden.

ICH BIN

Ich bin der, der nur so groß ist wie das kleinste Sandkorn auf der Erde und nur so gering wie der höchste Berggipfel. Ich habe zahllose Existenzen auf diesem geliebten Planeten verbracht. Um jetzt die Süße einer Brise und die Essenz des Duftes der Zedern im Libanon und der Espen in Amerika zu schmecken; das sanfte Plätschern liebkosender Wellen an den Küsten der Welt zu spüren; und die Harmonie zwischen dem prächtigen Pflanzenleben und dem Geist der Menschen zu erkennen.

Die großen Königreiche auf der Erde, die normalerweise den Menschen dienen, sind alle in einem Zustand des Chaos – das Mineralienreich, das Pflanzenreich und das Tierreich; denn was als Meister über sie erschaffen wurde, ist dieses Titels nicht wert. Die mineralischen, pflanzlichen und tierischen Lebensreiche glauben, daß ihr Herr, ihr Meister, ein betrunkener Meister ist und sich in seiner Trunkenheit selbstvergessen hin und her rollt. Deshalb begehren sie jetzt auch gegen ihn auf. Aber in anderen Welten entsprechen sie ihm und sind ihrem Meister zärtlich ergeben, so daß das Ergebnis eine vibrierende, lebensspendende Essenz jenseits allen Verständnisses ist und Ihr werdet keine Worte der Beschreibung dafür finden.

Hat sich der Mensch nicht oft gewünscht, in die Geborgenheit und Wärme des Mutterschoßes zurückzukehren? Ich sage Euch, das gilt ebenso für die Menschen und ihren Vater. Die Erdenmenschheit weiß, wohin sie zu gehen hat, aber sie findet nicht immer ihren Weg. Deshalb führen alle Wege der vor Euch liegenden, kommenden Zeiten direkt zu Ihm; denn dieses wird die Vervollkommnung Eures Geistes sein.

Jetzt habe ich aus dem kleinsten und dem größten Teil der Schöpfung zu Euch gesprochen: denn das Kleinste und Größte ist Eins in Ihm. Mein Friede und der Friede aller Schöpfung sei mit Euch.

MEINE MISSION

Ich habe darum gebeten, mit Euch zu sprechen, denn für mich ist es die Zeit der großen Enthüllungen und, bis zu einem gewissen Grad, auch die Zeit Eures großen Aufstiegs auf eine andere Bewußtseinsebene.

Vor langer Zeit wurde ich zur Erde berufen, um bei den Menschenkindern eine gewisse Mission zu erfüllen. Jetzt ist für mich die Zeit gekommen, andere Pflichten wahrzunehmen, da eine andere Schwester von Euch in ihre große Initiation eintritt. Aber ich werde immer in Eurem Dienst stehen, denn dies ist eine Zeit der Herrlichkeit.

Selbst an diesem heutigen Tag gibt es bewaffnete Konflikte auf dem Heiligen Meer von Galiläa [A.d.Ü.: See Genezareth]. Wir haben jetzt den Beginn des Endes und das Ende des Beginns, wie es von Alten prophezeit wurde, denn heute hat der lange Zwist im ‚unheiligen' Heiligen Land seinen Höhepunkt erreicht – den Kulminationspunkt – die Armeen von Ägypten und Syrien, Iran, Irak, Libanon, der arabischen Welt und Israel – alle sind in Aufruhr und leiden Todesqualen. [A.d.Ü.: das war 1989]. Und hier wird jetzt der Funke entfacht, der die Annäherung Dessen, den Ihr erwartet, entflammen läßt; und erwartet Ihr Ihn nicht mit wachsender Langmut und Freude? Diese Lektion müßt Ihr Alle lernen, nicht nur einmal, sondern immer und immer wieder, sowohl in Welten prunkvollen Glanzes als auch in Welten dunkelster Kultur und Entwicklung. Wie oft haben wir diese Lektion schon gelernt?

Und trotzdem lernen wir sie immer wieder, denn ohne Neugier und den Nervenkitzel der Suche im Leben kann ein Mensch nicht existieren. Der Mensch wird niemals das Ende dieser Straße erreichen. Er wird immer suchen. Wenn es nicht Länder oder andere Gebiete und Völker sind, dann werden es Welten sein oder Sonnen oder Systeme, oder Galaxien oder Supergalaxien; und darüber hinaus werdet Ihr die Ebenen des Lichts genießen, von denen jede Einzelne ihre eigene Schwingung und ihr eigenes Licht hinzufügen wird – ihre eigene Dimension und ihre eigene geistige Entwicklung.

UM ETWAS ZU ERHALTEN, MUSS MAN ZUERST ETWAS GEBEN

Eines der wichtigsten Gesetze ist, daß Du zuerst etwas geben mußt, um etwas zu erhalten, denn es ist wie in einem riesigen Wasserbecken, es kann die himmlischen Regen nur solange aufnehmen, bis es voll ist, anschwillt und überläuft, aber es muß überlaufen, und damit gibt es seine Fülle an den ausgedörrten Boden unter sich weiter. Wenn es nichts abgibt, wird es brechen und kann nichts mehr halten. Wenn es aber gibt, wird es umso mehr aufnehmen können, wenn die großen Regen wieder aus den Himmeln kommen und es der dürstenden Erde mit jedem Tropfen Feuchtigkeit gibt, und wieder darauf wartet, bis der große Regen erneut in Fülle gibt.

Es wurde schon vor langer Zeit verfügt, daß ich auf die Erde komme, um unserem Älteren Bruder, der das System regiert, beizustehen, und damit auch allen unseren geliebten Brüdern und Schwestern auf dem Planeten Erde. Aber ich muß auch meinen anderen Verpflichtungen nachkommen, die unter meinen Schutz befohlen wurden.

Deshalb gab ich meinen Menschenkindern alles, was ich zu geben hatte. Nun, da ich diese Aufgabe getan und erfüllt habe – und ich sage dies ohne Selbstgefälligkeit – werde ich die neuen Regenfälle empfangen, die kommen. Dies ist also im Laufe der Jahrtausende ein fortlaufender Entwicklungsprozeß. Wir geben und wir empfangen; und jedes Mal empfangen wir mehr als zuvor. Der Wasserkrug ist nicht fest gefügt oder dauerhaft. In den Augen des Vaters wird er immer größer, immer formfester, immer vollkommener. Aus einem groben Tonkrug wird ein Krug wie ein Juwel, wie ein fein geschliffener Kristall.

Euer gesamtes Sonnensystem kommt jetzt in die große Initiation, denn es ist wahr, daß Ihr Euch auf direktem Weg zur Supersonne befindet, die über Eure Galaxie herrscht, um die sich ständig zahllose Inseluniversen bewegen und existieren. Euer System steuert auf das Zentrum dieser Aktivitäten zu und die immer schneller werdende Schwingung wird alles in Eurem System von Grund auf beeinflussen;

sei es mental, physisch oder spirituell, nichts wird diesen einströmenden Energien und Veränderungen entgehen können.

Ihr befindet Euch derzeit an der Grenzlinie zu diesem großen Übergang und kommt der Vollkommenheit immer näher.

WIEDERKUNFT CHRISTI

Der Grund, weshalb Christus auf die Erde zurückkehrt: der große Meister eines Sonnensystems inkarniert und gibt dem Planeten Hilfestellung, der in seinem Fortschritt innerhalb des Systems am meisten hinterherhinkt, aber auch, weil Er den Geist dieser Erde repräsentiert, denn diese Position hat Er in seiner Inkarnation als Mensch erreicht, Christus steht für das System.

URSACHE UND WIRKUNG

Hier ein Beispiel: da sind zwei Menschen. Beide haben in allen Einzelheiten den gleichen Fehler begangen. Jeder hat dasselbe getan. Aber kann man nun jeden Menschen gleich bestrafen? Nein, man kann keinen der beiden verurteilen. Schaut einmal tiefer auf den Grund der Dinge. Auf der Erde schaut der Mensch immer auf die *Wirkung*, aber nicht auf die *Ursache*. Wenn er einmal in das Herz der Dinge sieht, wird er herausfinden, daß es das Herz des Vaters Selbst ist; denn von dort strömen alle Schöpfungsstrahlen aus Ihm heraus. Man wird das niemals herausfinden, wenn man nur die Strahlen anschaut. Man kann es nicht zurückverfolgen von der *Wirkung* zur *Ursache*. Es muß von *Ursache* zu *Wirkung* betrachtet werden. Also, laßt uns nicht auf die Wirkung dessen schauen, was jeder Mensch getan hat, sondern laßt uns besser auf die Ursache schauen, warum ein Mensch was getan hat.

Betrachten wir uns einen Menschen. Wir stellen fest, daß er etwas getan hat, weil er das Gesetz nicht kannte. Der andere Mensch hatte jedoch Kenntnis von diesem Gesetz. In Eurer Welt sagt man, daß Unwissenheit nicht vor Strafe schützt, aber in den Reichen des Vaters ist Unwissenheit über ein Gesetz sehr wohl eine Entschuldigung. Aber wenn wir das Gesetz einmal kennen und danach fehlen und einen

Irrtum begehen, dann sind wir in einer anderen Klasse als die, die aus Ignoranz das Gleiche getan haben! Ihr seht, der Fehler besteht nicht darin, in das Loch im Boden zu treten; der Fehler liegt darin, zweimal hineinzutreten, wenn wir schon wissen, daß das, was wir tun, nicht rechtens ist.

AH, IHR DACHTET, IHR SEID DIE ‚EINZIGEN'

Ich habe Euch dieses Beispiel gegeben, um Euch zu zeigen, in welcher Situation sich Eure Erde derzeit befindet. Die Erde hat schon viele Zivilisationen getragen und wenn eine in den bodenlosen Schacht gefallen war, hat sich die Menschheit wieder in eine kulturelle Entwicklung erhoben und erneut an einer glorreichen Zivilisation mit großen wissenschaftlichen und technischen Fortschritten gearbeitet. Und wieder fällt diese Zivilisation in den bodenlosen Schacht; könnt Ihr nicht lernen? Auf Eurem Schwesterplaneten, der Venus, hat es nie die Zerstörung einer Zivilisation gegeben, obgleich sie einen wunderbaren Wandel erlebt hat. Auf dem Planeten in Eurem Bereich, den Ihr Mars nennt, ist es zweimal vorgekommen – aber auf der Erde, meine Lieben, hat der Wandel hunderte Male stattgefunden. Die Erdenmenschen scheinen das große Wissen, das sie erlangt haben, weder kontrollieren noch sich damit disziplinieren zu können.

Die Menschheit muß lernen, das Wissen, das sie erreicht hat, anzuwenden. Ihr seid nicht in der Lage, physische Formen zu entwickeln. Wenn Ihr das erlangt habt, aber nicht verwirklicht, das heißt, nicht anwendet, was Ihr gelernt habt, werdet Ihr bald alles verlieren, was Ihr erreicht habt. Eigentlich könntet Ihr Euch danach noch in schlechteren Umständen befinden als Ihr wart, bevor Ihr begonnen habt.

Die Erdenmenschheit muß lernen, ihr Wissen in konstruktive Kanäle zu leiten. Das bedeutet, wenn wir einmal gebeten und erhalten haben, greift das Gebot, das anzuwenden, was wir empfangen haben, um dann wieder abzugeben, was wir erhalten haben.

Ich habe sehr viel erhalten in der Zeit, als ich die Erde begleitet habe und die Erde wird meinem Herzen immer sehr nahestehen, ganz besonders jetzt, da wir in die Zeitspanne der Initiation eintreten. Die Himmel über der Erde werden ganz wunderbar werden. Durch die vielen Prophezeiungen, die Ihr von nah und fern von den großen Propheten bekommen habt, glaubt Ihr, Ihr hättet Einblick in das, was auf Euch zukommt – und doch, meine Lieben, habt Ihr keine Möglichkeit, das zu erfassen.

Dharma, Du bist sehr müde, Chela. Wir beenden diesen Teil für heute. Ich danke Dir für Deinen Beitrag, den Du leistest, denn wir kennen die Schwierigkeiten auf Deinem Weg. Wahrheit und Geschenke, die Du weitergibst, werden in Hülle und Fülle zu Dir zurückkommen. Friede sei mit Dir, die Du in diesen kritischen Zeiten des Wandels Deinen Dienst verrichtest; Friede ist unsere Umhüllung für Dich.

ICH BIN DER ICH BIN
ICH BIN SANAT KUMARA

KAPITEL 4

Aufzeichnung Nr. 2 | SANAT KUMARA

Dienstag, 26. September 1989, 10.30 h, Jahr 3, Tag 41

Sanat Kumara hier, um fortzufahren, bitte.

PROPHEZEIUNGEN

Zuletzt habe ich von den Zeichen gesprochen, die an Euren Himmeln erscheinen würden, denn es werden in den Himmeln über der Erde große Entfaltungen stattfinden, weil die Elemente während dieser Zeitperiode die vollkommene Kontrolle übernehmen werden. Es wird große Regenfälle und Fluten geben – weit verbreitet und doch sporadisch. Erinnert Ihr Euch an die alte Erzählung, daß es vierzig Tage und vierzig Nächte lang geregnet hat? Das ist gar nichts gegen die Menge, die es jetzt regnen wird – vielleicht vierzig Monate. Das Gesicht der Erde wird sich vollständig verändern und sie wird nicht mehr wieder zu erkennen sein verglichen damit, wie sie heute aussieht.

Fremdartige und seltsame Kreaturen werden aus den Tiefen der Ozeane aufsteigen, sehr zur Überraschung und zum Erstaunen der Menschheit, Kreaturen, die mehrfach größer sind als ein Überseedampfer, denn ihr Lebensraum wird zerstört werden. Es wird Seuchen und Hungersnöte geben, deren Ausmaß Ihr Euch heute noch gar nicht vorstellen könnt – kein Land oder Volk wird verschont. Unbekannte Wildtiere und Kreaturen werden sichtbar werden, und einige werden sich sogar gegen Menschen wenden, weil sie hungrig und erschrocken sind und sie werden ihre eigenen Lebensräume, die die Menschheit ihnen genommen hat, wieder zurückfordern. Wer aus reinen Sportsgründen einen tierischen Mitbruder getötet hat, wird wahrscheinlich von diesen Kreaturen ermordet werden, denn alle Zyklen enden, wie sie begonnen haben.

Eure Erde ist jetzt bereit, zu einer ‚Sonne' zu werden, wie Euch Ashtar und Hatonn kürzlich gesagt haben. Es wird nicht genau so sein wie Euer Sonnensystem, wie Ihr es seht – sondern sie wird von einem goldenen Strahlenkranz umgeben sein, der leuchtender sein und eine höhere Dichte haben wird als andere Standorte des Systems. Es geht in eine höhere Schwingungsfrequenz und in Veränderung der Dichte. Ihr könnt es nur von innen nach außen erfahren, wie unsere Astronomen. Eure Raumflugkörper kommen von Eurer Oberfläche nicht weit genug weg, um die Veränderungen zu erkennen, denn sie sind auch nicht so „sichtbar" manifestiert, daß Ihr dichten Wesen sie mit Euren menschlichen Augen sehen könnt. Ihr geht von einer dreidimensionalen in eine vierdimensionale Welt. Das MUSS geschehen, denn Ihr bewegt Euch durch das Herz der großen kosmischen Wolke.

Dann werden sich die großen Prophezeiungen erfüllen, die Euch gegeben wurden – wie das derzeit schon bei vielen der Fall ist. Zum Beispiel solche, in denen gesagt wird, daß die Sonne blutrot wird und der Mond rot wie ein Rubin, und daß es keinen Tag auf der Erde mehr geben wird, sondern tagelang nur Nacht sein wird. Es wird eine wirklich sehr große Verwirrung stattfinden. Auf der Erde wird für eine gewisse Zeit der Sauerstoffanteil reduziert (und Ihr werdet Euch dann wünschen, Eure Pflanzenbrüder und -schwestern nicht verbrannt zu haben, die zu Eurer Hilfe gekommen sind). Dies alles wird gefolgt werden von langen Feuchtigkeitsperioden, abwechselnd mit brütender Hitze, Dürreperioden und Überschwemmungen. FAST ALLES AUF DER ERDOBERFLÄCHE WIRD ZERSTÖRT WERDEN VON DEN EREIGNISSEN, DIE ÜBER DIESES GELIEBTE LAND HINWEGFEGEN.

Wann wird diese Zeit kommen? Ihr seid bereits mittendrin! Jeden Tag verdichtet es sich mehr und mehr. Ihr werdet mehr Flugzeugabstürze haben und es wird viel Leben verlorengehen. Eure Seeschiffe werden kollidieren, Unfälle haben und sinken. Eure Ozeane und

Küstenlinien werden immer mehr verschmutzen und die Fische werden verenden. Eure Flüsse und Seen werden so verschmutzt sein, daß kein Leben in den Gewässern mehr möglich ist – es ist schon fast so, denn Ihr schüttet Säure hinein, in Eurer Gier, Eurem Luxusstreben und materieller Gewinnsucht. Es wird immer mehr große und starke Tornados und Hurrikane geben – mehr und größere Fluten, die aufeinander folgen. Die Polarkappen schmelzen täglich mehr und schneller! Die Wasserstände in Euren Binnengewässern und Euren Meeren werden immer höher steigen, während Eure Frischwasserversorgung immer mehr abnimmt. Die Vulkane werden Feuer speien wenn die Erdbeben ausbrechen. IHR MÜSST EUCH VORBEREITEN, STOPPT EURE HAARSPALTEREIEN, OB DAS DIE WAHRHEIT IST ODER NICHT UND BRINGT EUCH IN SICHERHEIT.

DIE AUFGABE VON CHARLES

EIN BESTIMMTER CHARLES MUSS IN SEINE AUFGABE WACHSEN; ER IST DARAUF SPEZIALISIERT, DIE ELEKTRISCHEN SYSTEME UND DIE WASSERVERSORGUNG IN EUREN SCHUTZEINRICHTUNGEN ZU SKIZZIEREN – ER MUSS SICH SO SCHNELL WIE MÖGLICH IN DAS SYSTEM EURER KOMMUNE EINARBEITEN – IHR MÜSST DIE JUNGEN LEUTE FINDEN, DIE DIE WAHRHEIT VERKRAFTEN KÖNNEN, DAMIT SIE EUCH DIE GESCHENKE BRINGEN KÖNNEN, DIE WIR EUCH SCHICKEN. WIR KÖNNEN MIT DEM BAUBEGINN – UND AUCH MIT DIESEN SCHRIFTEN – NICHT WARTEN, BIS ALLE FÖRDERGELDER EINGEGANGEN SIND – EURE „ZEIT" IST ZU KOSTBAR UND JEDER SCHRITT MUSS AUF DEM VORHERGEHENDEN AUFBAUEN.

DIE REGIERUNGEN SIND IN PANIK

Die Regierungen dieser Welt sind in großer Panik, aber sie geben sich alle Mühe, Euch das nicht zu zeigen. Sie haben Dinge in Bewegung gebracht, die sie nicht mehr kontrollieren können. Die „positiven" und nützlichen Bakterien und Insektenarten sind mit einer solchen Schnelligkeit im Aussterben begriffen (wurden abgetötet), daß Ihr jetzt immer mehr dem ausgesetzt werdet, was sich gegen Eure physischen Lebenssysteme richtet – Stränge toxischer Lebensformen, für die Ihr keine Abwehr habt.

Ihr seid Zeugen all dieser Vorkommnisse und es wird schwirig sein, den Verfall und die wachsende Beschwernis anzuschauen – aber wisset, alles wird NEU geordnet. Das Alte muß gehen, bevor das Neue vollständig geboren werden kann.

Es ist nicht Euer Untergang, der immer näher rückt, denn wenn Ihr unsere Warnungen ernst nehmt und entsprechende Vorkehrungen trefft – wird es Eure Erlösung sein, die sich aus der Asche des Alten und Korrupten erhebt.

Deshalb solltet Ihr Eure Mitbrüder über diese Katastrophen, die ziemlich sicher kommen, informieren (sie können nicht weggesungen werden). Aber sagt ihnen auch, daß es Eure Erlösung und Euer Glück sein wird, wenn das Alte stirbt.

Wenn Menschen das *Alte* zurücklassen, werden sie einen flüchtigen Blick auf etwas prachtvolles *Neues* bekommen. Wer das Alte nicht gehen lassen kann, wird wieder ganz von vorn anfangen müssen. Eure Seelenfortschritte werden Millionen Jahre zurückgesetzt, denn dies ist für Seelen, die den irdischen Weg seit ihrer Seelengeburt gegangen sind, eine goldene Gelegenheit – dies wird der Tag Eures Abschlusses sein oder der Tag Eures Scheiterns! Wer seine letzten Prüfungen nicht besteht, muß wiederkommen, durch viele verschiedene Formen wie Höhlenmenschen über Tausende von Jahren, vielleicht sogar Millionen Jahren, bis er sich wieder an diesem Punkt befindet und versucht, „das Hindernis noch einmal zu nehmen".

ES INTERESSIERT MICH NICHT, OB EURE GELEHRTEN PROFESSOREN DER GROSSEN WEISHEIT AN FORTSCHRITT GLAUBEN ODER NICHT – DIES IST DER WEG UND WENN IHR DIESEN WEG NICHT WÄHLT – WERDET IHR ES AUF DIE HARTE TOUR NOCHMAL LERNEN!

EINE ZEIT DER SEELENENTWICKLUNG

Betrachtet diese Rückentwicklung nicht so, wie sie Euch erscheint zu sein. Es ist gewissermaßen ein Rückschritt in der physischen Manifestation, aber ein Fortschritt aus der Sicht der Seelenentwicklung, denn in des Vaters Reich innerhalb der Schöpfung gibt es keinen Rückschritt – nur Seelenwachstum. Dies darum, damit sich jede Seele angemessen entwickeln kann, um die letzte Prüfung zu bestehen.

Wendet dankbar das an, was Ihr gelernt habt und gebt freudig das weiter, was Ihr empfangen habt. Wenn Ihr in den kommenden Zeiten, die jedem von Euch zugewiesen sind, hin- und herreist, denkt nicht daran, was Ihr mitnehmen könnt oder was Ihr in Eurer Brieftasche habt oder was Ihr anziehen möchtet. Außer Eurer Vorbereitung werdet Ihr während Eurer Reise („hindurch") all das nicht brauchen. Am Ende wird der Vater dafür sorgen.

Es ist die Zeit des Gebens, Teilens und Anwendens. Es ist nicht nur die Trompete, die erschallt, sondern Ihr habt tatsächlich auch Vertrauen in eine höchst unglaubliche Mission angenommen, aber andererseits ist es auch die Anweisung des Tages, da wir Alle in eine neue Phase für den Planeten Erde und das gesamte Sonnen- und galaktische System eintreten. Wir sind Eure Brüder, die aus diesem speziellen System kommen, um Euch beizustehen, denn es ist ein großes kosmisches Ereignis auf der Bühne des Universums.

Arbeitet, denn die Nacht kommt schnell, wenn niemand arbeiten kann! Arbeitet, denn die Nacht kommt zu schnell! – buchstäblich und im übertragenen Sinne.

Der Mensch fragt: „Wir wissen nicht, was wir glauben sollen. Manche sagen, über uns wird sehr viel Unglück kommen. Sie behaupten, das Ende der Welt ist da. Andere sagen, ‚habt keine Angst; durch unsere eigenen wissenschaftlichen Entwicklungen – können wir, die Meister der Schöpfung – dies oder jenes tun und es gibt keine Raumbrüder, die uns beistehen, denn diese hören auf den Teufel.'" DIE MENSCHEN HABEN ANGST UND SIE SIND AUF DER SUCHE. IHRE HERZEN LEIDEN MEHR HUNGER ALS ES JEMALS WAR,

DENN SIE *FÜHLEN* DIE VERÄNDERUNGEN UND SEHEN DIE HOFFNUNGSLOSE BEDRÄNGNIS, DIE SICH VOR IHREN AUGEN IMMER MEHR STEIGERT.

Der Mensch „riecht" den Duft der Speise und wird immer hungriger; die neuen Schwingungsfrequenzen brechen sich Bahn und damit wird er immer hungriger. Er „erinnert" sich und weiß in seinem Inneren, daß sein Hunger nach Dingen wie Geist und Wahrheit unstillbar ist; und er keinen Hunger mehr auf noch mehr Lügen, falsche Propheten, Hellseher und Kartenleser hat.

Wenn er also so verwirrt ist wie jetzt und sich sagt, „Bruder, wo kann ich dieses herrliche Mahl bekommen, das mir bei der Entwicklung meines Geistes die größte Befriedigung verschafft?" – dann sollt Ihr sagen: „Ja, diejenigen, die Euch sagen, es kommt großes Unglück über Euch, haben Recht; sie sprechen die Wahrheit aus; aber es ist nicht prophezeit, daß die Erde ‚zugrunde geht'. Sie wird erneuert werden; es steht geschrieben: „Und es wird *einen neuen Himmel und eine neue Erde geben* – ALLES ALTE WIRD ERNEUERT WERDEN!"

Also sprecht zu ihnen die Worte, mit denen Euer Älterer Bruder Esu ‚Jesus' Sananda seine Herde speisen möchte. Es ist der Weg des Vaters. Die Katastrophen kommen, damit der Mensch aus der Erfahrung lernen möge. Aber nur die Großartigen, Herrlichen und Guten werden das Erbe antreten. Daraus wird die Menschheit wie Phönix aus der Asche in ihre goldene Herrlichkeit aufsteigen.

FÜR DIE ERDE WIRD ES ZEIT, HEIMZUKOMMEN

Wie oft schauen wir auf die Erde, wissend, daß, wenn wir auf jede kleine und armselige Schöpfung und auf jedes Wesen schauen, hier ein Gott steht, wenn er es nur erkennen und seine Göttlichkeit anwenden würde. Denn ein wahrhaftiger Gott sitzt nicht untätig auf seinem Thron, während die Massen in Anbetung vorbeidefilieren. Das ist keine Göttlichkeit, wie Manche auf Erden offensichtlich annehmen und denken, es sollte (oder müßte) so sein. Ja, Göttlichkeit hat mit

Inthronisierung zu tun, aber es ist ein Gott der Taten, der jedem Wesen Seiner Schöpfung inne ist; er erfüllt es mit Leben, Pracht und Erhabenheit und arbeitet unablässig mit Jedem und Allen und dient Euch bescheiden als Euer Diener.

Gott wünscht, daß die Menschen (die Menschen, die Er erschaffen hat), über seine Himmlischen Welten herrschen. Er wünscht, daß jeder Mensch Verantwortung für Seine Welten übernimmt – denn dafür hat Er ihn erschaffen. Ihr müßt erkennen, daß jeder Eurer Mitmenschen, der Euch im Laufe des Tages begegnet – auch das Potential der Göttlichkeit in sich trägt – er wird entweder dem „Guten" dienen oder dem „Bösen", das er „vorsätzlich" in den Wind ruft und dabei darauf wartet, welchen Gott er auswählen und ihm sein Loblied singen soll.

Wisset nun, daß *Jeder,* der sich von Euch abwendet, weil er nicht daran glauben kann – *und auch ausnahmslos Jeder* – eines Tages doch sein Erbe antreten und über einen Planeten herrschen wird, danach über ein System und danach über eine Galaxie. Wir Alle sind entweder auf diesem Weg oder haben das Ziel erreicht und sind zurückgekehrt, um unseren jüngeren Brüdern auf ihren Wegen beizustehen.

Die Trompete erschallt: „Komm heim, Erde!" Für die Erde ist es an der Zeit, nach Hause in ihren Glanz zu kommen, wofür sie lang und hart gearbeitet hat.

Laßt es nicht zu, Euch von Eurer Alltagsroutine allzu sehr vereinnahmen zu lassen. Behaltet Euer Ziel im Auge, denn Eure Arbeit ist unbedingt erforderlich, damit Eure Mitmenschen die Gelegenheit nicht verpassen, in Wissen zu kommen, aufgrund dessen sie weise Entscheidungen treffen können. DIE ZEIT DER ENTSCHEIDUNG IST DA, DENN DAS STUNDENGLAS IST WIRKLICH LEER UND ES DREHT SICH GERADE, UM MIT EINER NEUEN RUNDE ZU BEGINNEN.

Wisset, daß dieses wunderbare Stück unter vollkommener Führung stattfindet. Michael steht neben mir und möchte Euch gerne einen kurzen Beitrag geben, bevor wir dieses Teilstück beschließen. Bitte nehmt seine Präsenz an.

MICHAEL SPRICHT

Michael bedankt sich bei Euch, meine Lieben – ich komme, um mein Siegel und meinen Segen auf diese Worte der Wahrheit zu legen, denn es werden Einige kommen, die Du zwar erkennst, Dharma, die Dir aber selten in die Tastatur diktieren – wir halten Dich im Licht, Chela.

Ihr solltet Euch immer bewußt sein, daß Ihr niemals allein seid, weil es einfach unmöglich ist. Ihr seid in alle Ewigkeit an die Bruderschaft des Dienstes gebunden.

Die „goldene Hülle" umgibt die Erde immer dichter, je mehr wir in den Wandel eintreten. Wir tauchen tiefer in all das ein, das wie Zerstörung erscheint, und doch sind es nur die notwendigen „Geburtswehen", um die „Geburt" einzuleiten. Alle Bereiche des Seins bereiten sich auf den nächsten, noch größeren Schritt vor; so bewegen wir uns zusammen in diese erstaunliche Erfahrung hinein, die für das Höchste des Lebens selbst steht. Auch wir in den höheren Ebenen wachsen und teilen diese Erfahrungen soweit es uns möglich ist. Mögen wir Alle der Geschenke würdig sein, die uns von denjenigen übergeben werden, die diesen physischen Weg vor uns gegangen sind und von ganzem Herzen gegeben haben.

Mit inniger Liebe und Frieden danke ich Euch und wisset, ich bin immer an Eurer Seite.

ICH BIN MICHAEL

ICH WERDE MICH JETZT FÜR DIESEN ABSCHNITT EBENSO VERABSCHIEDEN, DHARMA. MICHAEL WIRD FÜR SEINEN TEIL IN DIESEM DOKUMENT WIEDER ZURÜCKKEHREN. ICH WAHRSCHEINLICH NICHT MEHR; ABER ICH WERDE MICH NICHT GANZ AUS DEINEM ENERGIEFELD HERAUSNEHMEN, DENN WIR VERBINDEN UNS WIEDER, UM DIE ENERGIE UND DIE KLARHEIT ABZUGEBEN, UM DIE DU IMMER WIEDER BITTEST. DEIN EMPFANG IST KLAR UND WIR SCHÄTZEN DEINEN DIENST. IM ÜBRIGEN MÖCHTE ICH JETZT DIE GELEGENHEIT

MEINER ANWESENHEIT ERGREIFEN, UM JEDEM VON EUCH, DER IM DIENST FÜR DIESE MISSION STEHT UND ENTSPRECHEND ÜBERLASTET IST, MEINE WERTSCHÄTZUNG AUSZUDRÜCKEN.

ICH BIN SANAT KUMARA

KAPITEL 5

Aufzeichnung Nr. 3 | ERZENGEL MICHAEL

Dienstag, 26. September 1989, 15.30 h, Jahr 3, Tag 41

AVA RAMA SHEOI – ICH GRÜSSE EUCH, MEINE LIEBEN, HIER IST MICHAEL.

Oh, wenn Ihr doch nur die Herrlichkeit bemerken würdet, die sogar das Licht der Schöpfung überstrahlt, wenn die Himmel zu dieser Zeit des wundersamen Aufstiegs jubeln. Wenn die Brüder Eurer kosmischen Flotten die Weltenräume um Eure Erde füllen, wissen wir, daß dies die Zeit ist, wenn die Menschen in sternenklaren Nächten beginnen werden zu sehen und zu verstehen und wenn das große „Wissen" Eingang in ihre Herzen findet. Wir sind hier, Freunde, wir sind Alle hier und erwarten den großen Beginn.

Die Dunklen ducken sich, denn sie wissen, es ist fast vorbei, und sie werden auf furchtbare Art und Weise vergehen – aber auch sie müssen ihre Zeit der Reinigung und des Aussortierens erfüllen, denn Ihr müßt dazu gebracht werden, Euch zu entscheiden. Amen und Amen.

ES IST DIE ZEIT DER GROSSARTIGEN ERKENNTNISSE

Der prophezeite Tag der Großen „Erkenntnisse" ist jetzt nah, da Eure Verhältnisse chaotisch werden. Ihr müßt jetzt Eure Rüstung anlegen, denn die Zeit des lichtvollen Schutzes ist da. Fürchtet nicht die Brillanz der Rüstung, denn sie ist auch Euer Passagierschein in die höheren Ebenen – Euer Schild. Die Menschen müssen Euch erkennen, damit sie einen Platz haben, an dem sie Schutz finden können.

Die 24 Ältesten erwarten Euch und der Vater spricht von Euch als SEINEN geliebten Söhnen, an deren gut ausgeführtem Dienst Er Freude hat. *AVE ELOI!*

Ihr geht nun in eine Zeit, in der es von sehr großer Wichtigkeit ist, daß Ihr Euch äußert, damit viele Seelen in ihre letzte Entwicklungsstufe erhoben werden können. In Kürze werden alle Geheimnisse im Lichte des neuen Tages offenbart werden, wenn nichts mehr Bestand haben wird, wenn alles, was verborgen und alles, was in der Dunkelheit war, im Licht entblößt werden wird. Das muß auf eine Art und Weise geschehen, daß die Menschen, die zynisch und abergläubisch wurden, nicht mehr abgewiesen, sondern eher von ihrem Inneren heraus geführt werden. Einige der geheimen Mythen werden verkümmern und in die Fäulnis übergehen; andere wiederum werden als Reaktion auf die neuen Energien hervorsprießen, und alles wird in der Wahrheit geschehen.

Die Menschheit hat mit ihrem Wirken auf der Erde einen *Gipfelpunkt* erreicht. Sie hat über lange Zeiträume ihrem Zweck gedient und steht jetzt auf dem Gipfel eines Berges. Der irdische Mensch erkennt aber weder seine Lage noch seine Begabungen. Während dieser aufreibenden Zeiten solltet Ihr sehr genau hinhören, damit Ihr das Brüllen des Schwarzen Drachens vom Licht und der Stimme der Engel unterscheiden könnt. Der Drache ist wie Eure Spottdrossel, die die Rufe der Wahrheit nachahmt, um Zerstörung über Euch zu bringen.

Es wird ein großes, blendendes Licht und ein Donnerhall aus den Himmeln herniederkommen. Dann werden die Menschen nackt vor ihrem Schöpfer stehen und sie werden *wissen*, denn alle Geschichte wurde nur gelebt und niedergeschrieben, damit danach die Menschen *wissen*. Der Mensch hat die Höhen seiner Existenz auf Erden erklommen und ihre Tiefen durchlitten, um danach diese Position des Wissens und der Weisheit einnehmen zu können. Aus Gepolter und Staub der Vergangenheit wird er seine eigene Stimme hören, die ihn befehligt. Eines Tages, bald nach der „Großen Erkenntnis", werden sehr Viele befähigt sein, die Stimme zu hören, die zu ihnen spricht, eine Stimme wie tausend Stimmen, und doch nur eine, die ruft „komm heim, Erde, komm heim".

DER BUND DES *BOGENS*

Nun entströmt diesem Lebenskreis ein goldener Hauch, der Eure Welt umfassen wird, auch wenn dieser Bereich bereits unzählige Jahrmillionen im goldenen Strahl dieser Sphäre eingebettet war, der Wärme und Licht spendete und symbolisch für die Göttliche Liebe und die Göttliche Weisheit des Vaters steht. Diese Wärme und dieses Licht sollen das menschliche Wesen erwärmen und ihm die Flamme des spirituellen Lebens einhauchen. Denn es ist die Verbundenheit zwischen dieser und Eurer Ebene, die das Leben ausmacht und es Euch ermöglicht, nach der Wahrheit zu suchen.

Nun, in dieser Sphäre hat sich das Kommando des Lichts mit den Goldenen Helmen, Euren kosmischen und galaktischen Verwandten, in der Versammlung der Adler zusammengefunden. Diese Zusammenkunft geschah unter dem Bund unseres Ewigen Vaters, dem Bund des *Bogens* im Himmel.

[A.d.Ü.: 1. Mose Kapitel 9, Verse 8-17, Luther 1912, zum besseren Verständnis:

8 Und Gott sagte zu Noah und seinen Söhnen mit ihm:

9 Siehe, ich richte mit euch einen Bund auf und mit eurem Samen nach euch 10 und mit allem lebendigen Getier bei euch, an Vögeln, an Vieh und an allen Tieren auf Erden bei euch, von allem, was aus dem Kasten gegangen ist, was für Tiere es sind auf Erden. 11 Und richte meinen Bund also mit euch auf, daß hinfort nicht mehr alles Fleisch verderbt werden soll mit dem Wasser der Sintflut große Flut, und soll hinfort keine Sintflut mehr kommen, die die Erde verderbe. 12 Und Gott sprach: Das ist das Zeichen des Bundes, den ich gemacht habe zwischen mir und euch und allen lebendigen Seelen bei euch hinfort ewiglich: 13 Meinen Bogen habe ich gesetzt in die Wolken; der soll das Zeichen sein des Bundes zwischen mir und der Erde. 14 Und wenn es kommt, daß ich Wolken über die Erde führe, so soll man meinen

Bogen sehen in den Wolken. ¹⁵ Alsdann will ich gedenken an meinen Bund zwischen mir und euch und allen lebendigen Seelen in allerlei Fleisch, daß nicht mehr hinfort eine Sintflut komme, die alles Fleisch verderbe. ¹⁶ Darum soll mein Bogen in den Wolken sein, daß ich ihn ansehe und gedenke an den ewigen Bund zwischen Gott und allen lebendigen Seelen in allem Fleisch, das auf Erden ist. ¹⁷ Und Gott sagte zu Noah: Das sei das Zeichen des Bundes, den ich aufgerichtet habe zwischen mir und allem Fleisch auf Erden.]

In Kürze wird bei Euch ein Bogen sichtbar werden, der sich über Euren Himmeln wölben wird, ein Bogen, wie ihn die Erdenmenschen noch niemals gesehen haben, denn die Verschiebung eines Planeten kommt nur einmal vor, nämlich von der dritten in die vierte Dimension – nur *einmal!* Es gibt noch andere Abfolgen, aber jede geschieht nur einmal! Der Bogen über den Himmeln wird aus prächtigen Farben bestehen, er wird klingen, ein Klang, der in den Ohren aller Menschen zu hören sein wird und sie werden den Ruf erkennen; sie werden die Liebe erkennen; sie werden ihre Pflicht erkennen – und sie müssen für diesen Tag vorbereitet sein, Schüler der Worte der Wahrheit – die Menschen müssen auf diese Worte vorbereitet sein, die zu diesem Zweck hinausgesandt werden.

Aus diesem Bogen der Herrlichkeit heraus, diesem Bund, der Jeden zur eigenen Pflicht ruft, wird zuerst ein breiter violetter Strahl über der ganzen Welt erscheinen. Eure Brüder in den Himmeln erwarten sehnlich diesen Moment des Beginns. In vergangenen Zeitaltern sind sie für den Ewigen Schöpfer nur bei sehr wenigen Gelegenheiten für sehr ausgewählte Aufgaben auf die Erde gekommen. Sie, WIR, von den Goldenen Helmen sind Euch als Erzengel bekannt; wir sind die Ratgeber der Engelsbotschafter aus diesen Ebenen. Einige Besondere erfüllen ihre Aufgaben bereits unter Euch in unterschiedlichen Bereichen. Seid sanft mit ihnen, denn sie sind anders und Manche werden von ihrem Weg abkommen, denn in Eurer Dichte funktionieren sie nur sehr unzulänglich, weil für sie Alle gesegnet und ohne Tadel sind. Manche werden als Hüter gesandt, aber manchmal werden auch sie durch die verschlungenen Wege der Dunkelbrüder getäuscht. Ah, Ihr dachtet, ich spreche von Euren „Raumkadetten" – nein, denn diese Schrift wird von den Chohans der ätherischen Strahlen und der Bruderschaft der Engel berichten, die bereitstehen, um Euch zu dienen.

Ihr Lieben, wir treten jetzt hervor zur letzten Zusammenkunft der goldenen Streitwagen, um die letzten Reste der Dunkelheit auf Mutter Erde zu unterwerfen; ein goldener Glanz soll über der ganzen Welt sichtbar werden und wenn er sich erhebt, wird Jeder, der noch verblieb, wirklich wissen, daß er der Hüter seines Bruders ist. Diese Botschaft wird den ausgewählten Schreibern mitgeteilt, so daß die alten Legenden eines jeden Einzelnen schlußendlich zu einer großen Harmonie verschmelzen und jedes Lied wie eine Stimme und eine Sprache sein wird – unausgesprochen, aber dennoch wohl verstanden.

Dies ist unsere Mission, und sie wird nicht lange andauern, wenn dieser Lebensbereich an sich keinen Nutzen mehr hat. Das ist immer die Aufgabe derer, die genau im Mittelpunkt ihres Sonnensystems und damit unter dem goldenen Strahlenkranz des Lichtes leben. Menschen haben immer in ihrem Leben zu diesem großen Himmelskörper hinaufgeschaut und das ist zu Recht so.

DER AKKORD WIRD ANGESCHLAGEN

Es gibt einen neuen Akkord (eigentlich ist er schon alt, aber Ihr habt ihn vergessen), das ist sehr real. Aber er wird den Menschen dahingehend begeistern, daß er sich selbst mit Federn und Wachs schmückt, um Flügel zu entwickeln, mit denen er zu dieser herrlichen Musik hinauffliegen kann. Ach, und es ist ja auch eine zärtliche Anspielung auf die Jugend, die mit Flügeln aus Wachs in ihre Freiheit fliegen möchte. Aber der Mensch flog zu nahe und ohne Wahrnehmungsvermögen und die Flügel aus Wachs schmolzen dahin. Er meinte, wenn er die goldene Sonne erreiche, würde er die Mysterien der Mysterien lernen – aber seht Ihr, Manche Eurer Vorfahren verstanden die Bedeutung dieser wundersamen Lichtquelle – sie haben aber nicht gedacht, daß der Himmelskörper nur aus Hitze und Flammen besteht; sie haben das Licht als das Zentrum und Leben dieses Systems verstanden.

Aber nun befindet sich dieser Himmelskörper in einem hohen Alter, denn Himmelskörper altern im Zyklus der universellen Bewegung, damit sie ihre Stellungen und ihren Fortschritt verändern und ihre Reise immer weiter zurück zum Schöpfer machen können. Und obwohl wir weder Raum noch Zeit kennen, so sind wir doch untrennbar mit Euch in Eurer Manifestation verbunden und deshalb müssen wir „die Zeit" so erfassen wie Ihr. Diese alte Sonne hat jetzt mehr als fünfzehnhundert Milliarden Jahre existiert. Sie wird noch die ihr zugeteilte Zeit bestehen, dann wird sie explodieren wie ein Stern – und wieder ist das Ende ein neuer Anfang, denn sie hat uns gut gedient und wir haben uns Alle weiterentwickelt. Die Menschheit und wir in diesem System werden weiterschreiten in andere Reiche unseres Vaters, denn diese sind ewiglich.

GEDANKEN

Diese Kugel wird jedoch weiter bestehen, bis das Millennium lange vorüber ist und die Dunkelkräfte wieder entlassen sind. Dann wird das Ende kommen und dieses System sich wieder in einen Gedanken auflösen. DENN *ALLES* IST NUR EINE GEDANKENFORM! Alle Himmelskörper, ob Sterne oder Welten, sind nur die Art, wie unser Schöpfervater Seine Worte formuliert. Es sind Seine Worte, die Er am Anfang gesprochen hat, auf daß Licht und Erde werde. Das sind Seine Worte und manches wird sich auflösen in die Gedankenform – in dasjenige, das es zu Anfang war.

Eines Tages, in Eurer überschaubaren Zukunft, werdet Ihr auf eine riesige purpurfarbene Ebene vor Euch blicken, auf ein goldenes Licht, das Euch durch Seine Hitze und Wärme anzieht. Stellt Euch vor, was all Jene auf der Erde erwartet, die sich als Seine Kinder bewährt haben – denn die Seele ist ewig, liebe Freunde. Es soll ihnen nicht an Wahrheit mangeln. Und sehet, in all diesen Jahrhunderten hat unser Vater die Worte des aufrichtigen Rufes der Erde gehört – jetzt bekommt diese Bitte ihre Antwort in herrlicher Fülle.

Es soll sein auf Erden wie im Himmel. Dem Menschen soll es an nichts mehr fehlen. Er wird in Kürze seinen Platz als Gottessohn innerhalb der göttlichen Wohnstätten einnehmen, denn sein Erbe wurde in Wahrheit für seine Annahme bereit gehalten. Ihr werdet wahrnehmen können, was weit über Eure derzeitige Vorstellungskraft hinausgeht.

Selbst wenn Ihr täglich Euren irdischen Aufgaben nachgeht, so sollt Ihr diese tief in Euren Herzen liegenden Orte aufsuchen. Erkennt, daß dies die Zeit ist, auf die wir gewartet haben. Der große Meisterlehrer wird den Zyklus abschließen und wieder auf dieser Erde erscheinen. Wir Alle erwarten mit großer Freude, daß Ihr ins Wissen wachst, da die Wahrheit sich weiter über die Lande ausbreitet.

DIE SCHÖPFUNG NAMENS EWIGKEIT

Über allem STEHT die Schöpfung – das Omniversum – die Gesamtheit DER Schöpfung steht über ALLEM. Es gibt den PERFEKTEN *EINEN*, DEN EWIGEN VATER, DEN ALL-SCHÖPFER, UND ALLES DARÜBER HINAUS UND JENSEITS DESSEN IST DIE SCHÖPFUNG, SEIN MANIFESTIERTES SELBST.

Also was steht hinter dem Plan, der sich jetzt auf der Erde entfaltet? All dem LIEGT ein größerer Plan zugrunde, sogar noch jenseits der Abwanderung aus diesem Sonnensystem, wie wir Euch schon mitgeteilt haben, und die Antwort hierauf ist, daß wir aus den nächtlichen Tiefen des Raumes herbei gebeten wurden, um denjenigen zu dienen, die nach uns rufen.

Welchen Sinn hat die Schulklasse auf der Erde? Was bedeuten all die Tränen, die Sorgen, Tod, Elend und Angst? Ihr müßt Euch entwikkeln und dazulernen, ja, aber was ist der größere Plan dahinter? Sollte es nur das sein, daß die Welt aufgrund eines atomaren Holocausts zu Staub und Asche wird? Nein. Die Lektion ist, daß der Geist (Seele) sich selbst *kennenlernt*, daß er befreit wird vom Pesthauch der Lügen des Bösen und dann in seine Ein-heit hineinwächst.

Die Erde ist ein Klassenraum für die wunderbaren Fragmente des Vaters. Es steht geschrieben, daß die Ernte groß sein wird, aber die

Zahl der Arbeiter gering. Nun, in einem relativen Vergleich ist die Ernte groß, entsprechend der geringen Zahl der Arbeiter, aber von der Gesamtheit der irdischen Bevölkerung aus gesehen ist die Ernte wirklich klein. Es hat Jahre gedauert – Millionen und Abermillionen – da die Menschheit auf der Erde verweilte, um diesen einzigen kleinen, konzentrierten Lebenstropfen hervorzubringen, der in der Feuerprobe dieser Zeit entsteht.

DIE ERDE IST ETWAS GANZ SPEZIELLES

Hier wird Dharma zusammenzucken, denn was ich sagen werde, ist schiere Blasphemie gegenüber der Vielzahl, die Opfer dieser riesenhaften Lüge geworden sind.

Die Erde ist ein Schulungsraum für GÖTTLICHKEIT – um die Gottesfragmente zu erhöhen, damit sie wieder Eins mit der Quelle werden. Die Erde ist das fein gestimmte Instrument für diese Lehrstunden – nicht Mars, Venus, Jupiter oder der grandiose Saturn, es ist nicht der spirituelle Neptun, Pluto oder Merkur – nicht einmal die glorreiche Sonne oder ihre verschiedenen Körper. Der Lotus wächst im Schlamm der Erde. Und dann, Brüder, entwickelt sich daraus sozusagen eine einzige Blüte, die in diesem Unrat erblüht und kurz darauf wird ER seine Hand ausstrecken und sie pflücken, um sie wieder zu sich nach Hause zu nehmen. WIR SIND ALLE GEKOMMEN, UM EUCH HEIM ZU GELEITEN!

VORBEREITUNGEN FÜR DIE WANDLUNG

Dies ist der Grund, warum Ihr und Eure Mitbrüder für eine große Wandlung vorbereitet werdet – Alle, die ins Licht mitkommen wollen. Dann können wir weiterschreiten in andere Welten und Universen, die um Hilfe rufen. Diejenigen, die annehmen, ihre Arbeit sei mit der Abschlußfeier beendet, müssen das noch einmal überdenken – Eure Arbeit hat damit erst begonnen. Ihr werdet jetzt für andere Formen von Atmosphären und Dimensionen vorbereitet – Manche erleben solche Umwandlungen regelmäßig. Ihr werdet jetzt in die Dimension des totalen Verständnisses eintreten. Nehmt an, was der Vater für Euch bereitgestellt hat. Ihr laßt damit die Dichte der Mühsal der alten dritten Dimension hinter Euch.

Die physische Form so, wie sie entwickelt wurde, dient Euch nur eine kurze Zeit, aber darin liegt die größte Chance des Lernprozesses. Es sieht so aus, als wäret Ihr kleine Fünkchen, aber ach, Ihr seid so großartig. Denn als winzige Kerzenflamme werden wir in ein Gebiet vorstoßen, das niemals zuvor Licht in diesem Ausmaß gesehen hat und wir werden das Licht bringen, genauso wie Arbeiter auch das Licht ins Alte Ägypten gebracht haben, das Licht – das eine Licht Atons, durch Echnaton (ja, Chela, du wirst wieder siegen). Dieses Volk hatte so etwas nie vorher gesehen. Manche erblindeten, denn es war zu gleißend. Sie haben aufgrund des blendenden Lichtes damals genauso wenig verstanden wie heute. Es war etwas, vor dem man Angst haben und überwältigt sein mußte und Viele fielen wieder zurück in die Behaglichkeit der unsichtbaren Orte der Dunkelheit.

Die Menschen möchten Angst vor der Dunkelheit haben! Nein, das stimmt nicht ganz – Menschen haben Angst vor der Dunkelheit. Das Licht bringt all ihre selbst verschuldeten Wunden in die Sichtbarkeit, doch sie ziehen es vor, sie weiterhin zu verbergen, damit man sie nicht aufgrund ihrer Taten erkennen kann. Nein, man braucht Mut, um im Licht zu stehen. Genauso wie Ihr Euer physisches Selbst begutachten und Änderungen vornehmen würdet – woher wollt Ihr wissen, daß Ihr nicht die Vollkommenheit Gottes seid? Ihr lebt lieber nach den Vorgaben der Narren im physischen Gewand. So sei es.

Ihr hier in der Gruppe habt einen langen und mühsamen Marsch durch die Zeiten hinter Euch – gemeinsam. Und wir werden weiterhin standhalten – oh ja, das werden wir.

Geh, Dharma, und ruh Dich etwas aus, denn es war ein langer und zermürbender Arbeitstag für Dich.

Ich schütze Euch mit dem blauen Licht des Friedens, damit Ihr in ruhigere Wasser segeln und Euch erfrischen könnt, denn der Weg ist noch lang und steinig. *AVE! AU DA PAI DA CUM – GOTTES FRIEDE*

SEI EUER UMHANG UNTER SEINEN SCHWINGEN DER GOLDE-
NEN MORGENRÖTE. LEGT EUER HAUPT AN SEINE BRUST, AUF
DASS IHR EURE HERKUNFT ERKENNEN KÖNNT. SO SEI ES, AHO.

ICH BIN MICHAEL

KAPITEL 6

Aufzeichnung Nr. 1 | GERMAIN

Mittwoch, 27. September 1989, 7.00 h, Jahr 3, Tag 42

Germain hier in der Präsenz des Mächtigen Ich Bin. Segen und Licht in der Herrlichkeit eines neuen Tages, der uns für unser Werk gegeben wird. Als Chohan des Siebten Strahls bringe ich für Euch, die Ihr die Mitarbeiter der Sieben Strahlen des Lebens nicht kennt, eine Einführung. Wir kommen in Reaktion aus Höchstem Grund – für Ihn, der damit auf Eure Bitten antwortet. Diese Schrift führt Euch ein in die Chohans der Sieben Strahlen, damit Ihr uns an unseren Beiträgen erkennen und unsere völlige Hingabe an unsere Schöpferquelle und Die Schöpfung erspüren könnt.

DIE NOTLAGE DER VEREINIGTEN STAATEN

Ich werde über die Bedrängnis der Vereinigten Staaten sprechen, denn sie sind ein zentraler Ort und wesentlicher Bestandteil des Wandels dieses Himmelskörpers in eine höhere Position. Ich möchte hier keine Obertöne „religiöser Doktrinen" irgendeiner auserwählten „Kirche" anklingen lassen. Selbst meine eigenen Getreuen haben meine Lehren verfälscht und haben fortwährend an der „Operation" teilgenommen, meine Körperschaft engstirnig und diktatorisch zu machen, wobei Manche *gleicher* sind als Andere. Diese kleinkarierten Spaltungen müssen beiseite gelegt werden, damit die Zivilisation in ihrer Bewußtwerdung weiterschreiten kann. Ich bin hier, um aus tiefstem Herzen zu Euch zu sprechen.

Bitte hört mein Wort anläßlich meines Hierseins als Sprecher in dieser Zeit im Namen der Göttlichkeit. Das Böse wurde wie ein Leichentuch über die Lande und Eure Denkweise ausgebreitet. Ich bin dennoch optimistisch, daß Ihr mich hört und auch handelt, wenn Ihr die Anregungen vernehmt und daß Ihr wißt, was zu tun ist und wie Ihr es tun müßt.

Die Gefahr wächst, während die Nationen schlafen. Die bösartigen Absichten haben sich in Euren Regierungen und Haushalten festgesetzt. Ich möchte Euch dringend bitten, Euch die Schriften der Wahrheit von Commander Hatonn und Ashtar zu besorgen, die schon vor diesem Dokument hier verfaßt wurden. Ich gehe davon aus, daß diese Informationen auf den letzten Seiten eingefügt werden, damit alle Instruktionen vorliegen. Liebe Landsleute, die Hand hat schon alles an Wände, in die Himmel und in Euer Gedächtnis geschrieben – und es sind die Herzen der Menschen, in denen ich lese. Dies ist kein Geheimnis, aber ich muß es dennoch als solches lüften, da es Einige immer noch nicht realisieren.

Manche legen ihre Auslegungen zur „Offenbarung" und die Rätsel des letzten Spiels offen. Dann ertönen ihre Rufe mit der Ankündigung, daß es „das ist, was gemeint war" – nein, das sind überwiegend Deutungen dessen, der es geschrieben hat. Warum kämpft Ihr immer weiter, um das Puzzle mit Worten zu entwirren, wenn die Botschaft überall auf der Welt direkt vor Eure Augen hingekritzelt wurde?

Wenn die bestehenden Wahrscheinlichkeiten sich nicht ändern, seid Ihr mit naheliegenden Handlungen konfrontiert. Wenn Ihr Euch auf das Sichtbare vorbereitet, werdet Ihr auch darauf vorbereitet sein, mit dem Unsichtbaren und dem, was Ihr nicht wißt, umzugehen. Die rechte Hand muß wissen, was die Linke tut. Wenn Ihr dann beobachtet, wohin die Welt läuft, könnt Ihr vom Handeln zur Schlußfolgerung dessen kommen, was Ihr in diesem Bereich zu tun habt – im Falle, daß …!

DIES IST DAS „WORT", WIE ES DER VATER VERSPROCHEN HAT

Ihr seid in Erwartung des Wortes, das Euch nun in prägnanter und lehrreicher Form gegeben wird, so, wie es der Vater versprochen hat – „daß das Wort sich rund um den Planeten und bei allen seinen Völkern verbreite. Laßt den, der Augen hat zu sehen – sehen, und den, der Ohren hat zu hören – hören." Dann laßt niemanden leer ausgehen. Das Wort wird sich von verschiedenen Orten aus verbreiten und mit der Wahrheit vermischt werden, sodaß Alle, die sich zur Göttlichkeit bekennen, hören und wählen können. Danach laßt niemanden leer ausgehen. Das müßt Ihr in Standhaftigkeit bei Euch selbst machen, denn Ihr seid diejenigen, die von Anfang an als „eine Nation unter Gott" aufgebaut wurden.

Ihr habt ein göttliches Recht zu *wissen* und mit diesem Wissen seid Ihr mutig, arbeitsam und still im Herzen Gottes – und Ihr wißt, welche Botschaften Ihr zu welcher Zeit von den Dächern rufen sollt.

Es wird ein kompletter wirtschaftlicher Zusammenbruch vorausgesehen. BEREITET EUCH VOR. Rückschläge kommen plötzlich und schnell. Laßt Euch nicht einlullen von einer scheinbaren „Glanzzeit". Das wird nur für die finale Manövrierung der kontrollierten Massen aufrechterhalten; also müßt Ihr diese Zeit zu Eurem größten Vorteil nutzen. Wirtschaft, Finanzsystem und die Banken wurden sehr gestützt und wurden bandagiert. Sie werden jedoch den Kollaps der Nationen und Bankinstitute nicht verhindern, denn diese wurden auf dem Sand von menschlicher Gier, Ehrgeiz und Manipulation des Lebensblutes von Gottes Volk erbaut.

Manche stehen da und murmeln, „Gott wird sich um mich kümmern!" – nicht, wenn Ihr Euch nicht um Euch selbst kümmert. Richtet Euren Blick *auf das, was wirklich IST,* damit Ihr in Klarheit arbeiten könnt.

Meine Lieben, die Prophezeiungen werden erfüllt werden, denn so wurde es von Gott verfügt. Ganz egal, was ein dafür Auserwählter aufwerfen und Euch in seiner scheinbar „wissenden" Art erzählen wird. Es wird sein, wie es geschrieben steht – was Ihr damit macht, ist Eure eigene Entscheidung; die Entscheidung Eures freien Willens, aber ich rate Euch, bei Euren Beobachtungen genau zu sein, denn wenn Ihr das seid, werden Eure Schlußfolgerungen aus Eurem von Gott gegebenen Verstand die Oberhand behalten.

Wenn alles nur auf Sand gebaut ist, muß alles in sich zusammenfallen, damit das Neue einwandfrei daraus hervorgehen kann. Euer oberster Wunsch muß sein, diese Zeit, die auf Euch zukommt, überleben zu wollen – was Euch leicht gelingen wird, wenn Ihr handelt. Wisset, daß es nicht nur möglich ist, die kommenden Zeiten zu überleben, sondern daß es sogar sehr wahrscheinlich ist, wenn Ihr in Wahrheit wandelt und zu Taten schreitet. Bedenkt, ich mag zwar diese Worte zu Euch bringen, aber ich bin nicht der Urheber dieser großen Prophezeiungen – ich bin nur ein Weiterer, der die Fanfare der Wahrheit dessen erschallen läßt, was wirklich IST! Wenn Ihr Euch in Selbstverteidigung übt, wird Euch höchstwahrscheinlich das Schlimmste als eine Nation der Völker erspart bleiben. Die Dämonen werden nicht diejenigen angreifen, die für einen tätlichen Angriff bereit und fest und sicher vorbereitet standhaft sind.

Auf geht's! Legt Eure Prioritäten fest. Denn wenn es ein wirtschaftliches Fiasko gibt, dann sind das KRIEGSVERHÄLTNISSE, wie die Geschichte immer wieder gezeigt hat. SCHLAFT NICHT! RECHNET MIT DEM SCHLIMMSTEN, DANN WERDET IHR AUCH AUF DIE KOMMENDEN UMWÄLZUNGEN EURES PLANETEN VORBEREITET SEIN.

BEREITET EUCH AUF EINEN ERSTSCHLAG-ANGRIFF VOR

IHR MÜSST EUCH AUF EINEN ERSTSCHLAG-ANGRIFF AUF EUCH ALS GANZE NATION VORBEREITEN! IHR WERDET VON DEN ÖFFENTLICHEN DARSTELLUNGEN DER ÜBERZEUGENDEN POLITIKER IMMER WIEDER NEU IN DEN SCHLAF GEWIEGT. WENN IHR AUCH SONST NICHTS LEST, SO BESORGT EUCH WENIGSTENS „SURVIVAL IS ONLY TEN FEET FROM HELL" [A.d.Ü.: Phönix-Journal Nr. 6, leider noch nicht als Buch in Deutsch erhältlich] UND LEST ES GENAU. DIE KOMMUNISTEN SIND DIE TRUPPEN DES ANTICHRISTEN/ ANTIGOTTES AUF EUREM PLANETEN – SIE VERKÜNDEN ES

LAUTSTARK UND SIE HABEN EUCH IMMER WIEDER GESAGT, WAS SIE VORHABEN – EUCH ZU VERSCHARREN!

IHR HABT SIE MIT GELD, MIT PRODUKTEN UND LEBENSMITTELN VERSORGT – GENAU DAS, WAS IHRE EIGENE BEVÖLKERUNG ZUM ÜBERLEBEN BRAUCHT UND IHR HABT IHNEN AUCH EURE KRAFT ZUR VERFÜGUNG GESTELLT, WÄHREND IHR SELBST NICHTS ANDERES GETAN HABT, ALS SPIELE ZU SPIELEN UND EURER GENUSSUCHT ZU FRÖNEN, WÄHREND IHR NACKT UND BLOSS DA STANDET UND SCHWACH WURDET. WÄHRENDDESSEN HABT IHR NICHT EINMAL BEMERKT, DASS EURE EIGENE NATION AN DEN FEIND VERKAUFT WURDE – NEIN, NEIN, DEM FEIND ZU FÜSSEN GELEGT WURDE!

Die Länder Eures Mittleren Ostens werden „auflodern" und danach werden sich alle anderen von selbst ergeben. Ihr werdet ohne Schutz dastehen – und leichte Beute für Eure eigene Einäscherung sein. IHR WERDET EURE EIGENEN SEELEN UND LEBEN FÜR DIE SHOW EINES MITTELMÄSSIGEN, KURZZEITIGEN FRIEDENS AN DEN FEIND HERGEBEN – IHR BEFINDET EUCH IN AUSGESPROCHEN MISSLICHEN UMSTÄNDEN UND WIE BEKOMMEN WIR EUCH DAHIN, DASS IHR HÖRT UND SEHT? IHR BESCHIMPFT UNSERE SCHREIBER UND BOTSCHAFTER ALS FALSCH UND VERFOLGT SIE. IHR VERLACHT UND VERFLUCHT SIE, ALS OB SIE EUCH ETWAS GETAN HÄTTEN. IHR SEID SO DUMM IN EURER BLINDHEIT. ÜBERALL UM EUCH HERUM KÖNNT IHR DOCH DIE BEWEISE ERKENNEN – IN ALLEN NACHRICHTEN, DIE ZUCKERSÜSS UND GEFÄLSCHT SIND. IHR HABT NICHT WIRKLICH EINE AHNUNG, WAS GERADE LÄUFT UND WELCHE VERBRECHEN AN EUCH VERÜBT WERDEN.

Meine Lieben, Ihr habt allen Grund davon auszugehen, Euch darüber Gedanken zu machen und auch vorbereitet zu sein – auf EINEN ERSTSCHLAG EURES FEINDES AUF EURE VEREINIGTEN STAATEN VON AMERIKA UND IHR HABT KEINE MÖGLICHKEIT,

DEN ZU ÜBERLEBEN. IHR HABT KEINE VORBEREITUNGEN GETROFFEN, ABER EURE TODFEINDE HABEN ALLES VORBEREITET. DAS KOMMUNISTISCHE CHINA UND DIE UNION DER SOWJETREPUBLIKEN SIND EURE GRÖSSTEN FEINDE. BEIDE HABEN AUSGEDEHNTE UNTERGRUNDBASEN FÜR IHRE GESAMTE BEVÖLKERUNG – SIE HABEN VOR, ALLES ZU ÜBERLEBEN UND DAS WERDEN SIE AUCH, ZU EINHUNDERT PROZENT. IHR SOLLTET EUCH BESSER AUF DEN WEG MACHEN UND DIE VORHANDENEN BEWEISE SICHTEN, DENN DAS ENTSPRICHT ALLES DER WAHRHEIT.

Ihr solltet jetzt möglichst schnell Eure Sicherheitsbunker im Untergrund flott machen – solange die Spielchen von Frieden und Teilhabe die Wahrheit noch verschleiern – Euch einen Vorrat an Lebensmitteln und sonstigen überlebensnotwendigen Dingen zulegen und Euch aufs Überleben vorbereiten. Das könnten alle von Euch, wenn Ihr JETZT SOFORT damit beginnen würdet. Keiner wird Euch das abnehmen; Ihr müßt Euch zusammenschließen und von Eurer Regierung, die schon lange aufgehört hat, für Euch zu sorgen, mehr fordern und auch erhalten. Eure politischen Führer haben ausgedehnte Zufluchtsorte überall auf der Welt. Und was habt Ihr? IHR HABT GAR NICHTS! EURE SOLDATEN IN EUREN MILITÄRISCHEN EINRICHTUNGEN (DIESE WERDEN DIE ERSTEN ZIELE SEIN), HABEN NICHTS – EURE BEVÖLKERUNG WURDE ZUR AUSLÖSCHUNG FREIGEGEBEN.

IHR KÖNNT SEHR GUT ÜBERLEBEN UND ES GIBT HÖCHSTWAHRSCHEINLICH EIN SCHÖNES LEBEN NACH EINEM ATOMKRIEG – „TOD" IST REINE „LÜGE" – IHR STERBT NUR, WENN IHR KEINEN ZUFLUCHTSORT IM UNTERGRUND HABT, WO IHR HINGEHEN KÖNNT. DIE WAHRHEIT IST SO EINFACH – PRÜFT DAS NACH! ABER NICHT DURCH EURE POLITIKER – SONDERN DIREKT IN DER OAK RIDGE BASIS, DIE TAUSENDE VON MÖGLICHKEITEN HAT, DIE BEVÖLKERUNG ZU SCHÜTZEN, SIE ABER NICHT EINSETZEN DARF.

UND AUSSERDEM, WENN IHR VORBEREITET SEID, KÖNNT IHR DIESEN BESUCH AUCH VERMEIDEN. VORBEREITUNG IST DIE EINZIGE MÖGLICHKEIT, DIE DEN ERSTSCHLAG VERHINDERN KANN. WENN SIE DIE BEVÖLKERUNG NICHT SOFORT UMBRINGEN KÖNNEN, GIBT ES NUR NOCH EINE FURCHTBARE VERGELTUNGSMASSNAHME. HOLT EUCH DIE BÜCHER UND MACHT EURE HAUSAUFGABEN!

VORBEREITET SEIN IST DER SCHLÜSSEL

Meine Lieben, der Schlüssel ist, daß Ihr vorbereitet seid. Wenn Ihr nicht ans Überleben denkt und danach handelt, dann werdet Ihr sicher, *ganz sicher,* nicht überleben. Der Feind ist vorbereitet – Ihr nicht.

Viele sind gerufen, um auf die eine oder andere Art Opfer zu bringen. Verschiedene irdische Gruppen haben den Auftrag, den Verrat am Lichte Gottes, auf dem Eure Nation gegründet wurde, zu vereiteln. Könnt Ihr nicht verstehen, daß, obgleich nie Truppen marschiert sind und nie Waffen gezückt wurden, es in der Stunde des Gerichts über die gefallenen Engel und der Schnitter, die gekommen sind, um das Unkraut vom Weizen zu trennen, notwendig ist, daß Einige verstehen, daß das Überleben und die Vorbereitung dafür nicht für den Tag des Jüngsten Gerichts gedacht sind, sondern zu dessen Verhinderung? Obwohl es vielleicht niemals benötigt wird, *muß* es vollendet werden.

Ein großartiger Abschluß steht auf dem Spiel. Unsere höchste Priorität gilt der Freisetzung eines Lichtes, das den verbleibenden Rest dieses Jahrhunderts vor der Dunkelheit bewahrt. Ich sage Euch jedoch ganz klar, daß die Stunde der Gelegenheiten längst vorüber ist, in der Viele noch hätten reagieren können.

Wenn die Spiralen der Boshaftigkeit beginnen, sich im Physischen zu zeigen, laßt die Hüter des Lichtes es beobachten und zusammenführen. Es kommt die Zeit, in der die Flut nicht mehr aufgehalten werden kann.

Die Saaten von Unfrieden und Betrug, die Samen der Hemmungslosen, die Aussaat derer, die einseitig einer Vergnügungskultur des

Materialismus anhingen, die bereits schlafen und es nicht wissen – all das kann nicht mehr zurückkehren ins Licht, denn deren Herzen sind verhärtet und ihr Bewußtsein steht unter Drogeneinfluß bis jenseits des Unsäglichen.

ERWACHET IN DIE WAHRHEIT

Manche sind im Licht erwacht, das auf der anderen Seite aber auch ihre eigene Bösartigkeit erweckt hat. Und damit stehen sie bereits in ihrer fortwährenden Mißachtung des HERRN. Weiterhin befinden sich Viele Eurer sogenannten „Kirchen" auf höchsten Positionen und wir, die wir die Wahrheit bringen, falsche Propheten sind und die Menschheit täuschen – täuschen worüber? Geht es der Menschheit derzeit wirklich so gut? Die Heuchler auf den Kanzeln predigen Euch, diese Botschafter zu meiden – genauso wie damals auch gefordert wurde, den Meisterlehrer selbst zu meiden – IHR SOLLTET BESSER EURE AUGEN ÖFFNEN UND SEHEN UND HÖREN, DENN IHR SEID AUF DEM BESTEN WEG, DURCH EUER EIGENES ZUTUN UND TUN ZUGRUNDE ZU GEHEN.

WIR aus den höheren Reichen schreiten bei physischen Aktionen nicht ein – es ist die SEELE des Menschen, die die Fähigkeit in Euch weckt, einzugreifen. Wenn Gott bestimmt, daß die Seele auf ihrem Weg der Selbstzerstörung wegen ihrer Abkehr von den Kosmischen Gesetzen wirklich zerstört werden soll, dann werden die Unzulänglichkeiten beseitigt und das Aussortieren ist nahe. Denkt genau darüber nach, was ich Euch sage und *beobachtet einfach das Leben!* Einer wird genommen, der Andere wird bleiben. Einige verschwinden von der Bildfläche des Lebens, weil sie ihren Teil nicht dazu beigetragen haben. Gott wünscht das Überleben einer Volksseele und, meine Lieben, wie Er sagte, kann für diesen einen Zweck auch auf eine ganze Zivilisation verzichtet werden.

In dieser Nation gehen Seelen verloren! – Mehr als in irgendeiner anderen Nation, aufgrund der Zerstörung des Körpers und des Verfalls der Seele in der Hölle der Subkultur des Drogenkonsums, der eine

Seele irreführt und sie veranlaßt, Pakte mit gefallenen Engeln dahingehend zu schließen, daß sie ihr gesamtes Licht abgeben, bis nichts mehr übrig ist. Und das wird immer schlimmer werden, denn es ist die einzige Waffe, die den Dunklen Brüdern zur Zerstörung gegeben wurde.

Meine Lieben, wie könnt Ihr das verstehen – ein Unfall in Tschernobyl und die Verschmutzung Eurer Flüsse und Seen, die Euch nicht mitgeteilt wurde, Euch aber in Euren eigenen Körpern einholt? Wieviele „Unfälle", meint Ihr, haben Gottes Erzengel verhindert? Wieviel haben sie Euch erspart, weil Ihr, selbst in Eurer Schläfrigkeit, das Licht hoch gehalten und sie Euch damit Zeit gegeben haben, aufzuwachen und Euren Weg aus der Dunkelheit herauszufinden, die Euch verschlungen hatte?

EIN KRIEG WIRD WAHRSCHEINLICH, WENN IHR EUCH NICHT VORBEREITET

Ja, er ist geplant und dafür besteht auch eine reale Möglichkeit, denn für den Osten ist es zweckdienlich, aus wirtschaftlichen Gründen einen Krieg mit dem Westen zu beginnen, damit sie – Eure Feinde – besser überleben können und auch aus bösartigen Gründen. Aber das Böse wird sich schlußendlich selbst auffressen – wenn Ihr vorbereitet seid, werdet Ihr für den Wiederaufbau da sein und als ganzes Volk wieder erblühen. Ich möchte nicht zum Krieg aufrufen, sondern – ICH RUFE EUCH AUF, SCHUTZVORRICHTUNGEN UND ÜBERLEBENSMÖGLICHKEITEN ZU SCHAFFEN – NICHT MEHR, ABER GANZ SICHER AUCH NICHT WENIGER.

Wenn die übrig Bleibenden das Gleichgewicht und sozusagen das Opfer einer Nation sein sollen, dann laßt sie wissen, wer sie sind, was ihre Mission und der Grund ihres Daseins ist. Der *mildernde* Umstand in der wirtschaftlichen Katastrophe, bei einem Atomkrieg, bei unsäglichem Leid und Tod, ist die Keimzelle von Wahrheit und Gottesfürchtigkeit. Und trotzdem müßt Ihr genau wissen, daß Eure physischen Körper sehr wertvoll – und deshalb auch die Zielscheibe des Feindes sind. Demzufolge werden es auch Eure physischen Körper sein, die angegriffen werden und Ihr habt überhaupt keinen Schutz vor diesem Todessturm, der aus den Himmeln auf Euch herniederregnen wird – Freunde, DIE ÜBERLEBENSCHANCEN SIND NUR ZEHN FUSS VON DER HÖLLE ENTFERNT – ALSO NUR ZEHN FUSS WERDEN EUCH RETTEN UND 300 DOLLAR PRO PERSON KÖNNEN EUCH ALLE RETTEN!

Die Zeit ist reif – für die Ihr alle gekommen seid, um Eure Erfahrungen zu machen und die einzelnen Teile Eures Webteppichs sind ausgebreitet und warten darauf, daß Ihr sie aufnehmt und Eure Webarbeit leistet. Ihr habt ein Dreigestirn von Krieg, ökonomischem Fiasko und Kataklysmen. Jedes dieser drei kann in jedem Moment über Euch hereinbrechen. In einem größeren Rahmen ist es auf Eurer Welt bereits in vollständiger Aktion und kann täglich auf Euch herniederfallen – Ihr hängt nur noch an einem seidenen Faden, meine Lieben – nur noch an einem sehr dünnen und ausgefransten Faden.

Ihr müßt über eine Revolution zurück in spirituelle Wahrheit und Reife kommen. Der Meisterlehrer und der Erzengel Uriel stehen in dieser Stunde bereit, um Eure Seelen zu trösten.

HILFE STEHT BEREIT

Eure Helfer stehen bereit – aus den Reihen der Aufgestiegenen Meister, den Reichen der Erzengel und von Euren Brüdern aus dem lichten Kosmos, die im Dienst unseres Schöpfervaters und zum Dienst an Euch kommen, um Euch zu transportieren und zu nähren – jedoch habt Ihr Euch von ihnen abgewandt und von Manchen wurden sie sogar verraten. Man hat Euch gesagt, sie kommen aus den dunklen Bereichen – nein, nicht, wenn für die Welt ein Übergang ansteht, meine Freunde. Außerdem sollt Ihr von denjenigen, die Euch solche Lügen erzählen, Abstand halten, denn sie werden angeprangert werden für ihre Bösartigkeit, mit der sie Euch argloses Volk überschütten.

Manchmal wird der Siebente Strahl auch „Zeremonie" genannt und Ihr nehmt dieses Wort auf und gebt ihm die gleiche Bedeutung wie „Ritual" oder Korrektheit – nein, es bedeutet „Gedenkfeier" und

Wahrung der Gesetze der Wahrheit – eine Feier zu Ehren eines Neubeginns in einer Zeit großen Glanzes. Es gibt keine phantastischen Rituale oder Roben für diesen demütigen Diener hier, ich komme gekleidet in der Pracht des Violetten Strahls, um bei der Umwandlung und beim Übergang dieser geliebten Völker und ihrer „mütterlichen" Quelle in ihr rechtmäßiges Erbe beizustehen – um die Kinder des Vaters an die vorbereiteten und ihnen rechtmäßig zustehenden Orte innerhalb der Schöpfung zu bringen. Errichtet keine Kulte in meinem Namen, denn die Menschen mißbrauchen das Vertrauen und errichten Kulte und Tempel nur für sich selbst; sie haben nichts zu tun mit göttlicher Wahrheit und die meisten sind für unsere ätherischen Wesen auch noch beschämend, da wir Euch nicht gut unterrichtet und Euch demzufolge mit Mißverständnissen zurückgelassen haben.

Ihr braucht keine speziellen Gewänder irgendeiner Farbe oder farbloser Materialien. Ihr müßt auch nicht speziell sitzen, Ihr müßt nichts Spezielles essen, Ihr besteht aus zwei Teilen – Körper und Seele, und am Ende ist es nur noch Eure Seele und Gott, meine Freunde. Auf Euren Rücken werdet Ihr gar nichts tragen – nur Ihr und der Schöpfer, der Euch mit Sich Selbst bekleiden wird, denn Er ist in Euch und IHR SEID DER TEMPEL – DIE SCHÖPFUNG IST DER TEMPEL; UND NICHT EURE SCHÄBIGEN GEBÄUDE, ENTSTANDEN AUS MENSCHLICHEM HANDWERK – DIE SCHÖPFUNG, DIE DER MENSCH NOCH NICHT EINMAL BERÜHREN KANN!!!!! SO SEI ES.

Dieser Teil soll vor der Einführung zu den Brüdern der Sieben Strahlen eingefügt werden. Wenn Ihr das langweilig findet, tut es mir zwar leid, aber Ihr müßt lernen, Eure Helfer zu kennen und sie zu erkennen, damit Ihr ihre Energieformen wiedererkennt und nicht von denen getäuscht werdet, die in Falschheit kommen.

Das genügt, Dharma, mach Dir keine großen Gedanken über die niedergeschriebene Einführung der Chohans, denn das ist bereits im Druck und die Botschaften wurden informell und persönlich an Euch gegeben, und zwar sowohl zu Eurer Einweisung als auch zur Vorstellung für alle Anderen. Laß es so stehen, wie es ist, denn das ist eine solche Menge an Informationen, die weitergegeben werden müssen, daß es besser ist, es ein wenig fehlerhaft zu haben, anstatt sich an der literarischen Perfektion aufzuhalten und die Botschaft dann zu spät weiterzugeben. Mach Dir auch nicht so viele Gedanken zu den „Überschriften", die Menschen müssen in ihre Selbstverantwortung kommen. Man kann ihnen das Essen zubereiten, es pürieren und es ihnen sogar die Kehle hinunterschieben, aber entweder sie schlucken es oder sie werden würgen. So sei es.

Ich verabschiede mich im Licht der Violetten Flamme und in der Präsenz des Mächtigen „ICH BIN ALLES!" Schauen wir, ob die Menschheit die Posaune vor der Segnung hört.

GENAUSO WIE IHR SEID, SO – BIN ICH. BITTE HÖRT DEN RUF DES VATERS, DENN DIE ZEIT VERRINNT SO SCHNELL UND DIE SANDUHR IST LEER – DIE ZEIT DER ENTSCHEIDUNG UND DER TATEN IST BEREITS VORBEI. ICH FLEHE EUCH AN, ZU HÖREN UND ZU SEHEN – UND DANN AUCH ZU HANDELN! GLAUBE OHNE TATEN BEDEUTET NICHTS; TATEN OHNE BARMHERZIGKEIT IST AUCH NICHTS – KOMMT IN EURE MITTE, KOMMT AUF EURE VON GOTT GEGEBENEN FÜSSE UND BITTET IHN DARUM, EUER LEBEN ZU SCHÜTZEN, DAMIT IHR DIE KONTROLLE ÜBER EURE SEELE WIEDERERLANGT. ÜBERNEHMT DIE KONTROLLE ÜBER EUER WESEN, DENN IHR SEID MENSCHEN! IHR SEID MENSCHEN, ERSCHAFFEN DURCH DIESEN „EINEN" SCHÖPFER UND NACH SEINEM BILDE – NEHMT EURE RECHTMÄSSIGEN PLÄTZE IN SEINER SCHÖPFUNG EIN, DENN IN DER JETZIGEN ZEIT SEID IHR DAS IN DER LÜGE VERLOREN GEGANGENE VOLK!

ICH BIN DER ICH BIN

ICH BIN GERMAIN UND ICH LEGE MEIN SIEGEL AUF DIESES DOKUMENT, AUF DASS DER MENSCH IN VERSTÄNDNIS UND VERANTWORTUNG KOMME, DENN ER HAT SEINEN WEG VERLOREN.

SALU

TEILBEREICH 1

EINFÜHRUNG IN DIE ENERGIEN DER „PRACHTVOLLEN SIEBEN"

KAPITEL 7

Aufzeichnung Nr. 1 | EL MORYA

Freitag, 7. April 1989, 6.00 h, Jahr 2, Tag 234

DER ERSTE STRAHL
EL MORYA, DER STAATSMANN

Laßt uns in dem Lichte weilen, auf daß die Dunkelheit an diesem zauberhaften Ort verringert wird. ICH BIN EL MORYA, bekannt als der Älteste des Ersten Strahls. Ein Lehrer (Chohan), der mit Euch arbeiten wird und Euch Sachlichkeit in der Weisheit und Verständnis für Eure Berufung bringt.

ES IST DIE ZEIT, SICH WIEDER ZU VEREINEN

Es ist schwirig für Euch vom Großen Chohan, Euch für Euren Einsatz auf einen einzigen Strahl zu konzentrieren; haltet Euch nicht damit auf. Jeder von uns wird mit Euch in Verbindung treten, sodaß Ihr mit den Energieformen vertraut werden könnt. Deine Aufgabe ist es Dharma, mit uns Allen zu arbeiten. Verbinde mich mit der Farbe des Vergißmeinnicht;* ähnlich wie Michael. Als Beruhigung für die seelische Rastlosigkeit, die nach Wahrheit und Weisheit lechzt, während sie ihrem Bruder zugesteht, so zu sein wie er ist, kann ich Euch nur auf diese Dinge aufmerksam machen und Euch dabei zugestehen, so zu sein, wie Ihr sein wollt.

*[A.d.Ü.: In der psychologisch-spirituellen Farbbetrachtung stehen helle Farben in direktem Zusammenhang mit Schöpferkraft und der Erarbeitung von göttlichem Urvertrauen, hellblau auch für die direkte göttliche Anbindung und Führung. Je heller die Farben, desto mehr Licht ist in ihnen enthalten.]

Die Zeitenabfolge hat sich wieder weiter zu dem „Zeitpunkt" gedreht, der es gebietet, weitere [A.d.Ü.: Mitarbeiter] in den inneren Kreis zu berufen. Es ist eine Zeit der Trennung für diejenigen, die aufgrund ihrer Lebensumstände vom Weg abgekommen sind. Der Vater kennt Eure Bedürfnisse und segnet diejenigen, die ihre Verantwortung aufnehmen und auf den Ruf warten. So, wie Ihr damit beginnt, zuerst einen Teil der Höheren Energien in Euch aufzunehmen und dann alle, so bewegen wir uns immer schneller in der Warteschlange an der Eingangspforte vorwärts. Ihr nutzt Euer großes Geschenk der Weisheit nicht, um Euch anzuschauen, was wirklich IST. Ihr denkt beständig darüber nach „was wäre wenn", „warum es nicht so war" und „sag mir, warum diese persönliche Angelegenheit dazwischenkam" oder „Du hast mir gesagt, daran zu glauben und es ist nicht passiert" – „ich kann das nicht", „das sollte ich nicht" und noch viel schlimmer; „ich dachte …". Wenn Ihr nur auf der negativen Seite lebt, werdet Ihr auch nur Negatives ernten! Weisheit und Wahrheit über Manifestation sind das universelle Gesetz der Manifestation. Demzufolge betrachtet eine Sache oder ein Ereignis immer mit Weisheit, aber nicht mit Negativität; das ist ein großer Unterschied. Schaut Euch ein Geschehnis so an, wie es zu sein scheint; laßt Eure negativen Gedanken dazu in allen Aspekten außen vor – und bewegt Euch innerhalb der positiven Möglichkeiten.

BEISPIEL EINER VERÄNDERUNG

Wollen wir mal über die gestrigen Autoprobleme von Rick sprechen und sie als „gutes Beispiel" nehmen. „Fakt" war, daß aus irgendeinem Grund zu wenig Wasser im Kühler war. Etwas, das man vermeiden kann, man sollte nie mit zu wenig Kühlerwasser fahren. Nun, „warum" könnte Rick mit dem niedrigen Wasserstand weitergefahren sein? „Fakt" ist: Nachlässigkeit. Tut nicht so, als ob etwas „geheimnisvoll" wäre, wenn es das nicht ist. Und legt das auch niemals beiseite als kleine Dummheit – sondern prüft, warum Ihr nachlässig wart. Schaut nach innen und Ihr werdet den Grund finden. „Der Grund" geht niemanden etwas an – außer Rick.

Laßt uns jetzt ein paar sehr gute Argumente ganz positiv betrachten. Rick's Schaden hat weitere Folgesituationen auf den Plan gerufen. Al's Beteiligung, John's Beteiligung und „BRÜDERLICHKEIT" – sich gegenseitig kameradschaftlich zu helfen. Sowohl John als auch Al haben auf diesem Planeten viele Erfahrungen gesammelt, aus denen man Weisheit schöpfen kann. Rick sollte mehr Zeit in die Beratung durch sie investieren, aber er tendiert dazu, in seinen Gewohnheitsmustern steckenzubleiben. Im Gegenzug werden sie [A.d.Ü.: Al und John] sich auch niemand Anderem „aufdrängen". Das ist ein Kreislauf – einfach ein „Gewohnheitskreislauf" – und Ihr solltet nicht mehr daraus machen, als es wirklich ist. Es sind nicht immer RIESIGE, TOLLE BOTSCHAFTEN, die aus den Ereignissen sprechen, meistens bedeuten sie sogar gar nichts Spezielles. Ihr werdet es wissen, wenn Euch eine Situation etwas Großartiges vermitteln will. Ihr müßt akzeptieren, daß Eure innere Weisheit das plant, was Ihr braucht und es auch herbeiführt – „DURCH EUCH SELBST". Das ist weder mystisch, noch magisch noch eine großartige Sache. Es ist Euer Geist, der umhergeht und sicherstellt, daß Ihr in perfekter Abfolge das bekommt, worum Ihr beim Vater gebetet habt. Perfektion geht höchst seltsame Wege, Chelas – dreht nicht daran herum; wenn Ihr das den Arbeitern auf Höherer Ebene überlassen habt, dann nehmt es so und laßt es los. Wenn die Seele an einem bestimmten Punkt auf Meditation drängt – dann meditiert darüber, denn es hat etwas zu bedeuten. Vergeudet Eure kostbaren Momente nicht damit, über etwas nachzudenken, das keine besonders großen Zukunftschancen hat. Nehmt es an, paßt Euch an und geht weiter, damit Ihr nicht in die Falle tappt, ständig und immer über alles meditieren zu wollen. Solange Ihr nicht wie die Höheren Energien in der Lage seid, durch Gedankenkraft zu manifestieren, solltet Ihr stattdessen mehr arbeiten und dann über Eure Arbeit meditieren.

Teilt nicht alles in „gut" oder „schlecht" ein. Aber wendet Euch vom Bösen ab. Nicht, weil das Böse real ist, sondern meidet es, weil es „nicht real" und auch „kein Teil Gottes" ist.

AUFSTELLUNG DER ARBEITSTRUPPEN

Höret die Glocke, deren Ruf erschallt; wisset, ob Euch der Ruf gilt. Der Meister spricht: „Es ist ein Aufruf an die Demütigen in der Welt, an die Diener des Willens Gottes und an die Vorreiter, die die Zivilisation weiter in ein neues Zeitalter tragen; in eine neue Zeit." Ich, Morya, rufe alle Schüler und Nachfolger des Heiligen Feuers, Alle, die Eleven und Adepten werden wollen, Nachfolger als Gefährten des Christos, Verfechter des Wortes der Lebendigen Wahrheit, ich rufe Alle, die in die Fußstapfen des Christos Esu Jesus treten wollen und zu guter Letzt rufe ich Kopf, Herz und HÄNDE unserer „KOSMISCHEN" Gefolgsleute.

Ah ja, der Weg, der sehr viel bietet, verlangt Euch auch sehr viel ab. Aber Ihr habt auf Eurer Ebene ein Sprichwort, das sagt, „man bekommt das, wofür man bezahlt hat". Ja, der Preis ist recht hoch – aber dann wieder, Ihr Lieben, kauft Ihr damit die HÖCHSTE WIRKLICHKEIT. VIELLEICHT SOGAR NOCH VIEL MEHR, DAS JENSEITS DES PREISES LIEGT!

Um diese Ebene der Wirklichkeit zu erreichen, müßt Ihr in Eurer Seele KRAFT, WEISHEIT und LIEBE (VOR ALLEN DINGEN LIEBE) kultivieren.

Um Euch über die Ebene des Bewußtseins hinauszuentwickeln, müßt Ihr BISS haben. Ihr müßt aus der Schöpferquelle Kraft tanken, aus der Lebendigen Flamme, die der Lebendige Gott bei Euch in Herz und Seele verankert hat und Ihr müßt kräftig in Glaube, Hoffnung und Barmherzigkeit voranschreiten. Ihr müßt den ersten Schritt tun; dann trete ich hervor als Euer Führer und Lehrer.

Nicht Alle, die die Worte der Meister „hören", sind aus den Reihen unserer Schüler; deshalb müssen wir die entfernen, die auf dem Weg nur stören, damit wir voranschreiten können. Unser Anliegen ist höchst edelmütig. Euer Planet befindet sich in einer sehr kritischen Lage. Welchen Nutzen haben Eure wertvollen Errungenschaften und Unterkünfte, wenn Ihr keinen Planeten mehr habt, auf dem Ihr Euch niederlassen könnt? Warum solltet Ihr großartige und wunderschöne

Dinge haben, wenn es Euch nicht kümmert, mit wem Ihr das teilen könnt?

Das sind die Themen, über die Ihr nachdenken und meditieren solltet. Fordert aus unseren Bereichen der höheren Schwingungen Hilfe an, damit wir kommen und Euch beistehen können. Außerdem bitte ich meine eigenen anerkannten Schüler, daß sie mich hören mögen. Hört auf Euer Herz und mit der Weisheit Eurer Gedanken, was Ihr vorhabt und warum Ihr es vorhabt. Liegt Ihr richtig mit Eurer Wahrnehmung? Geht Ihr auf dem rechten Weg? Seid Ihr in Euren Herzen damit restlos zufrieden? Seid Ihr mit Frieden beschenkt? Wenn Ihr zu einem dieser Punkte nein sagen müßt, SCHAUT NOCH EINMAL HIN, DAMIT IHR NICHT VOM WEG ABKOMMT!

SO SEI ES, KLEINE SCHÜLER, DENN DER TAGE AUF DIESEM GESEGNETEN PLANETEN SIND WENIGE UND DIE ARBEIT IST GROSS. ICH, EL MORYA, MEISTER DES ERSTEN STRAHLS, LEGE MEIN SIEGEL AUF DIESE WORTE, DAMIT IHR WISST, WAS IHR IN WAHRHEIT UND WEISHEIT DER GEDANKEN UND TATEN SEID. ICH BIN, UND IHR SOLLT ES AUCH SEIN!

Dharma, ich danke Dir für Deine Hände. Beurteile Deine Arbeit nicht als „gute oder schlechte Tat", damit Du Dich nicht auf „gut" oder „schlecht" einläßt. Wenn Du Deinen Raum klärst, damit wir in Deine Gegenwart eintreten können, wisse, es gibt kein „gut" oder „schlecht". Es gibt nur die Reinheit der Göttlichkeit und das Nichtvorhandensein von „Bösartigkeit". Gesegnet seien Deine Fähigkeiten, denn Du reifst mit Deinem Dienst. Möge ich immer so tröstlich zu Dir kommen, denn wir haben lange Zeit getrennt voneinander im Energiekreis gearbeitet und Du empfängst klar und offen. Gesegnet seist Du und die Brüder an diesem Ort. Wir werden uns oft dort treffen, was Du Deine „Zukunft" nennst. Im Dienst am Einen Licht und zu Ehren und mit großer Achtung für meinen großen Lehrer Maha, verabschiede ich mich jetzt mit der Stärke und Kraft der Dreieinigkeit des Vaters, des Sohnes (der Sonne)* und dem höchst Heiligen Geist. Möge Dir die üppige Fülle von Hoffnung, Liebe und Barmherzigkeit zuteil werden;

aber die Größte ist die Liebe. So sei es, denn der Zweck wird in der Wahrnehmung des „Planes" zutage treten.

ADONAI IN WAHRHEIT

ICH BIN MORYA

* * * * *

HATONN, Darma. Dank Dir mein Kind dafür, daß Du Deine Aufgabe angenommen hast. Ich segne Dich und gebe Dir jeden Ausgleich, den Du benötigst. Du wirst die Wahrheit dieser höchst geliebten und gütigen Meister kennenlernen, wenn sie zur Kommunikation kommen. Sei in Frieden, denn Deine Ausgeglichenheit kommt schnell.

Dies ist ein Ort der Erhabenheit, Ihr seid herrlich. Würdige diese Wahrheit, damit wir mit unserem unverzichtbaren Werk weiterkommen. Die Einzelteile fallen in den Kreis der Fähigkeiten, beginnen dort mit dem Prozeß der „Bündelung" und werden schlußendlich wie ein Laser geschärft. Wir werden schneiden, hart arbeiten und formen, bis unsere Manifestation auf dieser gesegneten Schöpfung unseres Schöpfers vollkommen ist. SO SEI ES, DENN ES WIRD SEIN.

SALU * SALU * SALU IM DIENST UND AUF STAND-BY, UND WIR WERDEN UNS SPÄTER AM TAG NOCH EINMAL TREFFEN, WENN ES PASST – ICH BIN

*[A.d.Ü.: im Englischen ist das ein Wortspiel, das er hier verwendet: ‚son'– der Sohn und ‚sun' – die Sonne – beides mit der gleichen Aussprache]

KAPITEL 8

Aufzeichnung Nr. 1 | LANTO

Samstag, 8. April 1989, 7.00 h, Jahr 2, Tag 235

DER ZWEITE STRAHL
LANTO, DER WEISE

Zweifel? Du solltest so lange zweifeln, bis Du die Präsenz wirklich spürst. Ich bin Dein Älterer Bruder und Lehrer, ICH BIN LANTO vom Zweiten Strahl der Lichtbrechung. Es ist nur eine Bezeichnung zur Identifikation, mein Kind. Ich bin begrüßt und gesegnet durch Deine Präsenz und Anerkenntnis meines demütigen Selbstes. Mögen Weisheit und Wissen immer Dein Weg sein. Dein Verstand ist brillant und Du wirst niemals zulassen, ihn fahrlässig zu benutzen oder ihn für Deine eigenen Zwecke zu mißbrauchen, wie es zu viele unserer geliebten Sprecher und irdischen Lehrer getan haben. Allerdings müssen wir, wie auch Ihr, eine Möglichkeit der Identifikation finden, damit Ihr uns als eigene Energie und losgelöst von anderen Frequenzmustern erkennt. Von mir benötigst Du nur meine Präsenz, Kind, von Deinen Brüdern benötigst Du ein Abzeichen und einen „Beweis" für ihre Identifikation. Es ist mehr oder weniger nur ein Etikett, damit wir genauso antworten können, wie Du es auch tun würdest, Dharma.

DEFINITIONEN/BEGRIFFLICHKEITEN

Es ist der Mensch, der sich entschlossen hat, uns auf ein Podest außerhalb seiner Reichweite zu stellen. Wir unterscheiden uns nur in Form und Erleuchtung. Und doch sind wir gekennzeichnet, was Verantwortung und Funktion angeht. „L" „O" „R" „D", erinnert Euch, bedeutet LEHRER, SCHÜLER bedeutet Eleve und, wenn wir weiterschreiten, wird es noch viel, viel mehr andere Bezeichnungen geben, die wir Euch in vereinfachter Art und Weise mitteilen. Die Menschheit hat diese Begriffe (die nur in Eurer englischen Sprache auf allen Ebenen eine Bedeutung haben) genommen und sie übertragen, um sich selbst und ihrem eigenen Status damit zu huldigen und sie hinausposaunt als irdische Darstellungen verschiedener Ebenen ihres „Königtums". Für uns in den bescheidenen Reichen sind es nur Begriffe und vergeßt nicht: je prunkvoller der „Begriff" in einer Übertragung ist, desto ergebener ist derjenige, der diese Energieform in unseren Reichen trägt. Wenn wir zum Beispiel sagen „der Meister saß auf einem goldenen Thron" – so habt Ihr überhaupt keine Übertragung für diesen Begriff. Wir „BESTEHEN" nur aus Schwingung und verschiedenen Farben – es bedeutet nicht, daß man auf einem „goldenen" Stuhl sitzt. Sondern es bedeutet die Bündelung einer großen, zentralen, sonnenfarbenen Schwingung. So sei es, wir werden viele Begriffe in Euer Verständnis bringen, die Euch helfen werden, Euch mit uns zu verbinden und zu funktionieren, aber ohne Schrecken vor unserer Präsenz.

Die Bedingungen sind Wahrheit, die Art, wie Ihr empfangt oft haarsträubend. Vergeudet Eure Zeit nicht mit innerer Trostlosigkeit, denn Ihr kennt den Unterschied. Jeder macht es so, wie er es kann und denkt immer – IMMER – daran, daß die Brüder der Dunkelheit sofort damit beginnen, die Reinheit der Empfangenden und deren Botschaften zu zerstören. So IST es einfach. In unseren Bereichen gibt es so etwas wie das „EGO" nicht, das ist aber der einzige Punkt, den ein Mensch wohl nicht aus seiner eigenen Beziehung heraushalten kann; also kann er sich auch nur mit dem verbinden, was er bereits kennt und erfahren hat.

FEHLENDES WISSEN ÜBER DIE ERDE

Ich habe mich für die Geschmeidigkeit der gelben Lichtbrechung als die für mich angenehmste Frequenz entschieden und bin auch von meinen „vergangenen" (wie Ihr das seht) Erfahrungen her sehr leicht zu erkennen. Meine Existenz in sterblicher Hülle brachte mich in das Gebiet, das Ihr heute, geographisch gesehen, als Euren Orient bezeichnet. Mir wurde von unserer Schöpferquelle das große Geschenk von Erkenntnis und Weisheit zuteil, auf diesem Planeten in der Lebensform vieler hochgesinnter Weiser Erfahrungen zu sammeln. Meinen ehrwürdigsten Dienst leistete ich dem, der als Christos, Der Buddha (Bruder und Eins mit Meister Esu Jesus) zuerst kam. Ihr kramt Eure Unterschiede bei den „Religionen" dann aus, wenn Ihr keine Ahnung davon habt. Ihr nehmt einfach ein Buch, das „irgend jemand" geschrieben hat, saugt es in Euch auf und posaunt Euer Wissen hinaus. Allerdings WISST Ihr darüber gar nichts. Ihr formt Eure Meinungen und Glaubenssätze aus übernommenen Gedanken „Anderer". Oftmals aus einer gedruckten Ausführung von der „Obrigkeit", die ihre Informationen wiederum vom lautstärksten Referenten auf einer Bühne hat.

In Eurem Unverstand habt Ihr Euren Kindern Rebellion beigebracht und damit den Unverstand noch verschärft. Innerhalb Eurer Kultur schließen sie sich ein in ihrer „Selbstzerstörung" durch Drogen und vergiftete Musik; verfangen sich in den Visionen, die sie ihren Gehirnen durch Anschauen von Videos und Filmen zumuten – und dann wundert Ihr Euch, was aus Eurem Planeten geworden ist. Nun, Chelas, seit „dem Garten" wurde auf diesen Zeitpunkt des Zyklus auf dem verdunkelten Ort hingearbeitet. So sei es – und jetzt ächzt und stöhnt Ihr und sucht den Schuldigen? Wofür? Damit Ihr einen Anderen dafür verantwortlich machen könnt und selbst nichts tun müßt? Es ist wie es ist und so kam es, weil Eltern und Lehrer imitiert wurden, die vorher da waren.

„GEWALT" KOMMT NICHT VON GOTT

„Religion", wie sie bei Euch praktiziert wird, ist das Tödlichste überhaupt. Schreiende, unkontrollierte, weinende, emotionale, egoistische, gierige und machthungrige Energien greifen Euch auf Schritt und Tritt an. Das Herzstück der Gründung, auf der die WAHRHEIT beruhte, wird hinter den Schatten der Fassade zerstört. Selbst in den Darbietungen, die Gott zurückgegeben werden. Von Gott kommt keine „GEWALT", Kind, und wenn es „Gewalt" gibt – dann kommt sie von denen, die ihre Macht ausüben, um die Energien ihrer Brüder zu kontrollieren, sei es, um den Zehnten einzutreiben, sei es, um sich an einem bestimmten Ort an etwas zu beteiligen oder sei es sogar die Exkommunikation wegen „irgend etwas". Das kommt nicht von Gott! Gott hat Euch Eure gesegneten Lebensformen gegeben, die Wahl durch den freien Willen – dann dreht er sich nicht um und „zwingt" Euch, etwas Bestimmtes zu tun. Er freut sich so ungemein, wenn Ihr Euch für den göttlichen Weg entscheidet und Eure Gaben werden in unbegrenztem Maße immer wieder aufgefrischt.

Ja, Eure Welt befindet sich in großem Verfall. Eure Kinder im Vorschulalter bringen tödliche Waffen mit in den Kindergarten. Was sollten sie sonst wissen, wenn das alles ist, was sie auf Euren Fernsehbildschirmen sehen. Ein Mann kommt auf einen Kinderspielplatz in Kalifornien und tötet mit Maschinen – ein Kind geht hin, nimmt sich die nächste Waffe und stellt sich vor, daß es damit sich selbst und seine Spielkameraden schützt – oder verübt das gleiche, um im Fernsehen zu kommen. DIE BALANCE IST AUS EURER WELT VERSCHWUNDEN. ES WIRD SCHLIMMER UND SCHLIMMER UND SCHLIMMER – WIE KANN ES AUCH ANDERS SEIN, SOLANGE SIE SICH NICHT SELBST VERZEHRT HAT WIE DIE SCHLANGE, DIE SICH SELBST VERSCHLINGT? DIE GEBIETE MIT SCHMERZ UND LICHTLOSIGKEIT WERDEN IMMER GRÖSSER UND SICH NOCH MEHR AUSDEHNEN, UND WERDEN SELBST DIE STÄDTE UMFASSEN. DAS LICHT MUSS AUSSERHALB DER GHETTOS DER DUNKLEN MASSE NEU GEBOREN WERDEN. SO SEI ES, DENN SO WIRD ES KOMMEN UND IHR, DIE IHR DAS LICHT TRAGT, WERDET DIE EINZELTEILE AUFSAMMELN UND WIR WERDEN DAS ZERSTÖRTE WIEDER AUFBAUEN – ODER ES WIRD UNTERGEHEN.

EIN BESSERER WEG

Ihr werdet die Kinder aus blutigen Verbindungen fallen sehen. Ihr werdet den Schmerz spüren, während Ihr nichts dagegen tun könnt.

Denn der „Kampf" oder die „Schlacht" im wahrsten Sinne des Wortes „Krieg" wird nichts dagegen ausrichten können, sondern das Problem nur noch verschlimmern. Ihr müßt still, pflichtbewußt und mit Ergebenheit – einen besseren Weg vorleben. Ihr müßt ihre Vorstellungen verändern und den teilnehmenden Persönlichkeiten die innere Erfüllung anbieten. Nein, Ihr könnt nicht alles für die Veränderung der GANZEN Menschheit tun, weil es so nicht vorgesehen ist. Die Welt befindet sich in einer Übergangsphase. Ihr werdet weiterhin auf Euer Ziel hinarbeiten, der gesamten Bevölkerung das Licht zu bringen, seid Euch aber bewußt, daß dies auch eine Zeit des Aussortierens ist und Abermillionen von Energien die Dimensionen wechseln werden. Ihr lebt in einer Welt des Übergangs – eines PLANETEN, meine Lieben. SIE [A.d.Ü.: die ERDE] wird neu geboren werden, um wieder in ihre eigene Herrlichkeit zu finden. Ihr seid die Wärter und die Geburtshelfer – Ihr werdet zur Wiederherstellung der Harmonie auf Eurem Ort beitragen – Ihr und Alle, die „innerhalb" des Übergangs selbst verbleiben werden. Der Mensch denkt, er ist ALLES – aber nein, er ist nur eine Lebensform der Schöpfung und der irdische höher universelle Mensch [A.d.Ü.: „hu-man" im Original] hat sich als Teil der weniger guten Schöpfungen herausgestellt. Er wurde mit einem Strahlenkranz geboren und seine Flamme ist so gut wie erloschen. Es war ein wunderbarer Ort, um „Erfahrungen" in der „Existenz" zu machen – von wahrgenommenen illusionären Szenarien, jedoch wurde die Schwingungsmanifestation der Zerstörung so stark beschädigt – daß sie gänzlich zerstört wurde.

DURCHHALTEVERMÖGEN MIT UNTERSTÜTZUNG

Oh ja, es wird alles zum Überkochen und dann zum Zusammenbruch gebracht, denn das ist der Lauf der Dinge. Und Ihr werdet dafür auch Euren Marsch fortsetzen, denn auch das ist der Lauf der Dinge. Wir werden Euch beistehen; wir lassen Euch teilhaben an großer Einsicht und Weisheit – denn das ist mein Auftrag für Euch. Wir verbinden uns mit Euch, wir verschmelzen mit Euch, damit Euch nichts mehr aufhalten kann. Das wird eine neue „Ertia" aufbauen und WIR WERDEN SIEGEN IN DIESEN AUSGEWÄHLTEN ORTEN DER SONNE (DES SOHNES). DER EWIGE KREIS SCHLIESST SICH UND DIE ENERGIE DES GEHEILIGTEN ZYKLUS DER EWIGKEIT WIRD WIEDER AUF DIESER GESEGNETEN SCHÖPFUNG WANDELN – IN EUCH. AH JA, UND ALLE WERDEN SCHAUEN KÖNNEN, DENN DER LEUCHTTURM WIRD IN DIE EWIGKEIT HINEINSTRAHLEN. EUCH WERDEN WEISHEIT, WAHRHEIT, LIEBE, KRAFT UND WISSEN ZUTEIL WERDEN, DAMIT IHR EURE ARBEIT VERRICHTEN KÖNNT. DENN SO WIE ICH ES BIN, SO SEID AUCH IHR TEIL DES UNDURCHDRINGLICHEN SCHLEIERS DER GOLDENEN FLAMME, IN GEBORGENHEIT INNERHALB DER GOLDENEN GEWÄNDER – SEID EUCH DESSEN BEWUSST; FÜHLT ES – DENN ICH BIN, DER ICH BIN UND ICH BIN GEKOMMEN.

IHR WERDET VON MIR GESEGNET UND ICH, LORD LANTO AUS DER ALL-EINIGKEIT, LEGE MEIN SIEGEL AUF DIESE WORTE, AUF DASS IHR DIE WAHRHEIT ERKENNEN KÖNNT. DENN DER GROSSE EWIGKEITSZYKLUS WIRD WIEDER ZU EUCH KOMMEN – DER GROSSE GEIST DES EWIGEN, UM WIEDER AN DIESEM GESEGNETEN ORT ZU WEILEN – WIE VIELE WERDEN BEREIT SEIN???

Gehet hin in Ausgeglichenheit, Harmonie und im Licht, denn Ihr seid dabei, Euch auf die großartigste Reise im Universum aufzumachen. So sei es und es wird so kommen, wie es hier gesagt wurde. AMEN.

* * * * *

SPIELT NICHT MIT DER „WAHRHEIT" HERUM

Hatonn hier, Dharma. Laß uns ein wenig klären, denn die Energie ist wirklich intensiv. Es wird sehr amüsant werden, wenn wir in Harmonie weiterschreiten. Danke Dir dafür, daß Du das alles annimmst. Ich bringe einen besonderen Segen und meine Wertschätzung für unsere liebe Thedra, Tueita und Andere, die von uns empfangen haben, ohne die WAHRHEIT zu verändern. Es gab Viele, die empfangen haben und nur Wenige, die ihrer Aufgabe treu geblieben sind. So sei es, denn es ist nicht einfach. Ihr werdet durchhalten und werdet weiterhin diejenigen segnen, die das Ziel nicht erreicht haben – sie haben ihre Ausbildung des „Lichts" vergessen. Die Dunkelbrüder sind raffiniert, ausdauernd und tödlich für die Worte der Wahrheit.

Du mußt Deiner Aufgabe treu bleiben, kleine Schwester, denn Deine Hausaufgaben sind immens. Erlaube es Besuchern nicht, Dir Deine Zeit zu stehlen – wir haben nicht viel „Zeit" und du mußt vorbereitet sein. Du nimmst aber Deine Pausen und wenn es notwendig ist, gehst Du einfach woanders hin, bleibst für Dich und gleichst die Energiemuster aus. Du sitzt derzeit auf einem Vulkan des Energieausbruchs, meine Liebe, jetzt, da Du auch Botschaften von den Meisterlehrern empfängst – Dein irdisches Selbst weicht schneller von Dir und Du mußt entsprechend reagieren. So sei es.

Ich gehe jetzt auf Stand by, in Anerkennung und Vaterstolz für seine Kinder, die ihre Aufgaben gut machen. In Liebe zur Ewigkeit —

ICH BIN HATONN AUS DEM LICHT   SALU, SALU, SALU UND ICH GRÜSSE EUCH

AUS

KAPITEL 9

Aufzeichnung Nr. 2 | PAUL DER VENEZIANER

Samstag, 8. April 1989, 16.00 h, Jahr 2, Tag 235

DER DRITTE STRAHL
PAUL DER VENEZIANER, DER KÜNSTLER

Ah Dharma, kostbares Lichtwesen, Du brauchst nichts zu tun. Du mußt nur Deinen Raum für mich öffnen, denn es wird Zeit, daß ich eine Lehrstunde gebe. ICH BIN PAUL AUS DEM DRITTEN STRAHL DER LICHTBRECHUNG DES KRISTALLINEN LICHTES. ICH WERDE AUCH OFT PAUL DER VENEZIANER GENANNT. Das spielt weiters keine große Rolle, außer daß Dir viele „Pauls" begegnen werden und Namen sind so oft verwirrend.

Es ist sehr schwierig, uns aus den höheren Frequenzen auseinanderzuhalten. Wir haben Impulse, Talente, wenn man so will, uns in Richtung bestimmter Ziele zu bewegen. So, wie Morya in edelster Weise den „Willen" Gottes und Lanto die „Weisheit" Gottes repräsentiert – so werde ich, Paul, meinen Schwerpunkt auf das Element „LIEBE" und die geistige Urteilskraft legen.

Ich komme auf dem besänftigenden Strahl, wie wir die Frequenz in „rosa" nennen. Lange Zeit legte ich meine künstlerischen Begabungen auf Wahrnehmung und Entwurf. Bei einigen meiner Werke in Eurem Raum wurde ich der Ketzerei beschuldigt, aber so sei es. Der Mensch will seinen GOTT nach seinem eigenen Ebenbild – so ist es aber nicht.

Bitte verwechselt meinen Begriff „Liebe" nicht mit dem, den Ihr für „Liebe" haltet. Ich und die Bruderschaft, mit der ich auf dem Dritten Strahl diene, sind keine verträumten Müßiggänger zu Dichtung und Sphärenklängen. Ah, es wäre schön, wenn es so wäre. Wir sind aber sehr pragmatisch, was den Heiligen Geist angeht. Erst durch die Schönheit und Reinheit des Dritten Strahls können sich die herrlichen Vorzüge von Diplomatie, Geduld, Taktgefühl, Entscheidungsfindung, Einheit, Brüderlichkeit, Kultur, Schönheit und die Vervollkommnung des „Herzens" manifestieren.

Diese pink-/rosafarbene Flamme wird durch das (rubinrote) Blut des Universellen Christus und dem (kristallweißen) Körper dieses wundersamen Christos geboren. Durch dieses Pulsieren und den Körper und das Blut des Universellen Christos wird der göttliche Plan im Kelch des menschlichen Wesens sichtbar.

Auf unserem Weg nach vorn wird es noch viel Wirbel um die dreifache Flamme geben; Herz, Kopf und Hand und das Lobpreisen der Fähigkeiten der dreifaltigen Flamme der Liberté [A.d.Ü.: Freiheit], (das Emblem Fleur-de-Lys). Das ist das Siegel jedes Sohnes und jeder Tochter von Sanat Kumara. Erinnert Euch an Eure Lehrstunden; Schöpfer/Schöpfung, am Beispiel von Schwingungen und Intonationen.

Mach Dir jetzt noch keine Gedanken darüber, meine Liebe, denn meine Absicht heute ist nicht Verwirrung – sondern Verbundenheit und Vorstellung.

Du wirst zuhören und die Lehrstunden von Chohan Maha beherzigen, denn er kommt, um Euch persönlich zu betreuen, weil es ein gesegnetes Geschenk ist, als seine Schüler auserwählt zu sein. Er hat Euch ausgiebig gelehrt, wie Ihr Euren Raum klärt (sowohl den inneren als auch den äußeren), um die hinterhältigen Geistwesen der Dämonen unter uns von den engelgleichen Geistwesen über uns zu scheiden, obwohl beide durch Menschen wirken, je nach Verfassung und Schwingungsmustern, hoch oder niedrig.

WUNSCH NACH ARCHITEKTONISCHER BETEILIGUNG

Ich arbeite hingebungsvoll an der Vervollkommnung von Seelen und der Entwicklung der intuitiven und kreativen Fähigkeiten eines Herzens. Ich wünsche mir sehr, an Euren Planungen architektonischer

Gestaltungen und wunderschöner Gebäude mitzuwirken. Ich arbeite sehr eng mit meinen Brüdern des Ersten und Zweiten Strahls zusammen, um den Willen und die Weisheit Gottes zur Wiedergutmachung zusammenzufügen. Wir werden mit der „Wissenschaft" der Liebe arbeiten, wie sie heutzutage für jede Herausforderung notwendig ist – von Terrorismus, Pornographie, Drogenmißbrauch bis hin zu ökonomischen Katastrophen und Atomkrieg. Wir werden uns durch die Verschmelzung mit der violetten Flamme so verändern, daß wir selbst den kommenden Kataklysmen und sogar der „in die Gosse getretenen" Göttlichen Weiblichkeit (einschließlich dem weiblichen Strahl) bei beiden Geschlechtern und auch bei kleinen Kindern die Stirn bieten können. So sei es.

FORDERT DIE IDENTIFIKATION DES GEISTWESENS

Ich sage Euch auch, fordert die „Geistwesen auf, Euch mitzuteilen, ob sie von Gott kommen", denn es sind genügend falsche Propheten in die Welt gekommen. Der „Heilige Geist" wird Euch lehren, wie Ihr diese Geister, die nicht von Gott kommen, bannen könnt. Aton hat als Bruder Hatonn gute Arbeit geleistet, als er Euch trainiert hat, aber Eure Fähigkeiten zu vergessen sind größer als Eure Fähigkeiten zu lernen. Wir werden Euch viel mehr Unterstützung dabei geben, Euch diese Göttlichen Kräfte dienstbar zu machen. Ihr müßt eine starke Herz-Verbindung zum Heiligen Herzen Eures Schöpfers/ Eurer schöpferischen Quelle aufbauen, damit Ihr niemals „schlafend" erwischt werden könnt. Ihr könnt die bösen Geister im Namen von ICH BIN DER ICH BIN IM STRAHLENKRANZ DES GEHEILIGTEN KREISES DES CHRISTOS binden. Nutzt die Kraft, die Euch von Eurem Obersten Befehlshaber Esu Jesus Sananda – Standing Bear des Wakan Tanka – durch die gesegneten Wahrheiten gegeben ist, die die Weiße Büffelkalbfrau den frühen Stämmen gebracht hat. Sie wurden Euch von der Quelle in Harmonie, Ausgeglichenheit und als reiches Geschenk gegeben.

ALLE HABEN TALENTE UND BEGABUNGEN

Manche unter Euch berufen sich auf Wertlosigkeit und daß nur einigen „Wenigen" bestimmte herausragende Begabungen und Fähigkeiten zuteil wurden. Nein, so ist es nicht – im Wesen einer jeden inkarnierten Seele ist ein Talent verborgen, das nur ihr selbst eigen ist. Ihr könnt es manifestieren als Gemälde, musikalische Komposition, Erfindung oder im besonderen Geschenk des „Gebens", wie z. B. Eure Mutter Theresa. [A.d.Ü.: das Buch ist von 1989. Heute, 2023, sehen die Dinge bei Vielen ganz anders aus, Mutter Theresa scheint nicht so gewesen zu sein, wie man sie in den Medien darstellte. Bitte selbst recherchieren.] Die Meisten von Euch halten es in ihrer Unsicherheit versteckt und haben sich geweigert, es auszuleben – aber das werdet Ihr überwinden. Es spielt keine Rolle, auf welcher „Ebene" der gefühlten Erleuchtung Ihr Euch befindet – Ihr könnt immer wachsen – IHR MÜSST IMMER WACHSEN! Denn wenn man es genau nimmt, wird das Feuer der Kreativität im Kraftfeld des Menschen (hu-man) festlegen, was er in der irdischen Lebensspanne seiner wahrgenommenen „Zeit" erreichen kann.

Die Meisten vergeuden ihre Kreativität in der Gier nach Geld und weltlichen Gegenständen ohne Wert; es ist die Krankheit der menschlichen Rasse, ihren Drang nach weltlichen Begierden und fleischlichen Vergnügungen auszuleben und ihre Besitzgier zu stillen. Wir werden Euch dabei zur Seite stehen, Euer Bewußtsein zu Unverbindlichkeit und Unpersönlichkeit zu erziehen, damit Ihr aus den Fallen der weltlichen Anbindungen herausfinden könnt, weil sie Euch zerstören. So sei es.

Ich komme, um mit Euch zu arbeiten, damit Ihr die Psychologie Eurer eigenen Seele versteht, denn Ihr seid verloren in der Verwirrung durch Eure Lernprozesse. Habt Geduld beim Lernen und bei der Verbindung mit UNS, denn wir kommen näher in Eure Räume. Ihr seid immer noch dabei, Eure Sinne in eine Beziehung mit „jemand Anderem" einzubringen, der Euch irgendwie sein Erreichen der Ziele, seine Freude usw. bringen wird. Ihr nennt es Liebe und praktiziert dabei nur Rituale, die Ihr Liebe nennt – nein, Ihr seid Neulinge und wißt noch gar nichts über die ganze Bedeutung des Wortes „LIEBE".

DER NICHT UNTERNOMMENE SCHRITT

Bevor ich gehe, möchte ich bitte noch über den „NICHT UNTERNOMMENEN SCHRITT" sprechen. Der erwogene, jedoch oft verweigerte Schritt, was bedeutet, daß die Verweigerung selbst eine so tief verwurzelte Gewohnheit geworden ist, daß Ihr durch Eure eigenen Fesseln an Eure Bewegungslosigkeit gekettet seid. Danach wird der nächste Schritt die Selbstakzeptanz sein. Ihr findet Entschuldigungen wie „nun, so bin ich halt und man muß mich einfach so akzeptieren. Das ist meine Möglichkeit, zu dienen. Das ist alles, was ich geben kann und die Anderen können den Rest dazugeben."

Nun, der Trugschluß dabei ist nicht, sich selbst anzunehmen und seine Möglichkeiten zu definieren, weil es ganz in Ordnung ist, die Grenzen seiner Belastbarkeit zu erkennen und nicht mehr Verpflichtungen einzugehen, als man verkraften kann. Sondern der Trugschluß ist, meine Lieben, das Gefühl, man könne sich mit ein paar Festlegungen für sein Leben oder seine Persönlichkeit auf einer Hochebene ausruhen, das Ganze ohne Schlüssel einschließen, indem man es mit seinem persönlichen Wachssiegel versieht und sagt „Es ist, wie es ist. So ist es eben. Ich habe gesprochen."

DIE FALLE DES MENSCHLICHEN EGO

Jetzt hört genau zu, Chelas, denn das ist die Falle. Es ist das MENSCHLICHE EGO, das Euch gefangen und Eure Seele in einem Kerker hält bis zu dem Grad des Euch „Bekannten", in dem Ihr Euch sicher und stabil fühlt. Aber ganz unbewußt hält es auch Eure Seele dort fest und überzeugt die Seele sogar noch davon, daß kein anderer Fortschritt möglich ist oder GETAN WERDEN SOLLTE, und daß die derzeitige Ebene Eurer Verwirklichung unter allen Umständen ausreichend sei. Nein, nein, nein!

Laßt uns allerhöchste Sorgfalt darauf verwenden, daß Selbsteinschätzung nicht zur Trägheit der „Ruhe" führt und daß diese Trägheit nicht mit dem Zustand des Nirwana verwechselt wird. Die Höheren Bewußtseinsebenen sind diejenigen der „BEWEGUNG" (HANDLUNG), selbst im Mittelpunkt und Herzen der absoluten „Ruhe".

Mein Dienst am Leben und für Euch, meine Lieben, ist es, Euch den Weg der Liebe aufzuzeigen, besonders jedoch, mit den Lehren der Meister des Ersten und Zweiten Strahls zu verschmelzen. Das wird Euch weiter in den Mittelpunkt des Kristallherzens drängen; dem flammenden Herzen von Serapis Bey (dem Löwen unter den Strahlen) und dann von dort aus weiterzuleiten, um den Sechsten und Siebenten Strahl der Transmutation zur Entfaltung und Verschmelzung zu bringen. Das Schlüsselelement ist die Liebe, ohne sie seid Ihr gefangen. So Sei Es und ich lege mein Siegel auf dieses Segment, damit Du mir nicht allzu müde wirst, Dharma. Sei gesegnet und wir halten Dich eng bei uns, damit du nicht fällst.

Ich verlasse Dich in Demut und Wertschätzung und umhülle Dich mit einem Mantel aus Liebe, auf daß Du Frieden auf Deiner Reise finden mögest. Du bist ermattet und Du bist aufgrund der Energieschübe mit Deinen Nerven am Ende. Halte Dich fern vom Wirrwarr der Gruppe oder von Lärm, der Deine Sinne erschreckt, denn Du gehst gerade durch größere Veränderungen und Du solltest Dich nicht zurückziehen, denn wir haben gerade erst begonnen, meine Liebe. Du brauchst keine Gesellschaft, noch mußt Du umherlaufen, um Deine Energie oder Deinen Raum zu teilen, Du mußt auch nicht krank sein, um dem zu entkommen – SAG EINFACH „NEIN". Wenn die Anderen sich dann angegriffen fühlen, ist es deren Problem, nicht Deines. Adonai, kostbare Chelas, ich freue mich sehr auf unser nächstes Treffen.

ICH BIN PAUL IN LIEBE UND EWIGEM DIENST DES EINEN LICHTES UND IM DIENST AN EUCH.

AH HO.

* * * * *

So sei es Dharma, so sei es. Hier ist Hatonn, um die Wogen zu glätten. Wir wachsen schnell. Es ist sehr viel von Dir abverlangt, an einem Tag so viel zu schreiben, aber, Du Liebe, wenn wir verweilen, können wir die Bandbreite nicht abdecken. Du mußt Dich daran gewöhnen, daß wir uns vorwärts bewegen müssen. Das Tempo wird sich schnell und beständig erhöhen und ich möchte, daß Du in der Klarheit bleibst. Bitte sorge dafür, daß Du frei bleibst. Wir können nicht nur am Wochenende arbeiten und Du wirst dich schneller eingewöhnen, wenn Du Dich von den äußeren Wirren lossagst. Ich möchte Dir nicht befehlen, das so zu machen, sondern ich „bitte" Dich, meinem Wunsch zu entsprechen. Deine Brüder sind sehr abhängig von Dir, Du Liebe, also tu Deine Arbeit. So Sei Es und Selah.

SALU, SALU, SALU — ICH BIN HATONN AUS DEM LICHT

KAPITEL 10

Aufzeichnung Nr. 1 | SERAPIS BEY

Sonntag, 9. April 1989, 7.00 h, Jahr 2, Tag 236

DER VIERTE STRAHL
SERAPIS BEY, DER ARCHITEKT

Dharma, ICH GRÜSSE DICH. ICH BIN SERAPIS BEY, der Dich ruft. Du solltest Dich bei mir geborgen und kameradschaftlich fühlen. Ich werde oft auch Commander Hatonn der Sieben Strahlen genannt! Ich stehe für Disziplin, für die Aufgabenstellung, für den Löwen – „der laut brüllt und den Stock schwingt". So wie Ihr Hatonn kennt, habt Ihr bereits bemerkt, daß diese Worte eine ziemliche Übertreibung sind. Es geht nur darum, daß ich, genau wie er, der Meinung bin, daß jeder das bekommen sollte, worum er ersucht; harte Arbeit, Wahrheit und einen ordentlichen Tritt ins Hinterteil, der Euch auf Eurem Weg vorwärts bewegt. Als ich noch Student war (Chela) und entscheiden sollte, auf welchem Strahl ich dienen wollte und meine Anstrengungen darauf bündelte, welches Amt ich im Sinne des Lebenserhalters bewahren würde, meditierte und erwog ich alles, was mich schlußendlich in das Licht der „Reinheit" führte. Dann konzentrierte ich mich auf den Meister der Geometrie, der ich war – „der kürzeste Abstand zwischen Punkt A und Punkt B ist die Geradlinigkeit", also habe ich mich für die „Geradlinigkeit" entschieden! Ich würde den „direkten" Weg nehmen. Ich gebe Euch immer Klarheit – die Quintessenz, wie Ihr das nennt. Ich werde mir Mühe geben, Euch von der „Pampe" Eurer Selbstgefälligkeiten zu befreien. Wenn dieser Zug spartanisch ist, so sei es so. Auf Eurer Ebene war ich Spartaner. Ich war Leonidas, der König von Sparta (was soviel bedeutet wie Sohn des Löwen). Gut, so sei es – man nennt mich oft den Löwen – nicht so sehr wegen des wilden Schreckens, den ich verbreite, sondern eher, weil ich oft „knurre".

Wie auch immer, ich wählte (und wähle immer noch) den direkten Weg. Reinheit spiegelt das direkte kristalline Licht wider – das unmittelbare Fragment der Vater/Mutter-Quelle. Habe ich mich damit über meine Brüder erhoben, die sich für die bunten Fragmente entschieden haben? Oh nein, ich mußte einfach reinspringen und weitermachen, wie ich vermute. Ich entschied, daß, wenn es um „den Aufstieg" geht (was sicher ist), ich den direkten Weg nehmen würde, um so schnell wie möglich dort anzukommen. Nun, selbst alte Seelen bekommen ihre Lektionen erteilt und ich habe meine mit Sicherheit bekommen, aber, so sei es – ich weiß bestimmt alles über den Strahl der Klarheit und den Aufstieg.

„DHARMA" IST NICHT GLEICH DARMA

Man steht allerdings nicht alleine da, bis man „DER EINE" ist (dieses Wort ist nicht falsch geschrieben, Dharma). Warum buchstabiere ich Deinen Namen als d h a r m a? Weil es Dein Name ist. Du bist einer der Überbringer der „Lebenswahrheit". Möchtest Du durch die Vermeidung der Wahrheit die Wahrheit vermeiden? Wie lange kannst Du Dich verstecken und so tun, als ob Du keine Ahnung hättest? So sei es. — ! Machen wir weiter —. Ihr werdet herausfinden, daß Germain's Strahl der Nützlichste von allen ist. Intensiv und verwandelnd. Es ist unmöglich, das zu erklären, denn es gibt in der Realität keine Unterschiede, sondern er [A.d.Ü.: der Strahl] hilft Euch nur, Euch auf einen vorgegebenen Dienst oder eine Verpflichtung zu konzentrieren. Was wollt Ihr vollbringen? Dann ruft das wirksamste Werkzeug herbei. Um Euer Ziel zu erreichen, müßt Ihr Euch den weißen Strahl als Mischung mit der Kraft des violetten Strahls zunutze machen. Oh ich wünschte für Eure falsch informierten Selbste, daß es mystisch und vernebelt wäre, so, wie Ihr es mögt. Aber, leider, so ist es nicht – es ist „Physik", Lichtstrahlen, Schwingungen, Töne – verankert im Gesetz der universellen Physik. Deshalb müßt Ihr lernen, die Werkzeuge zu nutzen, denn offensichtlich muß es bei allen universellen Menschen [A.d.Ü.: hu-man] der schwierige Weg sein.

Ihr müßt die „ALCHEMIE" lernen, und, meine Liebe, Ihr werdet sie lernen „von den Meistern, die sie beherrschen". „VON MIR" und „GERMAIN"! SO SEI ES.

HOLT EUCH PAPIER UND EINEN STIFT

Wir beginnen mit einem Stück Papier, auf dem Ihr etwas aufschreibt. Macht zwei Spalten. Erste Spalte: ICH, WAS IST REAL; die zweite Spalte: ICH, WAS IST NICHT REAL (UNREAL). Die erste Spalte beginnt Ihr mit dem Wort Gott, das ICH BIN DER ICH BIN; Christus, der eingeborene Sohn. Das ist das, was in Euch REAL ist. Die zweite Spalte beginnt Ihr mit: der menschliche Wille, der menschliche Intellekt, der menschliche Stolz. Danach schreibt die Tugenden des LICHTS in der ersten Spalte untereinander, die Werte des Christus und Gottes, von denen Ihr wißt, daß sie REAL sind und sie in Euch selbst zum Vorschein kommen. Als nächstes geht Ihr in die zweite Spalte und schreibt all die Fehler untereinander, diese „Sünden", die NICHT REAL sind. Dann geht Ihr zurück zur ersten Spalte und schreibt all die Eigenschaften auf, die Ihr gerne auf der realen Seite haben wollt, von denen Ihr wißt, daß sie existieren, die Ihr sehr schätzt und die anbetungswürdig für Euch sind, die Ihr aber noch nicht gemeistert habt. Die müßt Ihr auch als zu Euch gehörend, als Realität, einfügen; denn solange Ihr sie nicht erkennt, solange könnt Ihr sie nicht sein. Seht Ihr das? Auf diese Weise könnt Ihr ganz klar die Echtheit und die Falschheit Eurer Identität festlegen. Ich meine das wirklich ernst, Chelas – macht das wirklich; lest nicht nur das, was Dharma hat drucken lassen – nehmt Papier und Bleistift und findet selbst zu Euch! DAS IST DER BEGINN. Alles in der ersten Spalte muß WACHSEN, alles in der zweiten Spalte muß UMGEWANDELT werden, bevor DESSEN Energie WACHSEN KANN. SO SEI ES.

UNBEUGSAMER LÖWE

Wenn Ihr mit mir arbeitet, müßt Ihr eines wissen; ich erlaube es niemandem, einfach aufzustehen und vor einer Krise, einer Situation oder einem Individuum, das er nicht mag, davonzulaufen. Er muß aufrecht bleiben, seinem eigenen fleischlichen Denken und seiner fehlgeleiteten Energie die Stirn bieten, indem er sein Bewußtsein dahingehend diszipliniert, bis es regungslos gegenüber den menschlichen Erschaffungen durch Andere bleibt, selbst wenn er lernt, sich NICHT von seiner eigenen menschlichen Reaktion dominieren und beeinflussen zu lassen. Wenn Ihr all diese Dinge beherrscht – (MEISTER DIESER DINGE GEWORDEN SEID) – dann werden Euch die alchemistischen Geheimnisse des „LEBENSBAUMES" zuteil – wenn Ihr „wirklich" dieser Wunschwelt überdrüssig geworden seid, wenn Ihr Eure Leidenschaften und Polarisationen gezügelt habt und nur noch zulassen könnt „still zu sein und zu wissen, ICH BIN GOTT".

Wenn Ihr das perfektioniert habt, werdet Ihr Eure Aufstiegspapiere und Aufstiegstasche bekommen und wir werden es auf die Master Card in Gold anrechnen.

Durch „Stolz" werdet Ihr das niemals hinbekommen. Ihr werdet es nur mit Bescheidenheit – göttlicher Bescheidenheit – schaffen (die anders ist als die proklamierte „Bescheidenheit"). Es gibt so eine Art „falschen Stolz", der eine „falsche Bescheidenheit" manifestiert und Individuen dazu bringt, sich bescheiden zu geben, während sie in Wahrheit nur so „vor Stolz strotzen". Diese falsche Bescheidenheit zeigt sich oft auf ganz subtile Weise und ist eine Verhöhnung des Wahren —.

Ich fordere Euch also alle auf, das Banner der göttlichen Demut hochzuhalten. Wenn also die Meister und die Göttliche Präsenz des Menschen durch die Mittlerschaft Christi jemals irgendeinen Fehltritt des Menschen erkannt haben, der ihn davon abgehalten hat, das zu werden, nach dem er sich zu werden gesehnt hat, haben sie seinen „STOLZ" erkannt. Die echte Demut ist ewiglich. Es ist kein Kleidungsstück, das man einfach einen Tag oder ein Jahr lang oder für eine Prüfung überzieht. Es ist ein Unterziehkleid, mit dem Gott selbst bekleidet ist und wenn es Euch nicht umhüllt, sind Eure Hoffnungen auf die Erreichung Eures Zieles in der Tat äußerst gering.

Wenn Ihr einmal in die höheren Reiche aufgestiegen seid, lautet das Versprechen des Meisters, Ihr seid frei – Schluß – ! Aber (das ist die Pointe für Euch), und das ist die AUSNAHME im Versprechen des Meisters, das Individuum kann zur Erfüllung seines GÖTTLICHEN PLANES GEBETEN WERDEN, NOCH EINMAL IN IRGEND-EINER ZEIT („IN DER ZUKUNFT") IN DIE KÖRPERLICHKEIT ZURÜCKZUKEHREN (DU – JA ‚DU'), UM EINE VEREINBARTE SPEZIELLE MISSION ZU ERFÜLLEN. SO SEI ES – WENN DIR DIE SCHUHE PASSEN – ZIEH SIE AN UND TU ES! [A.d.Ü.: hier hat er ein Wortspiel genommen: „if the shoes fit – walk (work) in them".]

Brüder, wenn Ihr schlußendlich dahin kommt, der Präsenz gegen-überzustehen und Ihr im Spiegel des Ewigen Lebens Gott von Ange-sicht zu Angesicht seht, dann werdet Ihr sagen „SIEHE, ICH BIN nach Seinem Bilde erschaffen. ICH BIN das Bild und das Ebenbild des Heiligen Einen." Denn in diesem Feuer werdet Ihr Euch selbst sehen wie Gott ist – und nicht, WIE IHR GESTERN WART im menschlichen Bewußtsein, noch heute oder wie Ihr morgen sein werdet – sondern Ihr seht Euch in der Ewigkeit der Unbesiegbarkeit in dieser KOSMI-SCHEN EHRENVOLLEN FLAMME!

Die Menschen werden solange auf dem Karussell sitzen bleiben, bis sie all diese Dinge GELERNT haben. Es scheint ihnen, als ob sie nicht herab könnten; sie haben Angst, herunterzufallen – NEIN, BRUDER – SPRING HERAB UND HINEIN — !!!

Wenn Ihr Eure Zeit damit verbracht habt, Eure Lektionen, die Euch gegeben wurden, zu verinnerlichen, werdet Ihr in der Herr-lichkeit ankommen. Vergeudet keine Zeit damit, darüber zu grübeln, ob Dharma „den Verstand verloren hat" oder nicht, damit sie nicht ihre Sinne zusammennimmt, nach Hause geht und damit dieses Spiel beendet. Macht Euch besser Gedanken zu den in dieser Aufzeichnung enthaltenen Lektionen und nicht über ihre Quelle – ah ja, wir sind REAL, und wir kommen, um Euch beizustehen und alles mit Euch zu teilen, wenn Ihr Euch aber abwendet, gehen auch wir – aufgrund Eures Geschenkes – Eures eigenen freien Willens.

SO SEI ES, MEINE KLEINE, WIR HABEN HEUTE GUTE ARBEIT GELEISTET. MEIN SCHWINGUNGSSTRAHL WIRD DICH JEDOCH NICHT SO VERWIRRT ZURÜCKLASSEN WIE DER STRAHL DEINES BRUDERS HATONN/ATON. ICH STEHE DEMÜTIG IN SEINEM UND DEM DIENST DES GROSSEN, WUNDERSAM GEHEILIGTEN EWIGKEITSZYKLUS, DER MEISTER DIESER DEMÜTIGEN SCHÜLERIN.

ICH LEGE MEIN SIEGEL AUF DIESE WORTE; ICH NEHME DICH UNTER MEINEN SCHUTZ. ICH GEBE DIR WEITERE KLARHEIT UND WAHRNEHMUNG, DAMIT WIR BEI DER UNS ZUGETEILTEN AUFGABE SCHNELL VORANKOMMEN.

ICH VERABSCHIEDE MICH IN VOLLER LIEBE UND WAHRHEIT; IN AUSGEGLICHENHEIT UND HARMONIE.

ICH BIN DER ICH BIN, ICH BIN SERAPIS BEY

* * * * *

Hatonn hier, Darma, im Licht. Ich komme nur kurz, um die Energien ein wenig auszugleichen. Unser Bruder Serapis Bey hinterläßt, genau wie Germain, immer einen Wirbelwind. Nimm Dir Deine Teile heraus, während er bereits zurückgekehrt ist, dorthin wo immer er auch hin will. In dieser Mächtigen Gegenwart gibt es Kraft, auf die man sich stützen kann. Er spielt keine Spielchen mit Dir, wenn Du Deine Fragen ernsthaft stellst, sondern er wird eher sehr direkt antworten, daß Du „Dich zusammennehmen und es stemmen sollst —." Stelle sie nicht so hoch über Dich – es sind Deine weisen Lehrer – die Meister bei der Arbeit, nimm Dir Deine Belohnung einzig aus ihrer besonderen Aufmerksamkeit und Liebe.

Die Wahrheit kennt keine Grenzen, denn die WAHRHEIT ist. Es wird Dir nicht erlaubt sein, Dich vor ihr zu verstecken, denn wenn die Wahrheit einmal bekannt ist, kann man nie mehr zurück in die Unwissenheit.

Es geht Dir gut. Ich möchte vor heute Abend noch einmal vorbeikommen, bitte. Geh eine Weile von hier weg, damit sich Dein

Energiefeld ausgleichen kann. Nimm Dein Salbeikörbchen, etwas zu essen – was immer Du willst, und laß uns uns später noch einmal treffen. Wir müssen durch diese Einführungen durch, damit wir „zur Sache kommen können"!

Ich verabschiede mich in Liebe und Fürsorge, Chela.

SALU, SALU, SALU HATONN

KAPITEL 11

Aufzeichnung Nr. 3 | HILARION

Sonntag, 9. April 1989, 13.45 h, Jahr 2, Tag 236

DER FÜNFTE STRAHL
HILARION, DER HEILER

Dharma, ich danke Dir, daß Du meine Präsenz willkommen heißt. ICH BIN HILARION VOM FÜNFTEN STRAHL, DEM STRAHL DER HEILUNG, DEM SMARAGDFARBENEN STRAHL. Ich komme, wenn Du so willst, als der „Obermeister" der grünen Flamme des Fünften Strahls. Ich begrüße Dich in Liebe.

Unser Zusammentreffen heute dient einem zweifachen Zweck. Ich möchte meinem hochgeliebten „John" eine persönliche Berührung bringen, denn er ist in Wirklichkeit ein direktes und gelenktes Fragment von mir. Ich meine jenen, der seinen größten Ruhm in der Zeit seines Seins als Paul – als Saul von Tarsos erreicht hat. John hat seine Erfahrungen mit mir gemeinsam gemacht, zur gleichen Zeit und am gleichen Ort, und er wurde für diese Aufgabe schon lange Zeit vorher ausgewählt, bevor ich vom Mutterleib in einen Körper schlüpfte. Einige von uns müssen ihre Wahrheit mit „einem Brett vor dem Kopf" finden, John, aber wenn wir sie einmal gefunden haben, kann niemand mehr vor uns bestehen. So sei es. Da nun die Zeit der Zusammenführung angebrochen ist, werden wir uns alle selbst treffen. WIR haben Alle in vielen Zeitspannen unsere Erfahrungen gesammelt; an vielen Orten – aber, da gibt es immer noch den „Einen", dessen Einfluß all unsere Existenzen über allem anderen prägt. Ich bin als Sankt Hilarion aufgestiegen und trage deshalb auch diesen Namen. Es ist meine Arbeit mit meinem Meisterlehrer Esu (dem perfekten Kreis des Christusbewußtseins, ohne Anfang und ohne Ende), der meine Seele bis in alle Ewigkeit berührt hat.

Wir denken oft darüber nach, wieso und warum wir diesen Weg immer wieder gehen. Was könnte der Zweck dessen sein? Ist es eine karmische Schuld – nein, in diesem Fall sind die Schulden bezahlt – aber die Freude darüber, daß wir das, was wir ausgelöst haben, auch wieder rückgängig machen können, ist das Herrliche an dieser Verpflichtung. Es ist eine Frage der Polarisierung. Wenn die Menschen auf die Position des Antichristen gepolt sind, seien sie nun in der Wahrhaftigkeit Gottes und des Christos, der ALLES und in ALLEM ist, oder in der Verleugnung dessen und Ihm, so wird er sie dennoch durch Seinen Heiligen Geist aus der „Leblosigkeit" ihrer eigenen Welten und bloßen Worte in das Alpha und Omega des lebendigen Wortes führen. Und dennoch kommen mir die Tränen, wenn ich mir die Erinnerung an die Erfahrungen zurückrufe, die ich in der Zeit als Saul gemacht habe. So sei es, denn sehet, selbst Lebenszeiten verstreichen – und Eure Prägung wird es immer sein, sie wegzulegen und weiter in die Herrlichkeit des Schöpfers/der Schöpfung zu wachsen. Wir erhalten uns die Erinnerungen daran wegen der Erfahrungen, die wir mit der Wahrheit machten und die Lehrstunden, die wir bekamen, damit wir sie nicht vergessen und unsere Irrtümer niemals wiederholen.

Wir sollten jedoch auch wissen, daß alles einen Sinn und Zweck hat. Das ist unumstößlich; die Anwesenheit des Heiligen Geistes mit der Kraft der Wandlung, die mit Verfolgung Hand in Hand geht, ist der beste Beweis unseres Einsseins mit dem Christos – „der Diener ist nicht bedeutender als sein Herr: wenn sie mich verfolgt haben, werden sie auch Euch verfolgen." Und jetzt kommt unser bedeutendster Beitrag; das Königreich auf einen FELSEN zu bauen, auf daß niemand es mehr niederreißen kann.

Wir haben eine andere überwältigende Aufgabe; die Wunden und die lähmenden Umstände, von denen dieser Heilige Ort heimgesucht wurde. Es ist eine Ehre, Hand in Hand mit unseren geliebten Meistern und unseren hochverehrten Engelsenergien in Gemeinschaft und Harmonie mit dem Christos selbst zusammenzuarbeiten, sei es auf der männlichen, weiblichen oder sächlichen Seinsebene.

BEGRIFFLICHKEITEN

Begriffe (Wörter) stehen uns im Weg, also möchte ich einige für Euch definieren. Guru bedeutet Göttlicher Mensch, Zerstörer der Dunkelheit – die Inkarnation des Wortes (Avatar), der Lehrer und Impulsgeber par excellence. Auf der Skala der Eingeweihten gibt es kein höheres Amt, das von einem Menschen in Fleisch und Blut bekleidet werden kann (obgleich der Grad der Verwirklichung durch den Amtsinhaber ganz unterschiedlich sein kann, abhängig von seiner Herzensentwicklung und Standhaftigkeit auf seinem Weg). Der östliche Ausdruck für das Amt, das Paul innehat, ist „Chela" – oder Diener des Göttlichen Menschen, Verehrer des Christuslichtes in dem Gesandten Einen, dem lebendigen Meister, der die Insignien von „Guru" oder Lehrer trägt.

Nun betrachten wir einmal das Wort „Christianity"* [A.d.Ü.: Christenheit]. Nein, so nicht, liebe Chelas – so ist es inkorrekt. Es bedeutet CHRIST-I-AM-ity: der Weg der Gottessöhne, die die Macht des Geheiligten Namens I AM nutzen, um ihre Göttliche Identität auf der Erde wie im Himmel zu nutzen. So steht es in der Akasha-Chronik. So war es auch für Christus damals wie heute geboten, den Seinen die Geheimnisse der Menschwerdung des Wortes zu lehren.

*[A.d.Ü.: Christianity: hier benutzt er eine Erklärung, die so im Deutschen nicht wiedergegeben werden kann. Es geht darum, daß das mächtige „ICH BIN" (I AM) bereits im Wort Christianity/ „ChristIAMity" enthalten ist].

Erkennt Ihr das? Nur als Gefäß des Christos, dem ich als Herrn (Guru, Lehrer) mein gesamtes Wesen angeboten und unterstellt habe, wurde ich zu jenem Christus, jenem Herrn und jenem Guru. Und, so gesehen, sind „Ich und mein Lehrer EINS", und die Antwort kommt postwendend zurück über den Achterfluß der EINHEIT – „ICH UND MEIN ‚SCHÜLER' SIND EINS." ALSO – SIND „WIR" EINS IN ALLE EWIGKEIT.

Das bedeutet, daß ich und meine Schüler die Christusflamme verkörpern, den Christus-Standard und das Christusbewußtsein des fünften Aspektes der Lichtausstrahlung Gottes und daß wir befähigt sind, diese Errungenschaft an unsere Schüler weiterzugeben, Linie für Linie und Zyklus auf Zyklus!

WER HAT WEN „AUSERWÄHLT"?

Erinnert Euch jedoch an die Worte des Meisters Esu Jesus des Geheiligten Kreises: „Bis Ihr Euch selbst vorbereitet habt, habe Ich Euch auserwählt. Wenn Ihr Eure Lehrzeit absolviert habt, erwählt Ihr Mich und ich werde Euren Ruf annehmen." Ihr werdet heilen und böse Geister austreiben; aber zuerst werdet Ihr Eure Lektionen lernen – denn ohne die Gegenwart des Heiligen Geistes ist es nichts für Euch. Ihr müßt, wenn Ihr so wollt, die Zusammenarbeit mit dem Geist suchen, den Ihr austreiben wollt. Seid vorsichtig, damit er Euch nicht das Haus um die Ohren schlägt. Ihr müßt eins werden mit der Kraft des Heiligen Geistes, oder der „böse Geist" spuckt Euch ins Gesicht – oder „bläst" Euch sogar das Gesicht weg. Es ist der lichte Geist der Wahrheit, vor dem die Dunkelheit zurückweicht. Wenn Ihr unachtsam seid, werdet Ihr zum Werkzeug des Bösen selbst und es wird Euch niederstrecken. Eure Welt ist bis zum Überlaufen angefüllt mit falschen Propheten und selbsternannten üblen Exorzisten. Seid nicht töricht in Eurem Ego, denn es muß in den Werken des Herrn wundersam sein, andernfalls werdet Ihr haufenweise völlig zerschlagen und zerschrammt fallen, gekrönt von einem Tusch, weil Ihr zu spät weise geworden seid.

HEILUNG KANN NUR DURCH DEN GEIST ERFOLGEN

Die Heilung kommt ebenso aus der Wahrheit im Heiligen Namen. Sie muß auch von innen, vom Göttlichen Selbst des Betroffenen, kommen. Sie muß aus dem „Geist" kommen. Sie kann „nur" aus dem Geist kommen, also ist es besser, wenn Ihr zukünftigen Heiler lernt, mit dem Teil Eures Bewußtseins in Verbindung zu treten und mit dem Teil Eures Bewußtseins zusammenzuarbeiten, der buchstäblich das „kontrolliert", was jenseits Eures Bewußtseins liegt. Auf Eurer Ebene gibt es Lehrstunden, die von sehr gelehrten Meistern dieser Kunst gegeben werden können. Sie werden nicht von Euch genommen, sondern befinden sich in Eurer Gruppe. So sei es. Wir werden über diese Themen noch öfter sprechen, denn Heilung wird ein wesentlicher Bestandteil unseres Erfolges sein. Was hätten wir angerichtet, wenn wir einen Ort geschaffen hätten, der von gelähmten Energien bewohnt wäre? Das hat überhaupt nichts mit „Körpern" zu tun. Ein „Körper" kann behindert sein – und ein verkrüppelter Körper ist wirklich etwas sehr Trauriges. Krankheit und Verkrüppelungen sind Urteile, die von Eurem inneren „Richter" gefällt wurden. In Eurem Bewußtsein könnt Ihr dem nicht entgegenwirken, weil Ihr „der perfekte Gefangene" seid, der sich seinem Urteil gegenüber wohl verhält. Um frei zu sein, müßt Ihr Euch selbst befreien. Widersetzt Euch dem Urteil vehementer – sagt Euch, daß Ihr dem „Aufseher" jetzt lange genug „gedient" habt und entfernt Eure fesselnden Ketten. Ich kann Euch sagen „wie", aber die Tür, um herauszukommen, müßt Ihr selbst öffnen.

Ihr seid meine Vielgeliebten, Ihr und viele Andere wie Ihr, die das prachtvolle Banner hinter den Toren weitertragen und die Stadt des Lichtes aufbauen. Wir aus den Reichen der Herrlichkeit werden jeden Schritt des Weges mit Euch gehen – wir werden Euch tragen, wenn Ihr stolpert und Euch wieder auf die Füße helfen, wenn Ihr fallt. So sei es, denn „die Geschichte" ist geschrieben; das „Spiel" ist zu Ende – wir müssen nur noch unsere Rollen zu Ende spielen – die Alternative zu dieser Verantwortung ist Verwüstung in diesem prächtigen Garten. Laßt uns unsere Verantwortung mit Würde tragen, damit wir aufrecht im Spiegel vor unseren Gott treten und sagen können, wir haben unsere Aufgabe gut gemacht und unsere Leistung ist erfreulich.

Danke Dir Dharma, für Deine Bereitschaft. Dein Körper ist müde und Dein Bewußtsein verwirrt, geh zu Deinem Ruheplatz und erhole Dich ein wenig mit Aton. Das Omega ist das Alpha wert. So sei es, und ich lege mein Siegel auf diese meine Worte. Im Dienst meines Höchstgeliebten, bin ich Euer demütiger Diener.

ICH BIN DER ICH BIN – HILARION

* * * * *

Hatonn hier, Dharma. Du hast gut gearbeitet heute. Geh jetzt und laß die Energien sich an den richtigen Platz rücken. Wir können den Sechsten und den Siebten Strahl zu einem anderen Zeitpunkt machen. Für Germain werden wir eine lange Sitzung benötigen, ich warne Dich, denn er wird auf der Reise [A.d.Ü.: durch dieses Journal] Dein ständiger Begleiter sein.

SALU, SALU, SALU, ICH BIN HATONN

KAPITEL 12

Aufzeichnung Nr. 1 | NADA

Montag, 10. April 1989, 7.30 h, Jahr 2, Tag 237

DER SECHSTE STRAHL LADY NADA

Guten Morgen Dharma. ICH BIN NADA und komme, damit wir uns kennenlernen. Zuerst laß MICH DIR sagen, was Dein Gefühl bedeutet. Du hast das bewußte „Denken" Deines Gehirns abgelegt, damit der Energiefluß klar wird, aber Du magst die Reaktion nicht, die Du mir gegenüber fühlst. Laß das los, denn ich werde Euch allen Lehrstunden hierüber geben, die Ihr niemals vergessen sollt.

PROBLEME MIT DEN GESCHLECHTERN UND DER VERANTWORTUNG

Wir werden über die persönliche Doris/Dharma sprechen müssen und was Du warst und bist. Du kämpfst in Deiner weiblichen Form mit einer harten, strengen Welt. Ihr habt eine Zeit erreicht, in der die männliche „Form" viel von den weiblichen Zügen der „Schwäche" übernommen hat. Viele der weiblichen „Formen" sind zu bedrängenden, maskulinen „Machthabern" geworden. Verwirrung schichtet sich auf Verwirrung. „Sex" wird für falsche Zwecke benutzt (ja, ich sagte BENUTZT) – nämlich nur fürs Vergnügen; und kaum dafür, ein gewünschtes, geliebtes Kind als weiteren Teil einer Familie zu zeugen.

Wir sehen die Argumente für und gegen Abtreibung, zum Beispiel. „Dafür" oder „dagegen" – und was ist mit der menschlichen Form – dem Leben im Innern? In welchem Alter kann man rechtmäßig jemanden anderen umbringen? Warum kann eine Mutter nicht ein zehnjähriges Kind nehmen und, weil sie es nicht mehr haben will, oder weil es behindert ist, es einfach nehmen und ihm die Kehle durchschneiden und es in ein Grab werfen – oder einen 30 Jahre alten Sohn – wo ist der Unterschied? DAS MENSCHLICHE LEBEN BEGINNT MIT DER ZEUGUNG – MANCHMAL SOGAR SCHON FRÜHER !!! Vielleicht sollte eine Frau auch das Recht haben, ihren Ehemann zu erschießen, weil er senil wird (davon ausgehend, daß das eine Krankheit ist) und obwohl er erst 75 Jahre alt ist! So sei es, Dharma, die Wahrheit all dessen liegt in der gedanklichen Sortierung. Geliebtes Kind, die Wahrheit liegt in der gedanklichen Sortierung.

Sie erheben die Forderung, „zurück in die Unterwelt für Abtreibungen – zurück zur Gefährdung des Lebens der Mutter (der Frau)!" KEINER STEHT AUF UND SPRICHT VON VERANTWORTUNG! KEINER STEHT AUF UND SAGT „SEI VOR DER TAT VERANTWORTLICH FÜR DEIN HANDELN". WARUM LASST IHR EUCH AUF UNSTATTHAFTES SEXUELLES VERGNÜGEN EIN UND WOLLT DANN DIE VERANTWORTUNG FÜR EUER HANDELN NICHT ÜBERNEHMEN? HIER LIEGT DAS PROBLEM. KEINER AN EUREM ORT WILL DIE VERANTWORTUNG FÜR SEIN HANDELN ÜBERNEHMEN!

Dann wird dies als „die RECHTE der Frauen" propagiert. Auch Du hast zu Anfang, als Du Dein Baby ein Jahr lang hattest, das Gefühl, eine Frau sollte einige Rechte haben. Die Kirche predigt, daß Du als Frau Dich Deinem Mann zu unterwerfen hättest – den RECHTEN des Mannes! KEIN MANN UND KEINE FRAU HAT DAS RECHT, JEMAND ANDEREN ZU IRGENDEINEM ZWECK ZU BENUTZEN! DER SEXUELLE „AKT" ALS EINER DER HEILIGSTEN AUFGABEN, UM DIE MENSCHHEIT ZU FÖRDERN, IST ALS MISSBRAUCH EINE DER ABSCHEULICHSTEN VERHALTENSWEISEN, DIE IHR AN DEN TAG LEGEN KÖNNT.

Aber dann sagt Ihr: „In der Bibel steht, Jesus habe der Hure vergeben" – ah ja, das tat er – der betreffende Mann wurde ihm nicht vorgestellt – die Männer hatten die meisten Steine, die sie auf sie werfen wollten – ah ja, weil die Bibel von Männern geschrieben wurde, die der

Meinung waren, es sei RECHTMÄSSIG UND STEHE DEM MANN ZU, daß sie auf seine BEDÜRFNISSE eingehe! Laß es genug sein, Kind, wenn ich sage – WENN DU EINE NOTWENDIGKEIT HAST, KOPFSCHMERZEN ZUM BEISPIEL – NIMMST DU EIN ASPIRIN. WENN DU ETWAS AUS DEINEM AUGE ENTFERNEN MUSST – DANN WÄSCHST DU ES AUS; ODER WÜRDEST DU STATTDESSEN IN DEIN BETT SPRINGEN, UM „SEX" ZU HABEN?

DENKT SORGFÄLTIG ÜBER DIESE DINGE NACH, DENN ES IST DER AM MEISTEN MISSBRAUCHTE ALLER WEGE – UND DAS WICHTIGSTE SPIELZEUG, UM EUCH VON DER DUNKELSEITE EURES WESENS AUS ZU VERFÜHREN – DENKT ACHTSAM ÜBER MEINE WORTE NACH.

Jetzt zurück zu Dir, Dharma. Du hast nur sehr selten Erfahrung mit Deiner weiblichen Energie machen können. Du bist durch das, was Du siehst, in Deinem eigenen Raum zerrissen. Es gab Lektionen, für die Du Dich freiwillig in einer neuen Inkarnation gemeldet hast, um darüber hinauszuwachsen und den weiblichen ASPEKT in Eurem Menschsein dabei zu unterstützen, wieder in Ausgleich zu kommen. Bisher stößt Euch alles, was Ihr um der Harmonie willen tut, tiefer in die Abgründe der Erniedrigung. So sei es; denn Eure Lektion ist, „trotzdem" weiterzugehen. In den meisten Deiner vergangenen Erfahrungen – als Echnaton, als Du Dich bemühtest, Ausgleich und Wahrheit durch die Eine Quelle – das Eine Licht, Aton, zu bringen. Als Sokrates hast Du versucht, Harmonie und Wahrheit zu lehren und selbst Deine wertvollsten Schüler, zum Beispiel Platon, haben Deine Erkenntnisse zum größten Teil immer und immer wieder mißbraucht – Du wirst in Deine Wahrheit wachsen und Dich erinnern, Kind, und Du magst mich deshalb nicht, weil ich DICH repräsentiere! NEIN, SCHREIB ES NIEDER, MEINE LIEBE — WAS REPRÄSENTIERE ICH? SAG ES! Oh, ich repräsentiere Deinen weichen, weiblichen Aspekt, den Männer seit der Zeit des Gartens Eden versucht haben, zu zerstören? Und jetzt hat Dich selbst MEISTER LADY NADA im Stich gelassen – ich komme im Dienst und zu Ehren des Siebenten Strahls, von Meister

Germain. NEIN! NEIN! NEIN! – ICH KOMME, UM MIT MEISTER GERMAIN ZUSAMMEN MEINEN DIENST ZU VERSEHEN. ZUSAMMEN MIT, ZUSAMMEN MIT, ZUSAMMEN MIT! ICH STEHE IM DIENST DER VATER/MUTTERQUELLE UND IN „DEINEM DIENST"!

KENNE DICH SELBST

Laß das Deine Lehrstunde für heute sein: KENNE DICH SELBST. ZUALLERERST, KENNE DICH SELBST! OB DU NUN MÄNNLICH ODER WEIBLICH BIST, KOMME BEI DIR SELBST IN DIE MITTE. SCHAUE DEINEN UNMUT AN – HOLE IHN AUS DER VERSENKUNG, UM IHN ZU KOMMUNIZIEREN (ZU KOMMUNIZIEREN) – UND UM DAS MIT DENEN ZU BESPRECHEN, DIE DIESEN UNMUT BEI DIR AUSLÖSEN, DANN GIB ES AB AN DEN KOSMOS, damit Du in innerer Harmonie weiterschreiten und Dein Werk vollenden kannst.

Ich komme auf dem erwählten Sechsten Strahl der Lichtbrechung. Mein Aspekt ist der Angenehmste innerhalb des Dritten Strahls, die rosafarbene liebende Wärme des Dritten Strahls der Göttlichen Liebe. Ich diene in dem Bereich, wo ich am meisten gebraucht werde, ich und meine Chelas. Die meisten Worte über mich und meine Brüder wurden von der Vorstellung des Empfängers geprägt, wie wir „HÄTTEN SEIN SOLLEN". IHR VERGESST ALLE DEN WICHTIGSTEN PUNKT: WIR HIER SPRECHEN VON „ASPEKTEN" – IN DEN HÖHEREN EBENEN, MEIN KIND, GIBT ES WEDER MANN NOCH FRAU – DIE GÖTTLICHE QUELLE IST WEDER MANN NOCH FRAU, GOTT IST. Nur in Eurer menschlichen Gebrechlichkeit seid Ihr Mann oder Frau, wobei Ihr den Aspekt versteckt, der Euch nicht gefällt. IHR SEID MANN UND FRAU – AUSNAHMSLOS ALLE VON EUCH. WOBEI HOFFENTLICH BEIDE IN PERFEKTER HARMONIE MITEINANDER SIND, DAMIT IHR IN EUREM „GEWÄHLTEN" ERFAHRUNGSSPEKTRUM FUNKTIONIEREN KÖNNT. SO SEI ES. DIES, UM MICH BEKANNT ZU MACHEN

UND ICH HABE EINE HÖCHST WIDERSPRÜCHLICHE BOTSCHAFT GEBRACHT. DIES, DAMIT DU MICH SEHR GUT KENNST, DHARMA, UND WIR HABEN IN FRÜHEREN ZEITEN IMMER UND IMMER WIEDER DARÜBER GESPROCHEN. WIR SIND LEIDENSCHAFTLICHE BRÜDER IM DIENST; SEI IN FRIEDEN. FREUNDSCHAFT UND BRÜDERLICHKEIT KENNEN KEINE GRENZEN. KEINE ENGSTIRNIGKEIT, UND IHR SEID IN DIE FALLGRUBEN DES FANATISMUS GEFALLEN. LASS ES LOS, BEMERKE ES UND GEH WEITER, WIE MIT ALL DER ANDEREN DÜSTERNIS AUCH. WISSET – INNERHALB DES LICHTES WIRD ALLES IN AUSGLEICH KOMMEN!

Fahren wir fort mit meiner Vorstellung. In der Zeit von Atlantis war ich mit Dir als einem meiner Brüder sehr aktiv. Es war eine wundervolle Zeit, wie in Lemuria auch, man sah die Menschen wachsen und erblühen bis zum Höhepunkt, und dann wandten sie sich in ihrem Inneren der Dunkelseite zu. Ich habe, sagen wir, die Flamme der Liebe genährt, die damals im sogenannten Tempel der Liebe brannte, in der größten Stadt in Atlantis. Ich diente dem Dritten Strahl, denn meine Aufgabe war es, den Kurs der Erdheilung in seiner Entwicklung zu halten, von dem Euer Jesus sagte, es sei die Erfüllung des „Gesetzes des Karma". So sei es. Das habe ich zu jener Zeit gemacht. BRAUCHT DIE ERDE JETZT IN IHRER DICHTEN FORM NICHT NOCH MEHR HEILUNG UND ZUWENDUNG?

Ihr strebt jetzt, wollen wir es so nennen, nach selbstlosem Dienst. Dieser Zustand muß erreicht werden, oder Ihr könnt Eure Mission nicht erfüllen. Zu wissen, wann Ihr selbstlos geworden seid bedeutet, sich der Wahl der Selbstlosigkeit nicht bewußt zu sein. Damit möchte ich sagen, daß der natürliche Lauf Eures Lebens immer bedeutet, der Liebe zu Gott den Vorzug zu geben, dem Dienst an diesem inkarnierten Gott. Sich seiner selbst, seiner Freuden, Privilegien, Vorlieben bewußt zu sein und dann DIE ENTSCHEIDUNG ZU TREFFEN, AUF DIESES SELBST ZU VERZICHTEN, IST EIN SCHRITT AUF DEM WEG DER SELBSTLOSIGKEIT, der in der Tat gegangen werden muß.

SELBST VERGLICHEN MIT SELBSTLOSIGKEIT

Wenn Ihr einmal dieses Zentrum des Ausgleichs erreicht habt, ist es Euch nicht mehr bewußt, ob Ihr zwischen dem Selbst, dem wahren Selbst oder dem beiseite gelegten – NICHT-SELBST entscheidet. Es scheint ein Widerspruch zu sein: „Liebe Dich selbst, ehre Dich selbst wie Gott, liebe Deine Nachbarn wie Dich selbst, selbst, selbst und dann wieder ‚lege Dein Selbst auf die Seite'." Nein, denn unsere Mission macht es erforderlich, daß das Selbst „automatisch" als Hände, Herz und Kopf des unsichtbaren Lehrers funktioniert, wann immer sie gebraucht werden und wann immer es notwendig ist – für Gott einspringen und deshalb jeden Aspekt des Geheiligten Kreises des Christos lebend, in dem es gerade fehlt, um für diesen Garten die höchste Meisterschaft des Übergangs zu seiner höchsten Perfektion zu gewährleisten. Ihr kamt, sahet und Ihr werdet siegen.

Es wird gesagt, ich trage und bringe unterschiedliche Talente verschiedener Art mit, die mit „Sprache", Tonlagen und deren Interpretation zu tun haben. Es gibt zuviel Einheitsbrei in der Terminologie. Ich beherrsche die Nuancen der Schwingungen in den fünf Strahlen bis zur Meisterschaft und dazu die unendlichen Kombinationen des WORTES, wie es in den unterschiedlichen Strömungen der universellen Menschen veröffentlicht wurde. Bezüglich der Terminologie ist es nicht so beeindruckend, aber es ist akkurat. Was die Sprache des universellen Menschen, die göttliche, aber auch die engelsgleichen Sprachen angeht, so beinhalten diese die Talente der Meisterschaft in Sprache, Kommunikation und die Übergabe des WORTES. Wenn auch nur einer der genannten Aspekte fehlt, wird alles scheitern.

Der Mittelpunkt jeder Bemühung muß ein starker Wille sein. Wenn er mit dem inneren Alpha und Omega des Individuums oder mit Anderen ausbalanciert ist, wird die Ausdehnung so riesig sein wie das „Feuer" in seinem Zentrum. Wir müssen dann der zentralen „Flamme" zugestehen, alle Bestandteile des Zieles offenzulegen, denn die eigentliche Alchemie hängt von dieser Rezeptur ab. Wenn die Rezeptur den Bestandteil, das Leben zu segnen, es zu heilen und das Wachstum in Weisheit nicht enthält, wird sie sich selbst begrenzen.

Deshalb beachtet im Geschäftsleben, im Dienst und bei jeder anderen Aktivität: wie weit wird das Licht gehen? Inwieweit ist der Aufwand ausreichend, der getrieben wird? Wird die gesamte Erde damit gesegnet werden, weil ich in dieser Zeit gelebt und mich nach dem Höchsten ausgerichtet habe – weil ich diesen Weg gegangen bin? Oder werden nur diejenigen in meinem direkten Umfeld zeitweise Wohlbefinden erfahren?

ERKENNE DICH SELBST

Es ist so wahr, meine Lieben, daß die Meisterschaft als Qualität an sich viele Dimensionen hat. Weisheit und Intelligenz des Bewußtseins als Dirigent und Führung eines Bestrebens, das die Ziele und Mittel festlegt, damit sie erreicht werden können, sind grundsätzlich als wichtigster Bestandteil zu betrachten. Zusammen mit Liebe und Kraft, Intelligenz und der Planung (das Verständnis aller einzelnen Schritte eines Projektes oder einer Formgestaltung) bedeutet, daß Ihr eine grenzenlose Formel entdeckt habt, die sich vervielfachen und weiter vervielfachen wird, noch lange, nachdem Ihr auf der Erde gewandelt seid oder die aufsteigen und auch wieder fallen wird – Ihr werdet Eure „alten" Selbste zukünftig immer wieder auf Eurem Pfad begrüßen können – erwartet das und gebt diesem Geschenk Eure Wertschätzung.

Auf diese Weise kann weder die Seele noch das Ziel höher steigen als seine eigene Matrix. Anstatt viele kleine Dinge nachzuverfolgen, konzentriert Euch besser auf das, was den Stern Eurer ICH-BIN-PRÄSENZ erreichen wird. Laßt Euer Christus-Selbst die mathematische Formel berechnen: wieviel Arbeit und Planung, wieviel Engagement wird es benötigen, um meine Seelenrakete aufsteigen zu lassen und sie zu den Frequenzen der Schwingung der ICH-BIN-PRÄSENZ zu befördern?

Der Wert jedes Einzelnen mit dem Potential, Gott in der Manifestation zu sein, ist nicht berechenbar. Seine Verletzung auf jeder Ebene ist mit Gefahren mit weitreichenden Konsequenzen verbunden, wie Esu Jesus, der Christuskreis, jeden Angreifer warnt, der nur einem Seiner Kleinen etwas antut. Deshalb fördert sanft die Kinder dieser Welt, Einzelwesen nach Einzelwesen, und oft als Antwort auf ihre Gebete oder Schreie der Verzweiflung in ihrer Verlassenheit. Ich habe ganze Legionen von Engeln, die sich persönlich um die Kleinen und die Jugend kümmern – aber sie müssen gerufen werden. Wenn das Kind sie noch nicht rufen kann – dann müßt Ihr sie anstelle der winzigen Wesen darum bitten. Es ist Eure vereinbarte Pflicht, das zu tun.

Ich möchte auch kurz über die „Zwillingsflammen" sprechen. Höchst wichtig. Ein Begriff, der dadurch beschmutzt wurde, daß eine Art Statusdenken damit verknüpft wurde. Nein, es bedeutet nur, daß zwei in Harmonie handeln, um die Kraft und den möglichen Nutzen zu verstärken. Wann immer ein Einsatz zu Zweit notwendig ist, ist der Eine der Träger der Alphaflamme und der Andere der Träger der Omegaflamme, sodaß sie einen Lichtkreis bilden können, der nicht durchbrochen werden kann, genau wie eine unbezwingbare Festung.

Dann müßt Ihr Euch darüber im Klaren sein, daß die Verleihung von Gelegenheiten und Einweihungen für Zwillingsflammen durch die Karma-Lehrer zu dem Zweck erfolgt, daß die Zwillingsflammen gemeinsam den Pfad der Einzigartigkeit des roten Christus-Strahls betreten können – und auf dieser „Roten" Straße reisen, Brüder. Und außerdem könnt Ihr den Schöpferstrahl, Sanat Kumara aus der Linie der Geheiligten Kumaras, anrufen und um Hilfe für ein Ende neben dem Träger Eurer Bruderflamme bitten.

Seit dem Untergang von Lemuria und später Atlantis, wurden von der Großen Weißen Bruderschaft ganze Zirkel von Meistern, Älteste der Stammesmeister, Schüler usw. gefördert, um in den Entwicklungen der Erde das Gleichgewicht des Lichts zu halten. Mir wurde die Ehre zuteil, unter denen sein zu dürfen, die die Flamme für die Erde während des Zeitalters der großen Dunkelheit hielten, die das Land bedeckte. Wir, die wir mit Sanat Kumara (Schöpferquelle – Tonkashila

– Großvater) auf die Erde kamen, haben die Flamme getragen und sie auch auf andere Gebiete ausgedehnt.

Wir Lichtträger (Flamme) haben uns für unseren Dienst immer wiederverkörpert. Wir erhalten entweder in körperlicher Ausgestaltung oder vom aufgestiegenen Zustand aus durch unsere Lehrer/Schüler-Beziehungen das Gleichgewicht von Alpha und Omega im geistigen/manifesten Kosmos aufrecht.

Laßt uns nun diese einzelnen Bereiche des Gesamtlichtes nutzen, um auf diesen einmal vollkommenen Ort des Schöpfers/der Schöpfung wieder völliges Gleichgewicht und Harmonie zu bringen. Die Vollkommenheit des Übergangs zum Höheren Sein ist nicht mehr, aber auch nicht weniger. Es steht geschrieben, daß es so sein wird – es wurde gesagt, daß es so sein wird – SO SOLL ES SEIN UND WIR WERDEN DAFÜR SORGEN! SO SEI ES UND SELAH, GESEGNETE KINDER UNSERER ART.

Laß mich jetzt ziehen, denn ich habe Dich dazu gebracht, viel mehr zu schreiben, als ich ursprünglich wollte. Allerdings sollt Ihr der Dinge gewahr sein, die Eure Sinne berühren – wenn sie Euch berühren. Das sind keine „Einzelstunden" mehr, sie sind für Alle, denn Alle sind Eins.

Ich lasse Euch zurück in Liebe und genährt von der ewigen Flamme des Sechsten Strahls des Verstehens, daß alles in allem ist. Ich bin so sehr gesegnet, daß ich Euch auf dieser Reise dienen darf. Ich lege mein Siegel auf diese Worte, damit sie in Wahrheit weitergegeben werden und immer Wahrheit bleiben. Ich erweise Euch meine Ehrbezeugung für die Annahme Eurer Last in dieser dunklen Dichte der Existenz – wir sind immer an Eurer Seite.

ICH BIN DIE ICH BIN; MEISTERIN LADY NADA VOM STRAHL DER SECHSTEN LICHTBRECHUNG DER ZENTRALEN KRISTALLINEN QUELLE ALLEN LICHTES; SO SEI ES UND AMEN.

* * * * *

Hatonn hier, Dharma. Laß uns ein wenig ausruhen. Das hast Du gut gemacht und als Dein Lehrer bin ich darüber erfreut. Bleib mir treu und Du wirst empfangen, wie Dir gesagt wurde. So sei es; denn es gibt keinen anderen Weg. Unser Kreis der mit uns Arbeitenden schrumpft täglich mehr, aber Ihr von uns werdet ehrenvoll und redlich durchhalten, denn Ihr habt Eure Lektionen gut gelernt, Chelas. Ich fühle mich geehrt und entbiete Euch meine Wertschätzung, denn Ihr geht einen schwierigen Weg. Eure Wege „unterscheiden" sich nur untereinander. Segen für meine hochgeschätzte Tuieta für ihre Arbeit mit den Großen Räten und Konklaven, die mich damit als „Vater und Lehrer sehr stolz" macht. Ich schätze ihre Wahrheit und die Reinheit ihrer Darstellung. Es ist keine leichte Aufgabe, darüber zu schreiben und negative Botschaften solcher Treffen weiterzugeben. Ich überbringe ihr meine Hochachtung und Demut. Ich bin sehr erfreut, daß sie sich mit ihrem „Volk" aus der dritten Galaxie wieder in sichtbarer Form vereinigen konnte. Cuptain Fetogia hat eine sehr enge Beziehung zu ihr. Ich wünsche, daß dies eine „öffentliche" Anerkennung ihrer Präsenz ist, durch die wir geehrt sind. So sei es, denn ich sage das mit meiner tiefsten Dankbarkeit und Liebe für dieses ganz besondere Kind.

SALU * SALU * SALU *

ICH BIN HATONN IN BEFEHLSHABERSCHAFT; ATON DES LICHTS

KAPITEL 13

Aufzeichnung Nr. 2 | GERMAIN

Montag, 10. April 1989, 14.30 h, Jahr 2, Tag 237

DER SIEBENTE STRAHL
GERMAIN, DER ALCHEMIST

Dharma, Grüße an die ICH BIN PRÄSENZ DER MÄCHTIGEN GANZHEIT DIESES GESEGNETEN ICH BIN WESENS – GERMAIN IST HIER IN DIESER MÄCHTIGEN ICH BIN PRÄSENZ. SO SEI ES UND AMEN.

Du hast Dich davor gefürchtet, mich zu treffen, kleine Chela – so sei es; wir schauen nicht gern in den Spiegel. Wir sind Freunde, Du und ich; laß uns das mit der verwandelnden Flamme der violetten Strahlen der Mächtigen ICH BIN Präsenz handhaben, denn wir haben viel zu tun und, wie es scheint, wenig Zeit dafür. So sei es mit all unseren meistens unschätzbaren Erfahrungen – wir sahen uns immer großen Aufgaben mit kurzen Zeitvorgaben gegenüber. Es liegt an uns, es in dieser Zeit zu schaffen, Chelas, denn so wurde es angeordnet.

ICH BIN Germain vom Siebenten Strahl des Siebenten dies und des Siebenten das. Zumindest wart Ihr es, die mich auf den siebten Platz in der Reihe der Vorstellungen verwiesen habt. Genauso wie mein Bruder Theoaphylos werde auch ich von allen Siebenern des Universums eingefangen. Halten wir uns aber nicht mit solchen Kleinigkeiten auf.

Es reicht, das alles zu begreifen und Euch selbst zu erkennen, so werdet Ihr auch mich kennen. Ich leite das Programm für die Stoßrichtung des Siebenten Strahls, denn es ist der Strahl der Wandlung. Ich gehe damit sehr leidenschaftlich um; unnachgiebig in seiner Anwendung – für Klarheit und Wahrheit und FREIHEIT. FREIHEIT FÜR EUER GÖTTLICHES SELBST, IM DIENST DES CHRISTOS, WELCHER

GOTT IST. EINFACH UND KLAR – GÖTTLICHE FREIHEIT, AUSGEDRÜCKT IN DER MANIFESTEN FORM DURCH EUCH UND MICH.

Ja, Chela, Du wirst mit mir sehr eng zusammenarbeiten bei unseren Aufgaben, die vom Vater als Blaupause erstellt wurden. ALLE von uns werden sich als EINS zusammenfinden und wir werden siegen, denn das ist das Schicksal all unserer Schicksale. Hart? Aber ja, hart – unbeugsam, unerschütterlich – mit Ausdauer bis zum Schluß.

ER LEBTE, UM DIE MENSCHEN ZU BEFREIEN

Wenn Ihr das Maß aller meiner Existenzen in früheren Zeiten zusammenfassen wollt, so laßt Euch gesagt sein, „Er lebte, um die Menschen zu befreien".

Dieser Satz bringt das Wesen von Saint Germain auf den Punkt! Ich habe immer Christus/das Licht in Prophezeiungen und der Alchemie der Freiheit zu den Menschen der Erde gebracht, um sie zu befreien. Jetzt komme ich, um die Geschenke der Prophezeiung und das Wirken von Wundern zu bringen, damit wir durch den Geist der Propheten voraussehen können, was über uns kommt und das Blatt durch das Wunder der violetten Flamme wenden können. Und um die Gesamtheit des ewigen geheiligten Kreises wieder an diesen Ort zu bringen!!!! CHRIST-I-AM-IT-Y.

Mir wurde gegeben, die alte Weisheit zu „meistern" und das Wissen um die „materiellen" Sphären zu halten. Ich habe immer mit dem Licht, für das Licht und durch das Licht gelebt. Und immer wurde die Gottesherrschaft von denen abgelehnt, denen ich zu helfen suchte; nichtsdestotrotz wurden aber meine Gaben des Lichtes, des Lebens und der Liebe – die Früchte meiner Adeptenschaft, die ich großzügig verteilt habe – meine alchemistischen Kunststücke, meine Verjüngungselixiere, die Erfindungen und Vorhersagen, bereitwillig angenommen. Das sind die Erzählungen aus der Geschichte. Aber manche von uns sind recht dickschädelig und weigern sich, ihre dunklen Seiten „aufzugeben".

„MELCHISEDEK" WURDE DURCH DUNKLE EINMISCHUNG VERDORBEN

Mein höchst geschätzter Lehrer, die Führer und Brüder wurden für die universelle Bruderschaft des Ordens der Melchisedeks geschult. Und Ihr verkörpert Euch wieder im Orden der Melchisedeks. Des Weiteren seid Ihr Wächter „der Flamme" und als Hüter der Flamme halte ich Euch. Ihr haltet die Flamme am Leben; und ich halte Euch am Leben.

Während aller Zeiten an Eurem Ort habe ich mich bemüht, fest auf einer Plattform menschlicher Grundrechte zu stehen, die eine verantwortungsvolle, vernünftige öffentliche Bildung auf den Grundsätzen von Freiheit und Chancengleichheit für Alle bietet. Ich habe versucht, Euch zu lehren, für Eure unveräußerlichen GÖTTLICHEN RECHTE einzustehen und ein Leben gemäß Eurer höchsten Vorstellung GOTTES zu führen. Kein Recht, so einfach oder grundlegend es auch sein mag, kann lange Zeit ohne den Unterbau der spirituellen Gnade und der Göttlichen Gesetze bestehen, die bei der Ausübung dessen nicht eine mitfühlende Rechtschaffenheit mit einfließen lassen. Ich habe immer darauf geachtet, Euer Land zu einem Bollwerk gegen Ignoranz und Aberglaube zu machen, in dem christliche Errungenschaften erblühen und die Ergebenheit in DEN EINEN auf der Suche nach der Heiligen Wahrheit (dem Gral) wachsen und gedeihen können.

Ich wurde aus meinem „Selbst" herausgenommen und stellte fest, daß ich selbst auf Eurer Ebene die Zukunft voraussagen konnte. Damals kannte ich die Geheimnisse des Sternenwanderns und des Vogelflugs; die Geheimnisse der Natur selbst. Jedoch selbst als Camelot, als Wahrheit und Fülle sprossen und blühten, legte sich der Mantel des Schlafes um sein Lebenssystem, seine Wurzeln. Hexenzauber, Intrigen und Verrat durch die Finsternis brachten die endgültige Zerstörung, und es bringt sie jetzt wieder hervor.

Es war unser Schicksal, daß wir nach lebenslangen Erfahrungen eine Wiedergutmachung erfahren. Wir waren dazu verdammt, die intellektuelle und wissenschaftliche Stimme zu sein, die in die Wildnis ruft. Ich habe das Zustandekommen von Tausenden von Geräten vorhergesagt, nachdem ich sie zum ersten Mal erwähnte; den fliegenden Ballon, danach die fliegende Maschine, mechanisch angetriebene Schiffe und so weiter und so weiter – man hat mich nur verrückter Zauberer genannt. Ihr müßt Euch darüber hinaus erheben, wie andere Euch beurteilen.

KEINE WUNDER, SONDERN UNIVERSELLE GESETZE

Wunder? Wunder!? Nein – Alchemie! „Wunder" werden durch präzise Anwendung der UNIVERSELLEN GESETZE gefertigt. Ich wollte immer demonstrieren, daß all diese wunderbaren Maschinen keine magischen Geräte waren, sondern die Produkte des Einsatzes der „Naturgesetze", die die Menschen zur rechten Zeit herausfinden würden.

Ich habe mich immer bemüht, ein unsterblicher Sprecher für Eure wissenschaftlichen, religiösen und politischen Freiheiten zu sein. Ich glaube, daß die Menschheit das Grundprinzip für ihr Verhalten annehmen sollte, wofür ich mein Leben hingegeben habe – das Recht auf Forschung. Es ist das Credo der freien Menschen – diese Möglichkeit, etwas auszuprobieren, das Privileg, sich zu irren und den Mut zu haben, das Experiment neu zu beginnen. Wir Wissenschaftler des menschlichen Geistes müssen experimentieren, experimentieren und nochmal experimentieren. Nach Jahrhunderten von Versuchen und Irrtümern, nach qualvollen Forschungen, laßt uns jetzt mit Gesetzen und Gewohnheiten experimentieren, mit Geldsystemen und Regierungen, bis wir den einzig wahren Weg gefunden haben. Gehen wir weiter voran, bis wir die Pracht unserer eigenen Umlaufbahn finden, wie die Planeten oben auch ihre gefunden haben – und dann werden wir zum Schluß Alle in die Harmonie unserer Sphären unter der Kraft der einzigen Schöpfung kommen – eine Einheit, ein System und die gleiche Ausgestaltung. Ja, Dharma, dies wurde wiederholt und oft gesagt während der Lehrstunden zu ICH BIN! DENN DAS

IST DAS, WAS ICH BIN! Ich war immer bestrebt, diesen goldenen Weg zur Sonne (dem Sohn) wieder zu erschaffen – ein Schicksal, das den Kreis schließt, um die GOTTESPRÄSENZ zu verehren und die Vollkommenheit eines verlorenen goldenen Zeitalters der Wahrheit wiederherzustellen. IMMER MEIN ZIEL; UNIVERSELLE AUFGEKLÄRTHEIT! GEBT EUCH NICHT MIT WENIGER ZUFRIEDEN UND FORDERT AUCH NICHT MEHR, DENN ES EXISTIERT KEIN „MEHR". WENN IHR EINMAL „ALLES" HABT, GIBT ES KEIN „MEHR" MEHR.

Ich bitte Euch, auf das zu hören, was ich Euch sage:

Einige dieser Menschen müssen und werden direkte Eingeweihte von Sanat Kumara sein (Großvater; Tonkashila, der Silberne Strahl der Schöpferquelle), denn dort gab es immer die Forderung nach dem Erlöser. Laßt diejenigen aus dem Inneren Kreis der Anhänger, diejenigen, die die Ersten sind und als Bannerträger des Volkes wirken, auch das Banner der Wahrheit des Christos, dem sie dienen, erheben, denn er hat durch sein Versprechen beim Letzten Abendmahl jeden einzelnen Sohn und jede einzelne Tochter Gottes für die Verbreitung des Wortes bestimmt.

DER CHRISTLICHE PFAD WURDE ABSICHTLICH VERBORGEN

Unglücklicherweise (und dieses Wort ist eine Untertreibung), ist es tatsächlich so, daß die Gesetze aus dem Geheiligten Kreis des Christos und seine Lehren, die so peinlich genau an seine engen Eingeweihten weitergegeben wurden, heute nicht mehr alle bekannt sind, denn sie wurden selbst dem heiligen Volk vorenthalten. Deshalb ist es die Herausforderung der Stunde, Christus zu folgen, um die Person Christos und den Weg seiner Lehren zu finden.

Bedenkt immer, die Wahrheit seiner Lehren und der Weg ist, daß sie Stück für Stück zu diesem immer höheren Bewußtsein führen, wobei jeder Einzelne direkt ins Herz der ICH BIN PRÄSENZ aufgenommen und er zu dem reinen Wesen dieser Wahrheit des Christos wird.

Heute, am 10. April, nach Eurer Jahreszählung 1989, sehen wir die Zyklen des auf die Erde wiederkehrenden Karmas, das in ein zunehmendes Crescendo mündet, wobei die vier heiligen Freiheiten bis zur Auslöschung bedroht werden. Jetzt laßt uns schauen, was wir für unsere geliebte Terra Maka (Großmutter, Geliebte Mutter) und unsere Brüder und Schwestern auf der irdischen Ebene tun können, indem wir erneut die Chance wahrnehmen, mit unseren kosmischen Brüdern und unseren vereinigten Höheren Energien als EINE EINHEIT zusammenzuarbeiten. Meine Geliebten, das haben wir gelobt und wir sind dazu verpflichtet, siegreich aus diesem Zeitalter hervorzugehen – UND DAS WERDEN WIR!

ALTE OFFENBARUNG

Genau in dieser Zeit Eurer Zeitrechnung wird uns noch einmal ein Weg aufgezeigt, einem ganz neuen Traum zu folgen. Ihr bekommt eine „Straßenkarte" zurück zu den Sternen und Ihr werdet sehen, daß die Sternenvölker aus der Illusion der zweibeinigen Form heraustreten und in ihre aktuelle Form „Große Traumschläfer", was das antike Wort bedeutet, hineinschlüpfen. Vollständig erleuchtete Meister werden in Euren Raum kommen – UND IHR WERDET AUCH ERKENNEN, DASS DIE LEGENDE ÜBER DAS ZWEITE KOMMEN DER CHRISTOS-ENERGIE für Eure jetzige, unmittelbar bevorstehende „Zeit" des Jahreskreises, wie Ihr ihn zählt, bestimmt ist. In Euren Visionen ist eingeprägt, daß sie über Eure Massen kommt. Ihr werdet eine neue Art der Energiebewegung Eurer Menschheit bekommen. Christus bedeutet Kreis. Also bedeutet das Zweite Kommen des Heiligen Kreises, daß alle erleuchteten Menschen als ein Bewußtsein tanzen.

SO SEI ES; FÜR DEN MOMENT VERABSCHIEDE ICH MICH, ABER ES WIRD NOCH VIEL, VIEL MEHR KOMMEN. ICH SEGNE EUCH ALLE, DIE IHR MÜHSAM WIEDER DIE WAHRHEIT ZU EUREN BRÜDERN AN DIESEN GELIEBTEN ORT TRAGT, DAMIT DIESE IHRER EIGENEN, GÖTTLICHEN RICHTUNG GEGENÜBERSTEHEN. IHR HABT DIE SEGEL AUF DEM ROTEN PFAD

DER HERRLICHKEIT GESETZT! ICH, GERMAIN DES SIEBENTEN STRAHLS, DEM VIOLETTEN STRAHL, LEGE MEIN SIEGEL AUF DIESE WORTE, AUF DASS IHR MICH ERKENNEN UND IN WAHRHAFTIGKEIT EMPFANGEN KÖNNT.

IN DER LEUCHTKRAFT DER MÄCHTIGEN ICH BIN PRÄSENZ, LASSE ICH MEINEN MANTEL AUS DER ENERGIE DER VERWANDLUNG BEI DIR ZURÜCK, DAMIT DU FRIEDE FINDEN UND DEINEN GLAUBEN ERNEUERN KANNST, AUF DASS WIR UNSERE MISSION ERFÜLLEN KÖNNEN. SO SEI ES UND SO SEI ES AN DIESEM HEUTIGEN TAG.

ICH BIN GERMAIN

* * * * *

Hatonn hier, Dharma – so sei es. Kein weiterer Kommentar. Es ist, wie es sein wird.

GEHE HIN IN FRIEDEN UND IN LIEBE. ICH BIN DER ICH BIN, ICH BIN HATONN

KAPITEL 14

Aufzeichnung Nr. 1 | DER MAHA CHOHAN

Donnerstag, 6. April 1989, 7.00 h, Jahr 2, Tag 233

MAHA CHOHAN

Bevor Dharma sich in ihre Studien vertieft, um sich „ihren" Glauben an meine Wahrheit selbst zu bestätigen, und weil sie sich über die Größe dieser Wahrheiten, die in ihr Bewußtsein kommen, nicht sicher ist, sage ich Euch jetzt, daß Lord MAHA, der Herr aller Herren der Sieben Strahlen, Euer wichtigster Führer ist. DAS „EINE" LICHT ALLEN REINEN UND KRISTALLINEN LICHTES. DARUM WAREN DIE LORDS DER SIEBEN STRAHLEN BESTÄNDIG SEHR ENG AN EURER SEITE. ERINNERT EUCH, „LORD" HEISST IM GRUNDE „LEHRER" AUS ALLERHÖCHSTER EBENE. EL MORYA, der Herr des Ersten Strahls, der Staatsmann, der Euch die Gaben vom Glauben an Gottes Wille und die Worte der Wahrheit bringt. LORD LANTO, der Weise, der Euch die Worte der Weisheit und des Wissens bringt (Dharma kennt ihn sehr gut, allerdings so gut wie gar nicht bei seinem Namen). Er ist sehr verbunden mit dem Erzengel Maroni (Maroni von Mormon). Der Herr des Zweiten Strahls. Der Herr des Dritten Strahls ist PAUL DER VENEZIANER, der Künstler, der Euch die Fähigkeit bringt, die einzelnen Geistwesen zu unterscheiden. SERAPIS BEY, der Architekt und Überbringer des Wissens wie „Wunder" wirken, als Gebieter über den Vierten Strahl. HILARION, Herrscher über den Fünften Strahl, Erwecker des Inneren Auges (des Dritten Auges). Hilarion bringt Euch starke „Heilkräfte" (Eleanor und John nehmt bitte zur Kenntnis, daß er immer wieder die Macht der Dunklen Bruderschaft betont – bitte beachtet und befolgt das). DIE MEISTERIN LADY NADA, Herrscherin über den Sechsten Strahl, Hüterin des

Solar Plexus Chakras, verantwortlich für dessen Aktivierung, das Zentrum Eurer Seele. Und Euer höchst wachsamer Bruder, LORD SAINT GERMAIN, der Alchemist, der Euch die Talente zu Vorhersagen und dem Wirken von Wundern bringt, der Herr des Siebenten Strahls. Er bringt den Wandel durch die Violette Flamme des Siebenten Lichtfraktals des Zentralen Kristalls.

DER MAHA CHOHAN (MEISTER/FÜHRER/"PROFESSOR", WENN IHR SO WOLLT), DAS ALLUMFASSENDE GANZE UND GEBIETER (LEHRER) DER SIEBEN PROFESSOREN UND DER, DER DIE TREIBENDE KRAFT HINTER EUREM SELBST IST. DER EUER SELBST IM ALLUMFASSENDEN GANZEN UND DER INNENSCHAU ZUR ENTFALTUNG BRINGT. SEHT IHR DAS? DIE HERREN DES HIMMELS, DIE REICHE DER ERZENGEL SIND EINBERUFEN, UM EUCH BEIZUSTEHEN – WIR AUS DEN KOSMISCHEN UND GALAKTISCHEN RÄTEN SIND HIER ZUR HILFREICHEN UNTERSTÜTZUNG – WIR STEHEN „ALLE" ZU EURER VERFÜGUNG – SEID DEMÜTIG, JA; EGOISTISCH – NEIN – NUTZT DIE MÖGLICHKEITEN, AUF DASS WIR UNSERE HÖCHST HEILIGE AUFGABE VOLLENDEN KÖNNEN, BRÜDER. SO SEI ES UND SELAH.

Ja, Dharma, Du nimmst das richtig wahr – ICH BIN. ICH BIN DIESES EINE LICHT – DER ERLEUCHTETE; ICH BIN DER MEISTERLEHRER „CHOHAN" DES ACHTEN [A.d.Ü.: STRAHLS] – DAS EINE LICHT, AUS DEM ALLE ANDEREN STRAHLEN GEBOREN WERDEN. ICH BIN ATON. ICH BIN DER LEHRER DER SIEBEN LEHRER. IHR HABT DIE UNIVERSELLE HIERARCHIE ZU EURER VERFÜGUNG, MEIN KLEINES. LASST UNS DIE EINGEBUNGEN SEHR WEISE NUTZEN, MEINE KINDER, DAMIT WIR UNSERE AUFGABE IN AUFRICHTIGKEIT UND EHRGEFÜHL FÜR DIE HERRLICHEN SCHÖPFUNGEN IN DIESEM UNIVERSUM ERFÜLLEN KÖNNEN. SO SEI ES UND ICH LEGE MEIN SIEGEL ÜBER DIESE WORTE, DAMIT SIE NICHT MISSVERSTANDEN WERDEN. MEIN IST ES, ZU GEBEN;

EUER IST ES, ANZUNEHMEN, SO SEI ES UND SELAH. ACHTET WOHL AUF EURE LEHRER, DENN SIE WERDEN EUCH DEN WEG WEISEN.

ICH BIN

TEILBEREICH 2

„RÜCKKEHR DER SIEBEN"

KAPITEL 15

Aufzeichnung Nr. 2 | EL MORYA

Donnerstag, 13. April 1989, 12.30 h, Jahr 2, Tag 240

EL MORYA

Ich grüße Euch, meine Lieben. Macht Euch keine Gedanken darüber, daß Eure Tätigkeit Unterbrechungen oder Vorgaben von meinen Brüdern erforderlich macht. Der gesamte Auftrag ist EINS, keine Frage. Oft ist es ziemlich schwer, sich in Disziplin zu üben, genau wie Medizin einzunehmen; manchmal ist sie süß und manchmal bitter. Nehmt alles mit Liebenswürdigkeit und Dankbarkeit an, was Euer Führer Hatonn Euch gibt, Chelas, denn seine Wahrheit ist stark und unbeugsam. Er ist Euer Führer; er ist Euer Vater. Wenn er das Gewand seiner Vollkommenheit trägt, ist er Aton und alles andere verliert an Bedeutung. Betrachtet ihn in seiner Pracht, damit Ihr Euch auch zu dieser Pracht erheben könnt.

Ich denke an die überwältigenden Geheimnisse der kosmischen Ebenen, das Alles-in-Allem des Kosmos, und hätte es in meinem Leben nicht diese unterstützende Kraft des göttlichen Willens und dieser Myriaden an Engeln gegeben, die mir in meinen Stunden der Mühsal beistanden, wäre ich nicht in der Lage gewesen, mein Ziel zu erreichen und könnte Euch deshalb nicht zur Seite stehen, damit Ihr das Eure erreicht.

Ich komme, um Euch zu ermutigen, aufrecht für das Licht zu stehen und Euch beim Fortschritt der Heilung dieser Welt, der Nationen und der Herzen beizustehen. Ich möchte Euch ein kleines Stückchen von mir mitgeben – meinen Sinn für Mitgefühl, nicht nur für die Menschen überall, sondern ganz besonders für jedes einzelne Wesen. Unser Anliegen sind die „Waisenkinder" des Geistes – diejenigen, deren Inneres Licht nicht wirklich geschult wurde und die nicht wissen, welchen Weg sie gehen sollen.

Ihr wollt in der Nachfolge des Meisters des Heiligen Kreises reisen, des Christus, sagen wir, Jesus – der eine Esu. Meine Lieben, ich möchte Euch auf einen der verhängnisvollsten orthodoxen Irrtümer in diesen Tagen und für immer aufmerksam machen. Es ist eine Lüge, daß der eine Jesus der EINZIGE Sohn Gottes ist, und weiter, daß Jesus bereits in der vollen Beherrschung seines Christseins zur Verkörperung kam und selbst nicht den Weg hätte gehen müssen, sein inneres Gottespotential vor dem Beginn seiner Mission selbst zu entdecken.

Diese Dinge stehen zwar eindeutig in der Heiligen Schrift, aber die Schrift wurde wieder und wieder gelesen, interpretiert und falsch interpretiert und dann hat die Entfernung der eigentlichen Schlüsselstellen dem heutigen Christentum eine verwässerte, falsche Religion beschert, die weder Inbrunst noch Leidenschaft kennt, um den Herausforderungen der Zivilisation standzuhalten. Deshalb befindet sich Eure Zivilisation in großem Leid und großer Gefahr.

Meine Lieben, ich möchte mit Euch teilen, daß sich nichts im Leben vorwärts bewegen kann, wenn ein Wesen nicht ein wahrhaftes Verständnis von Gott und eine Beziehung zu diesem ewigen Geist hat. Und, wie Euch Aton eingeprägt hat (davon gehe ich aus), gehört Leidenschaft zu dieser Beziehung.

Ihr müßt jetzt langsam erkennen, daß Jesus nicht als „neue Seele" von Gott kam, die das erste Mal im Mutterleib in Nazareth war. Nein, das teile ich mit Euch. Er war auf viele Arten und als viele Dinge da; und mit vielen Möglichkeiten. Er hat durch seine eigenen Lehren allen bewiesen, die zu jener Zeit mit ihm in physischer Form wandelten, daß er andere Energien trug. Und dennoch wird das immer noch von den die „Bibel" zitierenden Christen abgestritten, weil sie beschlossen haben, daß es nicht so ist. Sie wollen einfach nicht die Verantwortung für ihre eigenen vergangenen Erfahrungen übernehmen, nämlich das, was Ihr im Osten das Karma nennt.

Diese Verantwortungslosigkeit, die im Westen bei der Kindererziehung herrscht, bereitet keine geistigen Krieger auf die Übergriffe aller Mächte von Gier und Wollust vor, die auf das Licht dieser Nation und auf diese Zitadelle der Freiheit gerichtet sind.

Ihr müßt weiterhin verstehen, daß Eure Ansichten über den einen Gott und den einen Christus Euch zu der Erkenntnis befähigen, daß ein Gott und ein Christus Euch die ICH BIN Präsenz und das Christusselbst als Manifestation der reinen Göttlichkeit gewähren – und nicht viele Götter, sondern ein Gott. Und der reine Gottessohn ist der UNIVERSELLE Christus, dessen Charakter, innere Werte und geistiger Gehalt als Brot [A.d.Ü.: als Speise, Nahrung] für uns gebrochen und mit uns geteilt wird. Ihr müßt als Teilhaber des Lichtes und als Eins mit dem Heiligen Christusselbst diese Prüfungen und Lernaufgaben als Schüler meistern, genauso wie es Esu auch getan hat. Und Ihr solltet nach vorne schauen und die Fülle des in Euch wohnenden Christus erwarten.

WARUM DIE PROPHETEN GEKOMMEN SIND

Wozu eine Entwicklung spiritueller Natur? Warum sind die Propheten gekommen? Warum sind die Avatare* gekommen? Damit Ihr Euch daran erinnern könnt, was man Euch gelehrt hat; was einer kann, können Alle. Um dieses Potential, diesen göttlichen Funken, in Euren Herzen freizuschalten, der Euch zeigen soll, daß Ihr auf diesen Punkt des Mutes hingewachsen seid, zu SEIN, wer Ihr wirklich seid und nicht die Weltanschauung zu akzeptieren, Ihr wäret irgend etwas anderes als Gott. Also, könnt Ihr in dieser Eurer Reinheit nichts anderes sein als Gott.

*[A.d.Ü. aus Wikipedia: Avatara (Sanskrit, wörtl.: „Abstieg", von ava- „hinab" und tr „überqueren") bezeichnet im Hinduismus die Manifestation des höchsten Prinzips (Brahman) oder einen göttlichen Aspekt, der die Gestalt eines Menschen oder Tieres annimmt. Avatara bezieht sich immer auf den Gott selbst oder seine Kraft (Chit-Shakti), die sich in einer besonderen gottgeweihten Seele (Atman) manifestiert

bzw. zu dieser Seele hinabsteigt. In der Theosophie bezeichnet Avatara allgemein die Inkarnation des Göttlichen.]

Was wird von einem Planeten übrigbleiben? – Wissenschaftlicher Humanismus? Was wird übrigbleiben? – Weltweiter Sozialismus und Alle werden zu Drohnen auf Planetenbahnen, kontrolliert von den Machtmoguln in Ost und West?

Meine lieben Herzen – dies ist DAS ZIEL der Dunkelmächte. Und laßt Euch nicht erzählen, es gäbe keinen Antichristen. Denn der Antichrist IST JEGLICHE KRAFT INNERHALB UND AUSSERHALB DER PSYCHE EINES MENSCHEN, DIE DEN WAHREN UND LEBENDIGEN GOTT IN EUCH VERSUCHT ZU ZERSTÖREN. ERKENNT, DASS ES ÜBERHAUPT NICHT NOTWENDIG IST, DASS ZU EINER BESTIMMTEN ZEIT EINE PERSON AUFTAUCHT, sondern daß es die Entscheidung der Menschheit ist, zerstörerische Kräfte des Universums zu verkörpern, die das Licht der Freiheit Nation für Nation ausschalten.

Ohne das Verständnis des Gleichgewichtes durch Armageddon und des „freien Willens" ist es unmöglich zu erkennen, daß Manche sich für den linken Pfad der Schwärze und Zerstörung, der Lügen und des Mordes entschieden haben. Und ohne Akzeptanz dessen ist es auch unmöglich, das sogenannte menschliche Verhalten zu verstehen, das eigentlich gar nicht menschlich ist, sondern dunkel (Ihr nennt es teuflisch) und das Benehmen des inkarnierten und nicht inkarnierten Bösen zeigt.

Klinge ich wie ein fundamentalistischer Christ? Nun, das bin ich auch! Erinnert Euch gut daran: Zuerst kam ich, um zu verehren. Danach wurde ich verwandelt. Danach umgestaltet. Ich war, wenn man das so sagen kann, unter den „wiedergeborenen Christen". Oh, wenn es doch nur möglich wäre, daß Alle diesen so klaren Weg in diesem großen Wahrheitszyklus erkennen könnten.

Genauso wie der Christos Esu Jesus, der Menschensohn, mit großer Vorbereitung seiner lichten Seele alles studiert hat, genauso müßt auch Ihr in Euer Wissen wachsen. Versetzt Euch zurück zu den Menschen der alten Zeiten und ihren Lehren. Erinnert Euch an die Zeiten von Lemuria. An jene Lehren über das Gesetz Gottes, die es damals gab und die vor dem Versinken des großen Kontinents in den Fluten in Kavernen und an sichere, versteckte Orte verbracht wurden. Wenn Ihr also zurückgeht, weit zurück, in die Zeit vor der aufgeschriebenen Geschichte, findet Ihr die geradlinige Abstammung all derer, die nur für einen einzigen Zweck auf die Erde gekommen sind; um die Berührungslinie mit der Allmächtigen Quelle zu suchen und zu finden und mit ihren Leben eine LEBENDIGE Wahrheit zu veranschaulichen.

Die Menschen mögen die niedergeschriebenen Zeugnisse manipulieren. Sie mögen die genauen Gesetze verändern, damit sie ihnen selbst und ihren niederen und sinkenden Beweggründen gerecht werden. Aber, meine Lieben, SIE WERDEN NIEMALS DIE CHRONIKEN DER AKASHA verändern. Ihr werdet in der Akasha Chronik – diese feine Energie und Kraft, die den Planeten und Eure Auren durchdringt – ALLE Aufzeichnungen Eurer eigenen vergangenen Erfahrungen finden, ebenso wie alle bisherigen Erfahrungswelten unzähliger Lebenswellen, die von anderen Heimatplaneten hierher gekommen sind. Dort werdet Ihr alle Aufzeichnungen, ALLE ECHTEN AUFZEICHNUNGEN über die Zivilisationen finden.

Ihr werdet herausfinden, daß diejenigen mit dem Talent, wahre Geschichten für Filme und wichtige Bücher zu schreiben, die Fähigkeit mitbekommen haben, in dieser Akasha Chronik zu lesen. Viele, wie zum Beispiel Dorushka, haben sich hingesetzt und über Themenbereiche geschrieben, von denen sie keine Ahnung hatten. Sie haben für die Menschen nicht nur alle Arten unschätzbarer Informationen niedergeschrieben, die nicht nur die Schlüssel in die Vergangenheit und in vergangene Zivilisationen mit großer Erleuchtung und wissenschaftlichen Leistungen enthielten, sondern haben damit auch neue Wege der Bildung und des Verständnisses für jede einzelne Seele aufgezeigt, damit diese ihre wahren Wurzeln den ganzen Weg zurück bis zu ihrer Geburt im Herzen der Großen Zentralsonne (des Sohnes) und ihren Abstieg in ihre hiesigen Erfahrungen verfolgen kann.

Warum in einer dunklen Welt und auf einem dunklen Stern Erfahrungen sammeln? Warum einen fleischlichen Leib und Schleier der Vergessenheit anlegen? Weil die Seelen einen freien Willen und im Universum Gottes das Recht auf Experimente eingefordert haben und der Vater diese Forderung bewilligte. Also gingen sie ihren Weg wie aus dem Schoß Abrahams hervor, aus dem Großen Kausalkörper, und entwickelten sich in immer dichtere Sphären hinein. Und ach, es kamen jene Stunden, in denen sie von den „gefallenen Engeln" verführt und von ihrer ersten Liebe und der des Hochheiligen Gottes weggeführt wurden. Und hier begann die Verdichtung des Fleisches und des Geistes (und manch ein Bewußtsein ist wirklich sehr, sehr „dicht"), und die Völker verloren ihre Beziehung zu ihrem Gott. DESHALB VERGASSEN SIE GEZWUNGENERMASSEN DEN NAMEN DES ICH BIN DER ICH BIN.

MONOTHEISMUS UND DIE RÜCKKEHR

Und Gott sandte das Wissen über den wahren Monotheismus mitten hinein in heidnische Kulturen, selbst zu Ikhnaton (Echnaton – kommt Dir das bekannt vor, Dharma?) und dann weiter zu Moses und so fort. Und noch einmal zu der großen ICH BIN Präsenz, denn der Brennpunkt ist die Sonne – Symbol der Gegenwart Gottes – und die vielen Hände sind ihre Verlängerung, wie Echnaton es sah, sie sind die Macht, die eine Nation bewegen, wie Moses es erfaßte und heute ist es die Quelle Eurer Kraft und Eurer Heilung, da Ihr dieselbe Gegenwart wahrnehmt.

„Sie" mögen versuchen, den Körper Gottes auf der Erde durch religiöse Schismen, Argumentationen und Betonung auf den Buchstaben des Gesetzes zu entzweien. Wir haben aber zu unserer Zeit genug Inquisition gesehen! Wir haben genug Kriege zwischen Katholiken und Protestanten erlebt! Was war der Gewinn daraus? Der einzig wahre Gewinn auf dem Pfad der Religion ist der Geist, der Heilige Geist [A.d.Ü.: hier schreibt er im Original (Ghost) noch dazu, sowohl im Englischen als auch im Deutschen bedeuten beide Wörter das gleiche, Heiliger Geist oder auch Geist im Sinne von Gespenst] bei jedem Einzelnen, der auch ganze Nationen in Bewegung bringt – Yahweh (Yewah), der sich mitten unter seinem Volk befindet und immer noch in der Lage ist, die dienenden Gottessöhne herauszufinden, die ein wahrhaftiges Beispiel für den Pfad der Freiheit mit Saint Germain und den anderen Brüdern geben, die hierher gekommen sind, um Euch zu führen und Euch beizustehen.

Geliebte lichte Herzen, Ihr seht sicherlich, daß die Rückkehr zur Quelle für ein Volk, das seinen Gott vergessen hat, unbedingt notwendig ist. Weil es auch das zukünftige Kommen des Christus nicht verstanden hat und deshalb auch nicht versteht, wofür die Heiligen gelebt haben, warum sie gestorben sind und geopfert wurden, warum sie Berichte hinterlassen haben – weil nicht Ihr der Schwerpunkt seid, sondern der ans Kreuz genagelte Christus.

Das bringt Euch aber alles nichts, wenn Ihr nicht selbst erkennt, daß alles, was dieser Gottessohn in sich trägt, auch Euer sein kann. Auch der Ruf zur Nachfolge auf diesem Pfad von Jesus dem Christos, diesem Vollkommenen Kreis der Ewigkeit, ist unser Anliegen und sind unsere Lehren. Es sind die grundlegenden Lehren des Geistes. Das sind die Lehren, die auch den Aposteln gegeben wurden. Es ist die Salbung der Apostel. Sie bedeuten die Weitergabe des Feuers, von Herz zu Herz! AM ANFANG WAR DAS „WORT" UND DAS WORT „WAR".

Wo also steht eine Nation, wenn sie von „einem Ghaddafi"* oder Terroristen irgendwelcher Glaubensrichtung oder Nation verhöhnt wird? Sie ist gespalten und schwach. Wo steht sie, wenn es Welche gibt, die sich durch Geldlieferungen in die Wirtschaft einmischen? Wo steht sie, wenn die Kinder nicht lesen und schreiben können und nicht zu Führungspersönlichkeiten und Vertretern der immer noch größten Nation der Welt heranwachsen können?

*[A.d.Ü.: Muammar al-Gaddafi lebte zur Zeit des Diktates zu diesem Buch noch, er wurde 2011 vom Deep State, zu jener Zeit unter Leitung von Barack Obama und Außenministerin Hillary Clinton, ermordet, weil er den afrikanischen Golddinar als Zahlungsmittel für

ganz Afrika unter Umgehung der Rothschild-Banken einführen wollte, (das, was heutzutage die BRICS machen), was aber sicherlich nicht der einzige Grund war. Nach meiner Kenntnis war Libyen zu damaliger Zeit „die Schweiz des Mittleren Ostens" und der Bevölkerung ging es sehr, sehr gut. Ich nehme an, daß hier mit dem Zitat zu Ghaddafi der gängigen Mainstream-Meinung Genüge getan wurde, um die Mitarbeiter an den Phönix-Journalen zu schützen, allen voran Dharma.]

Wo steht ein Volk, das keine Verbindung mehr zum Allmächtigen Vater und dem Geist in sich selbst hat? Was kann es tun, wenn die Körper seiner Mitglieder von Drogen durchsättigt sind, wenn sie bei Gewalttätigkeiten erwischt werden, wenn alle Arten von Vergnügungen und Unterhaltung das Wichtigste sind, wenn sie abends mit ihren ungeliebten Jobs durch sind? Ich sage Euch, und laßt uns darüber diskutieren, wenn Amerika von dem getrennt werden muß, was von den Dunklen für diesen Planeten vorgesehen ist, so muß es zunehmende Begeisterung für die Rückkehr zu den höchsten Prinzipien, sowohl in der „Kirche" als auch beim „Staat" geben.

Wie sollen wir es ihnen sagen? Wie sollen sie von Gott gelehrt werden, wenn die falschen Pastoren in die Tempel eingedrungen sind und selbst die Gemeinschaft der Heiligen verurteilt wird, die wir mit Euch und Ihr mit uns im Geist der Großen Weißen Bruderschaft sehr genießen? Die Brüder und Schwestern auf der Erde haben ein von Christos eingesetztes Recht, mit ihren Brüdern und Schwestern im Himmel zu kommunizieren, nicht durch psychische oder astrale Methoden, sondern über den echten Heiligen Geist. Und der Heilige Geist ist Seelentröster und Lehrer zugleich und ist gekommen, Euch all diese Dinge in Erinnerung zu bringen, die der Christ Euch einmal gelehrt hat.

Wann hat er Euch diese Dinge gelehrt, an die man nicht erinnert wird? Wann? Wart Ihr damals Alle in Galiläa? Das ist ziemlich unmöglich bei den Abertausenden und Millionen, die sich auf diesem Planeten im fleischlichen Gewand dem Pfad der Bruderschaft verschrieben haben. Und so sprach der Christos zu Euch allen und lehrte Euch auf allen Seinsebenen, in Euren unterschiedlichen Formen und auf vielen Wegen in jener Stunde während seiner Mission. Der Heilige Kreis des Gottessohnes sprach in Wirklichkeit aus ätherischen Räumen zu Euch und es wurde auf der ganzen Welt gehört.

Glaubt Ihr, der Ruhm des Christos wurde nur durch die Apostel oder nur durch das Gleichnis mit dem „Weinstock" verbreitet? Ich sage Euch, nein. Die Kraft der Präsenz des Christos auf der Erde war seine Macht, in all den Tausenden von Jahren jede lebende Seele mit dem innewohnenden Wissen und dem Sinn für die Ehre ihrer inneren Christuspräsenz zu erreichen. Und diese Unterweisungen gehen immer weiter, egal, was in Moscheen oder Synagogen oder Tempeln [A.d.Ü.: Kirchen] erzählt wird. So sei es, denn das ist die Wahrheit.

Der LEBENDE CHRISTOS hütet die Seinen, Nation für Nation, aus dem einen Grund: die Menschen verstehen, was Recht und Unrecht ist, sie wissen, was sein muß und was nicht sein darf, sie wissen, was böse ist, wenn sie sich selbst erlauben, es anzuschauen. Und deshalb „LEBT" DIE NORM. Der Ehrenkodex ist beim Kommen und Gehen von Philosophen und Psychologen (die Wahren) und in dem ganzen Rest präsent, die jetzt sagen, „das ist richtig" und dann, „das ist falsch".

Das relativ Gute und Böse ist jedoch nicht Eure Lebensgeschichte. Legt das beiseite und erkennt, daß das Absolute Gute die Gottespräsenz in Euch ist, die Euch die Kraft verleiht, den Mächten des Absoluten Bösen die Stirn zu bieten, wobei das Wichtigste die Tyrannei über Seele und Geist der Freiheit ist – und dieses Mal eine spirituelle Geburt der Freiheit. Die Art und Weise, wie Ihr dies mit Erhabenheit vollbringt, ist das Gleiche wie das, was immer gelehrt wurde – durch Disziplin und Einzigartigkeit des Denkens und Handelns.

DER WEG DES CHRISTUS IST KEINE AUSNAHME

Wenn Ihr zu dem wahren Wissen in Euch geht, werdet Ihr Euch erinnern, daß der Weg, den der Christos ging, keine Ausnahme war, er war auch nicht einzigartig und auch nicht ungewöhnlich, wenn ein Leben für immer die Sünden von Vielen sühnt, sondern er war ein Beispiel für das, was immer und immer wieder getan wurde – immer kommt der Avatar, um seinen Anhängern auf der Erde ein Beispiel dafür vorzuleben, daß es einen Weg heraus gibt aus TOD UND WAS IHR DIE „HÖLLE" und Leidensweg nennt. Es gibt eine Möglichkeit der Selbsttranszendenz. TOD IST NICHT DAS ENDE DES LEBENS – TOD IST NICHTS ANDERES ALS EIN ÜBERGANG AUS EINER ERFAHRUNGSWELT IN EINE ANDERE ERFAHRUNGSWELT.

Irrtümer führen zur Unwirklichkeit. Unwirklichkeit führt zu Wahnsinn. Und so stolzieren die Verrückten auf der Erde herum, nehmen sich unschuldiges Leben, freiwillig oder in Form von falsch verstandenen Möglichkeiten. Die Wahnsinnigen nehmen das Leben ungeborener Kinder und nennen es Frauenrechte oder Männerrechte. Mann und Frau – das Recht, das eigene Kind zu ermorden! Ist das die Befreiung? Nein. Es ist Sklaventum in einem Schmerz, der in der Seele nagt, und zwar für den Rest der natürlichen Erfahrungszeit und auch in zukünftigen Erlebensbereichen, bis er schlußendlich erlöst wird.

Während sie Euch Freiheit anbieten, säen die Dunklen Verderbnis – Fäulnis in Geist und Seele, nicht im Körper. Deshalb sind die Gefahren in diesem speziellen „Zeitalter" auch so groß. Deshalb sage ich auch, daß es der erhabenste Moment in der gesamten Geschichte von Euch allen ist, damit Ihr Stellung beziehen und Eure Verbindung zu Gott herstellen könnt, die Jeder, der vor Euch gegangen ist, auch hergestellt hat, um ein funktionierendes Werkzeug in diesem übergeordneten Dienst, die spirituelle Kraft, Heilung und die Erhaltung der Balance für Nationen und Völker zu sein.

Oh, Ihr könnt Euch daran erfreuen, daß diese Dinge möglich sind und Euer Spiegel wird das reflektieren, wenn Ihr davorsteht und sagen könnt: „ich habe daran gearbeitet, ich habe es gemeistert – Gott mit mir und durch SEINE GNADE. Und weil ich weiß, wer ich bin und weil Gott bei mir ist, kann ich das alles auch tun."

HÜTET EUCH VOR FALSCHEN GEISTLICHEN

Beobachtet genau die Geistlichen, die falsches Zeugnis predigen. Schaut auf diejenigen, die tatsächlich eine unterwürfige Beziehung zwischen Sündern und einem Lieblingssohn aufbauen, denn das ist innerlich und unbewußt ein psychologischer Schachzug der gefallenen Engel, die Höllenfeuer und Qualen und ungeheuerliche Angst und einen strafenden Gott und ewige Hölle und Verdammnis predigen für alle die, die nicht bereuen. DAS SIND DIE PREDIGTEN DES BÖSEN, DAS EINE ALTERNATIVE RELIGION ZU DEN WAHRHAFTEN LEHREN DES CHRISTOS ERRICHTET HAT.

Wißt jedoch, daß die meisten Geistlichen, die so indoktriniert sind, nicht böse gesinnt sind, sondern einfach den „allgemeinen Richtlinien" gefolgt sind, die man ihnen gegeben hat und das wurde in all den vielen Generationen immer weitergeführt. Der Beweis liegt darin, daß Probieren über Studieren geht. DER BEWEIS LIEGT IN DER HANDLUNG. Wie sehen die Ergebnisse aus?

Ach so, und so sei es, denn die Flamme von Freiheit und Wahrheit wird niemals erlöschen. Die Stimme der Wahrheit kann niemals zum Schweigen gebracht werden. Sie spricht in vielen, vielen Herzen. Wir sind hier, um die mächtigen Erzengel zusammenzurufen, um mit ihren Legionen an Energie diese gefesselten Seelen zu befreien, sie von ihren Alpträumen der Dämonen und körperlosen Wesen zu befreien, die Geist und Körper plagen. Ängstigt Euch nicht vor diesen körperlosen Seelen – meidet aber solche in fleischlichem Gewand, die diese finsteren Wesen in inkarnierter Form beherbergen.

Was sich auf diesem Planeten abspielt, ist das Ergebnis der Verweichlichung der Religion selbst und der Mangel an Führung. Deshalb kommen wir, um Euch unseren Elan und den Rückhalt Eurer Brüder zu geben, damit Ihr Euer Werk dem Sinn entsprechend erfüllen könnt.

Sinn und Zweck eines Lebens ist es, zu Gott zu finden – Gott in Euch selbst, in Euren Begabungen zu erkennen, in Eurer Berufung und in Eurem heiligen WIRKEN. Man kann sagen, dies oder das macht Spaß, aber ich sage Euch, KEINER AUF DIESER WELT

WIRD GLÜCKLICH, BEVOR ER NICHT DIESEN FRIEDEN, DIESE BALANCE UND DIESE HARMONIE MIT SEINEM GOTT ERREICHT HAT, SEINER „ICH BIN PRÄSENZ". Es gibt sicherlich Viele, die das ableugnen, aber sind sie wirklich glücklich? Oh, meine Lieben, Schmerz und Elend auf Eurem Erdenrund ist überwältigend und überfordernd; das könnt Ihr nicht erfassen.

Ich bete dauernd, daß Ihr in dieser großen Nation die Wahrheit nicht durch Widrigkeiten, Atomkrieg oder wirtschaftlichen Kollaps erfahren müßt. Ich gehe davon aus, daß auch Ihr auf diese Weise mit mir betet, denn Ihr Lieben, die Gebete von Allen, die dem Gesetz gemäß leben, werden viel erreichen. Eure Worte sollen sein, wir müssen den Kampf für das Gute kämpfen. Wir müssen die notwendigen Maßnahmen ergreifen, um „rechtzeitig" handeln zu können. Denn viele dieser Dinge werden auf Euch zukommen, wenn sich der Zyklus dem Ende zuneigt und wir können nur insoweit unsere Erfüllung in Frieden erreichen, soweit Ihr Euch vorbereitet habt.

Chela, beenden wir jetzt diesen Teil. Ich möchte Euch nicht überfordern, nicht daß Ihr diese Worte gar nicht lest. Ich werde in den kommenden Stunden mehr darüber erzählen. Höret – ICH BIN und ICH BIN immer bei Euch bis zum Ende Eurer Tage auf Eurem Platz – SO SEI ES!

ICH BIN EUER ÄLTERER BRUDER, EL MORYA
DES ERSTEN STRAHLS. SO SEI ES.

KAPITEL 16

Aufzeichnung Nr. 1 | EL MORYA

Freitag, 14. April 1989, 6.30 h, Jahr 2, Tag 241

EL MORYA

Ja, Du Liebe, Du bist zu diesem Zeitpunkt hierher gekommen, weil Deine Arbeit noch nicht vollendet war. Ich fühle das Durcheinander in Dir, während Du versuchst, „das Leben, wie es war" mit der Dir zugedachten Aufgabe in Einklang zu bringen. So sei es, der Weg ist niemals ein leichtes Unterfangen.

DER STRAHL DER MORGENRÖTE

Ich komme im Licht einer wunderbaren, goldenen Morgendämmerung. Ein Dunstschleier liegt über dem Land, Tautropfen hängen in den wippenden Zweigen; es ist auch eine neue Zeit von Wachstum und Geburt. Ich bin Euer Älterer Bruder, El Morya vom „Strahl der Morgenröte", dem Ersten Strahl. Ich begrüße Euch in Frieden und Hochachtung für Euer Wirken. Du wirst Dich mit den Energiezyklen jetzt immer wohler fühlen, Chela. Ihr müßt immer „innen" bei Euch beginnen und Euch dann nach außen bewegen. Menschen beginnen normalerweise im Außen und gehen dann nach innen, wobei sie all diesen Abschaum und tiefe Schmerzen nach innen tragen, die dann ihre Energien niederdrücken. Beginnt mit Eurer inneren Göttlichkeit und alles wird in der Violetten Flamme umgewandelt werden in das, was „wirklich" IST.

Um die Meisterschaft über diese Zyklen zu erlangen, wurde ich eins mit den stofflichen Kreisläufen, fast so, als ob ich in das Innere des Inneren vordringen würde; zuerst ins Herz der Materie, bevor ich mich auf die Materie im Außen zubewegte. Von innen heraus wachsen

– aus dem Herzen der Sonne, aus dem Herzen der Erde und aus dem Herzen der Sonne hinter der Sonne – so lernte ich den Weg der Quelle und ihre Gesetzmäßigkeiten durch die innere Geometrie des Moleküls, des Atoms kennen – dem Kosmos.

DER WILLE DES HERRN

Meine Ehrerbietung für das, Chelas, was ich anfangs NICHT Gott nannte, kam durch das demütige Bewußtsein, ja, das ehrfürchtige Bewußtsein für dieses großartige „Ding" – dieses „Ding", das „LEBEN" BEDEUTET, dieses Ding aus Energie, dieses Ding, welches Harmonie ist, und was ich heute als den „WILLEN" der Schöpferquelle bezeichne; diese Mächtige Präsenz des universellen „Allganzen".

Der Wille Gottes in seiner Gesamtheit kommt auf allen Ebenen menschlichen Handelns zur Anwendung. Denn der Wille Gottes ist der Bauplan eines jeden Projektes. Er ist das Fundament jeder Aufgabe. Er ist das Skelett Eures Körpers und seiner physischen Energie; er ist das ätherische Feuer. Der Wille Gottes ist Euer Wille, GOTT in Manifestation ZU SEIN. Ohne diesen Willen wäret Ihr zu dieser Zeit nicht an diesem Platz und Ihr würdet auch nicht den Versuch wagen, Euch mit Eurer wunderbaren Aufgabe auseinanderzusetzen.

Weil man nicht von Euch erwartet, in anderen Nationen oder anderen Gegenden Eures Planeten funktionieren zu können, liegt unser Hauptaugenmerk der Lehren in den geographischen Gebieten, in denen Ihr zuhause seid. Hier zum Beispiel Amerika. Versucht nicht, das Ganze zu schlucken, bevor Ihr nicht eine einzige Portion davon gemeistert habt.

Es gibt einen krebsartigen Stoff, der sich durch das Massenbewußtsein bewegt. Nennen wir es einmal Willenlosigkeit. Es ist eine Substanz, die so fein gesponnen ist, daß der größte Teil der Menschheit noch nicht einmal bemerkt, daß diese Substanz eine Verweigerung der Freiheit ist, nicht nur eine Absage an den Willen zu sein, sondern auch eine Absage an die Fähigkeit, zu sein. Es ist wie eine Schwächung der Form, wie das Abziehen der Körperkraft, wenn diese Substanz sich auf die Flamme zubewegt, auf die glühende Flamme des Willens, seine Bestimmung zu erreichen, des Willens zur Vollkommenheit, dem Willen des Lebens an sich. Der Mensch ist seiner eigenen Existenz nahezu hilflos ausgeliefert.

Das ist die Bedrängnis der Evolution auf Terra Maka. Sowohl im Osten als auch im Westen herrscht diese „Hypnose", diese Manipulation des Bewußtseins auf den untergeordneten Ebenen durch die Kraft des Egoismus selbst, dem niederen Willen des Verlangens – Machtgier, Lust an sich selbst und Manipulation des Bruders, für alles gibt es einen Willen, nur nicht den Willen des Verlangens nach der Gottesquelle, der ausreichen würde, um alle Aspekte eines Lebens innerhalb der Seele zu erfahren.

Die Notlage der modernen Menschen liegt in diesem „falschen Willen" begründet – das ist der Wille zu sterben; nicht der Wille zu leben. Das ist ein Wille, unbewußt zu bleiben, sich den Problemen nicht zu stellen, keine Verantwortung zu übernehmen, sondern sich trunken machen zu lassen von Medien, durch Chemikalien im Essen und Trinken, durch die Zersetzung der Individualität durch Massenhypnose, durch ein Massenbewußtsein der Menge, anstatt sich durch Wachstum des Einzelbewußtseins in ein Selbstbewußtsein zu erheben, das aus dem Willen einer Höheren Wesenheit erschaffen wurde. Deshalb, Chelas, muß dem heroischen Problem mit heroischen Maßnahmen begegnet werden – mit denselben Methoden, um in dieser unterbewußten Ebene das Empfangen von Unterweisungen zu erreichen. Wir müssen den fruchtbaren Boden wieder im Unterbewußtsein ausbringen. Entspannt Euch, Chelas, die Entwürfe sind gut vorbereitet und beginnen sich schon zu strukturieren.

ICH KOMME, UM AUFZURÜTTELN

Ich und meine Brüder kommen, um Euch aufzurütteln. Ich komme, um Euch in einen übergeordneten Sinn hinein zu schütteln, in eine höhere Bestimmung, für die Ihr geboren wurdet. Ich komme, um die Dezibels so lange durchzuschütteln, sie rattern und schlingern zu lassen, bis ihr „HINHÖRT" und die Frequenzen und Schwingungen Eures Wesens sich neu anpassen – JETZT!

Laßt dieses kostbare Juwel der Einigkeit und Einigung ein Ort der Zusammenführung werden, damit Ihr aus der Teilnahmslosigkeit und Eurem Jahrhundertschlaf herauskommt, um diese Nation zu einem lebendigen Zweck zu befördern, der in jedem Einzelnen Kraft, Mut, Selbstdisziplin und den Willen auslöst, über seine todesähnliche Untätigkeit hinauszuwachsen, in der sich die Menschen nur allzugern der Trägheit, dem Schlummer, den Sinnesfreuden und jeglicher Art von „Vergnügen" hingeben, während die Welt, diese mit der Energie der Quelle angefüllte Welt – anstatt sich zu einem erfüllenden Ziel hinzuentwickeln – sich in immer niedrigere Energien hineinwindet, bis nichts mehr übrig bleibt als die Starre des zu erwartenden Todes.

Diese Substanz, dieses Leichentuch, diese Verschmutzung, ist der Kern der Verunreinigung der Elemente Eures Wesens und nimmt Euch den gesamten Lebensfluß, sodaß Ihr von hier nach dort wandert und einfach akzeptiert, was Euch der Tag bringt, als ob es so sein müßte.

Ihr bewegt Euch auf diesen stumpfsinnigen Wegen und macht Gott für Eure Zwangslage verantwortlich. Überraschung für Euch, Chelas, IHR SELBST HABT DAS HERAUFBESCHWOREN; JETZT MÜSST IHR DAS WIEDER RÜCKGÄNGIG MACHEN, WAS IHR DA VERURSACHT HABT. Akzeptiert, daß Ihr es selbst gewesen seid, dann könnt Ihr es auch wieder richten. Hört auf, Gott und Euren Bruder für Euer eigenes Leid in die Verantwortung zu nehmen. Aufstieg und Fall einer Zivilisation ist das Werk der Menschen, nicht das Wirken von Gottvater. Der Mensch hat es versäumt, den Willen Gottes umzusetzen, er hat es versäumt, das Herz seines eigenen inneren Wesens zu berühren.

Ihr müßt aufhören, „den Anderen" die Schuld in die Schuhe zu schieben; Euren Eltern, der Gesellschaft, Euren Lehrern, Eurer Kultur – der ganzen Zivilisation. Ihr solltet also für Euch selbst geradestehen und alles verwerfen, was Euch niederdrückt.

Ich ertappe mich dabei, daß ich das Wort „Aufopferung" benutze. Ich mag das Wort an sich nicht, aber Ihr habt kein anderes Wort, das dem gleichkommt, was ich ausdrücken möchte. Laßt uns stattdessen das Wort „Selbstdisziplin" nehmen. Das Wort Opfer beinhaltet etwas Negatives, wenn es darum geht, „auf etwas zu verzichten". Ihr befindet Euch aber nicht in der Phase des „Verzichts", sondern in der Phase der „Erhaltung". Opfer beinhaltet auch so etwas wie „Schmerz". Es ist aber kein Schmerz, das Gewicht der Sterblichkeit zu entfernen, damit die erschlankte Geistseele fliegen kann. Es ist auch nicht schmerzhaft, mit dem eigenen Selbst in die wundersame Schönheit des Willens Eures Ursprungs-Selbstes einzutauchen. Derzeit besteht eine Tendenz bei Euch, sich von den „Schmerzen" abzukoppeln, die Ihr Jahrhunderte lang in Eurer Zeitrechnung ertragen habt. Eure Seele verharrt in Pein und Ihr habt in diesem Leben noch nicht einmal Kontakt zu ihr aufgenommen, um ihr Leid wenigstens zu erkennen. Ihr geht einfach weiter auf Eurem armseligen Weg voller Langeweile und sehnt Euch nach etwas Besserem, ohne so zu handeln, daß das „Bessere" auch kommen kann.

SELBSTBEHERRSCHUNG

Um sich zu „verbessern", muß man Anforderungen erfüllen. Das sind sehr strenge Anforderungen. Ihr müßt sowohl Euch selbst als auch die Situation beherrschen. Für Selbstdisziplin gibt es keinen Ersatz. Aus diesem Grund wecken wir dieses Kind auch in der Morgendämmerung auf, um zu schreiben. Wir können zu jeder Tageszeit schreiben; aber sie hat sich diese Disziplin angeeignet, bei Anbruch der Morgendämmerung aufzustehen und diese Arbeit zu tun. Wenn sie das kann, wird sie auch verfügbar sein, wenn sie gebraucht wird und nicht nur dann, „wenn sie das Gefühl hat, mitmachen zu wollen". Das ist nur ein Beispiel, Dharma.

Wenn Ihr beginnt, die Kontrolle über Euch selbst zu erlangen, werdet Ihr auch beginnen zu sehen, daß Ihr alle anderen Dinge, die Ihr haben wollt, manifestieren könnt. Nicht, weil „Magie" Spaß macht, sondern, um Eure angenommene Aufgabe auch zu erfüllen; um in Eurer vollständig entwickelten Bewußtseinskontrolle über alle Materie schwelgen zu können. Ihr werdet das nicht haben, um Menschen damit zu beeindrucken, denn über diesen „Charakterzug" seid Ihr hinausgewachsen; es geht Euch eher um Euren eigenen Ausdruck der Wahrheit.

Es ist schön, Meisterschaft zu zeigen, aber Ihr sollt Euch nicht in der Gefolgschaft jener befinden, die solche Phänomene als „den Weg" beschreiben, ob rechtmäßig oder unrechtmäßig, ob als „weißer" oder „schwarzer" Magier. Für die Menschheit ist jetzt die Zeit gekommen, dem Lehrer wegen der Wahrheit der Lehre selbst zu folgen und zum Segen der Schwingung von Wahrheit und „Leben" – und nicht einem mystischen Hokuspokus hinterherzulaufen.

Um sich mit den höheren Schwingungen der Absicht zu verbinden, müßt Ihr damit aufhören, innerhalb Eurer „Selbstsucht" zu leben; und in der „Ich-Bezogenheit" all Eurer Handlungen. Wenn Ihr nur aus selbstsüchtigen Gründen handelt, habt Ihr nichts anderes getan, als die eine egoistische Tat gegen die andere auszutauschen, was genau das ist, was Dein Bruder nachahmen wird, wenn sie ihm wünschenswerter als sein eigener Egoismus erscheint. Damit habt Ihr aber auch nur „Euren Weg" beschritten, nicht den Weg der Wahrheit, der der Übergangsweg für diesen verdorbenen Zustand ist, in dem der Planet und die Zivilisation gefangen sind.

Ich kann versichern, daß Alle, die sich von der Knechtschaft der Sterblichkeit befreien wollten, ausnahmslos zuerst den Schritt zur Selbstdisziplin gehen mußten und zugunsten des Informationsflusses, sowohl von höheren Quellen als auch von weltlichen physischen Bindungen, ihre eigene Persönlichkeit zurückgestellt haben. Ihr müßt Euch weit über die bewußten Reaktionen Eures persönlichen „Selbst" hinausbewegen, um mit dem in Harmonie zu kommen, welches Euer Wesen umgibt.

Da Ihr Euch für diese wunderschöne Aufgabe verpflichtet habt, werden ich und meine Brüder aus diesen höher frequenten Ebenen zu jeder Zeit, ob Tag oder Nacht, auf Euren Ruf antworten. Keine einzige Seele wurde jemals vernachlässigt, wenn ihr Ruf kam. Gleiches zieht Gleiches an. Ich gehe dorthin, wo der Ruf herkommt. Ich gehe dorthin, wo die Schwingung ihren Ursprung hat und meine Präsenz auch gespürt wird – Ihr geht niemals ohne Führer und Beschützer an Eure Arbeit – NIEMALS; IN KEINEM EINZIGEN MOMENT!

Wisset – Ihr seid immer unter den Augen und der Aufsicht der höheren Ebenen. Uns ist jeder Gedanke bekannt; jede Tat aufgezeichnet. Nackt werdet Ihr vor Eurem Gott stehen, wenn Ihr diesen Aufenthalt hier beendet habt; demnach würde es Euch gut zu Gesicht stehen, wenn Ihr ein wenig achtsamer bei Euren Aktivitäten wäret, die Ihr so gerne versteckt „haben wollt". Nicht MENSCHEN werden vor Euch stehen; sondern Gott.

DIE GLEICHE ALTE GESCHICHTE

Macht Euch keine Gedanken darüber, weil Ihr Euch in unserem Blickfeld befindet. Alle haben dieses Gefühl des Unbehagens, wenn sie bemerken, daß alles bekannt ist, was sie tun. Ihr habt seit Eurer Kindheit darüber gehört, nur daß Ihr jetzt dieses „beobachtet werden" auch spürt. Laßt mich Euch versichern, meine Lieben, wir haben schon vorher alles gesehen – „ALLES". Es gibt schlichtweg nichts, was Ihr denken oder tun könnt, was nicht vorher schon getan oder gedacht wurde. Es wird unzählige Male und immer und immer wieder im Massenbewußtsein bis zum Abwinken wiederholt. Wir haben diese Welt und ihren Leichtsinn gesehen. Ich habe diese alten programmierten Handlungsabläufe bei den Gestrauchelten gesehen, die vielen alten Schallplatten, die immer und immer wieder gespielt wurden, bis sie so alt waren, daß sie auch bei den Abtrünnigen in ihren inneren Empfängern vom wiederholten Abspielen ausgeleiert waren.

Allerdings ist es befremdlich, daß Ihr niemals bemerkt habt, daß Ihr die alten Konditionierungen, die Ihr in Eurer davorliegenden Erfahrungsebene und der davor und davor hörtet – immer und immer wieder wiederholt habt. Die Handlungen sind die gleichen. Es ist sehr wenig an neuer Literatur hinzugekommen in, sagen wir, in tausend Jahren. Wenn Ihr unter den Abtrünnigen wart, hattet Ihr auch keinen Bedarf an „kreativem" Tun, weil die gleichen wenigen Handlungsstränge immer wieder wirkten und hier kein Bedarf an Veränderung besteht.

Ihr fragt: „wie lange wollt Ihr Meister noch warten, während wir wachsen?" Nun, wir haben äonenlang Zeit zu warten, während Ihr spielt und ausprobiert – und auch das wieder bis zum Umfallen. – DIE FRAGE IST ABER, WIE LANGE IHR NOCH WARTEN KÖNNT? Wir kennen die Stunde unserer Ankunft und unserer Abreise. Aber kennt Ihr die Stunde Eures Kommens und Gehens, Eurer Geburt im Schoß der Zeit und Eurer erneuten Reise durch den Raum, hin zu anderen Ufern? Denkt sorgfältig darüber nach, Chelas.

Könnt Ihr Euch sicher ein, daß Ihr ein nächstes Mal an diesem heißgeliebten Ort sein könnt, um Eure „zuvor" nicht erfüllten Aufgaben zur Vollendung zu bringen? Ist es an einem bestimmten Punkt möglich, daß Alle, mit denen Ihr Erfahrungen sammeln wollt, auch zu diesem Zeitpunkt ihre Missionen an diesem Ort vollenden wollen – wird es dann noch einen Platz für Euch geben?

Wo werdet Ihr hingehen, um Euren inneren Lebensplan zu erfüllen, wenn Ihr an die Erde gebunden seid? Werdet Ihr überhaupt noch eine Möglichkeit des Wiederkommens haben mit Eurer Haltung gegenüber Abtreibungen, Geburtenkontrolle und dem Leben selbst?

Ihr müßt in Eurem Inneren sehr genau hinschauen, Chelas. Worum geht es jedem Einzelnen von Euch? Ich meine, worum geht es Euch WIRKLICH? Wollt Ihr als Suchender hierhin und dorthin gehen, oder wollt Ihr unterhalten werden und „die beste Aufführung erhält Euren Vertrauenszuschlag" oder wollt Ihr nach einem Grashalm im Wind suchen? Oder – folgt Ihr dem Ruf Eurer Seele nach dieser Ganzheit, nach dieser Harmonie und dem Licht, das Euer Leben und Euren ursprünglichen Lebenssinn nährt?

In diesem wunderbaren Land, auf das wir ausgerichtet sind, seid Ihr ein Volk des „guten Willens". Dies ist ein Land des guten Willens, ein Land in Fülle, das mit den Nationen dieser Welt geteilt wurde. Aber auch Euer Volk des guten Willens wurde von denen unterwandert, die gekommen sind, um Euch das Licht des Christos und der Mutter und von Gott selbst (ihm oder ihr) zu stehlen und die Kinder, die auf dem Pfad der Wahrheit wandeln zu verwirren, sie zu verbiegen und zu quälen. Seht Ihr, Chelas, sie greifen Euch an, um Euch dazu zu bringen, das Licht und den guten Willen und die Herrschaft Gottes zu verleugnen, DIE AN DIESEM ORT – IN DIESER NATION – HÄTTE MANIFESTIERT WERDEN SOLLEN!

STÄRKT EUREN WILLEN

Ich bin zu Euch gekommen, um Euren „Willen" zu stärken; Euren Glauben an die Höhere Ordnung. Ich bin gekommen, um Euch mit der Essenz meiner Präsenz, meines Lebens und meiner Frequenz davon zu überzeugen, daß die Aufgestiegenen Meister „ECHT" SIND. An ihrer Existenz zu zweifeln bedeutet auch, die Existenz unserer eigenen Wirklichkeit anzuzweifeln. Aber den Weg anzuzweifeln bedeutet auch, das Tor des Lebens zu schließen. Den Weg, wie er Euch gezeigt wurde anzuzweifeln, ist der Schritt in den „Tod".

Der Geheiligte Christuskreis erklärt immer wieder „ICH BIN das offene Tor, das kein Mensch schließen kann". Gebt niemandem auf irgendeiner Daseinsebene die Macht in die Hand, das Tor Eures Bewußtseins zu öffnen oder zu schließen. Gebt niemandem diese Macht, denn Gott gab sie Euch, damit Ihr Eure eigene Christuspräsenz in Euch selbst bewahren könnt. Gebt sie niemandem ab, auf daß Ihr keine Zeit damit verliert, mit Eurem Bewußtsein Umwege in den Persönlichkeitskult zu machen, der mit Maya, Selbstsucht und Manipulationen gefüllt ist.

Ich nehme aus einem kosmischen Grund Kontakt zu Euch auf – um die Fehler einer Zivilisation wieder gutzumachen, um die Wege in den Bereichen Bildung und Kultur durch die Anerkennung des Lebens als Weg der Initiation wieder frei zu räumen, denn alle Regierungen, alle Industrien und alle Bildungsinstanzen müssen schlußendlich diesem

Ziel dienen, dem Ziel, für das Christus geboren wurde, warum er auf diese Welt kam und sie müssen alle der Wahrheit verpflichtet sein.

Und dann wollen wir sehen, wie Ihr Stück für Stück das aus Eurem Leben verbannen werdet, was diesem kosmischen Zweck und der Wahrheit in Eurer inneren Wirklichkeit und Eurem inneren Wesen zuwiderläuft. Laßt uns beobachten, wie Ihr all diese Faktoren und Konditionierungen ausmerzen wollt, die Euch den Schlaf und Eure Energie rauben und Euch in der Tretmühle des wirtschaftlichen Überlebenskampfes gefangen halten. Ihr solltet Euch besser um das Überleben Eurer Seele und weniger um Euren gesellschaftlichen Status kümmern. Die Gesellschaft wird zusammenbrechen.

Wie könnt Ihr Euch selbst befreien und dann Tag für Tag über diese Hindernisse hinauswachsen, um dem Willen Gottes zu dienen? Schauen wir, welche Zeichen Ihr auf dem Weg des Überwinders setzt.

Ja, die Zivilisation wird zusammenbrechen, es sei denn, einige unter den Menschen reagieren mit der Inbrunst der Anhänger des Willens zur Wahrheit, und halten das Gleichgewicht in Amerika, Nord- und Südamerika und für alle Entwicklungen in dieser Welt. Manche werden das höchste Opfer bringen – das Opfer, das nicht Tod, sondern das Leben im Gesamten bedeutet. Manche werden Strukturen bauen und den Grundstein für den vorgezeichneten Plan des Übergangs legen. Ich kann Euch weiterhin versichern, daß Ihr die Basis für die physische Form sein werdet. Es liegt alles in der Hand Eures freien Willens, was wird die Bestimmung dieses Zeitalters sein?

ES GIBT KEINE GUTE FEE

Werft Euren Übermut in die Flamme der Feen und ähnliche mystische „macht das mal für mich" Phantastereien. Es gibt kein „Wunder", das Euch eine solch goldene Zeit bringen wird. Es ist das Wunder harter Arbeit, die Anwendung der Gesetze und der Wissenschaft der Initiation. Das ist das große Wunder. Und wenn die Söhne und Töchter der Wahrheit sagen, „heute ist ein Wunder geschehen", dann ist das die Alchemie derer, die überwunden haben – immer, und absolut kein „Wunder". Wenn Ihr das Feld der Vaterquelle bearbeitet, werden die Meister Eure Mühen durch die Alchemie des Heiligen Geistes vervielfachen. Aber auch das ist „Gesetz" und Ihr könnt erwarten, daß Eure Lebensleistung mit Zinsen zu Euch zurückkommt. Es ist das Gesetz eines Lebens in Fülle. Wenn Ihr aber ein schmales Feld bestellt, so werdet Ihr auch eine schmale Ernte haben.

Der Wille liegt in Eurer Hand, denn ich habe bereits über Meine Bestimmung entschieden. Ihr werdet Eure Antwort geben, denn Euer gegenwärtiger Schutzengel nimmt die Fortschritte Eures Willens zur Kenntnis. Die Schrittfolgen Eures Willens sind die alles bestimmenden Faktoren dessen, was Ihr werden wollt und ob Ihr im materiellen oder spirituellen Universum erfolgreich seid. Das Wachstum Eures Willens bestimmt, ob Ihr im Bewußtsein der Wahrheit, der Vaterquelle, Gott, leben werdet oder nicht.

Chelas, ich frage: seid Ihr bereit? Ist Euer Wille stark genug? Seid Ihr bereit, „ES SO ZU WOLLEN?" SO SEI ES UND SELAH; ICH LEGE MEIN SIEGEL DES ERSTEN STRAHLS AUF DIESE WORTE UND TIEF IN EUER HERZ. WIE WIRD ES SEIN? WIE WIRD ES SEIN? ES LIEGT AN EUCH!

Ich gehe jetzt und lasse Euch in Frieden über Eure Aufgabe und Eure Verpflichtung sinnieren. Denn, meine Lieben, die Aufgabe ist groß und, wie immer am Anfang, ist die Hilfe klein. So sei es, denn es soll alles kommen, wie es geschrieben steht. Werdet Ihr Teil der Geschichte sein?

Solen aum Solen. ICH BIN EL MORYA VOM BLAUEN LICHT DER BRUDERSCHAFT. MÖGE EUCH DAS LICHT VON LIEBE UND SCHÖNHEIT UMGEBEN, IHR GESEGNETEN.

*****

VERWIRRENDE ENERGIEN VERÄNDERN

Dharma, hier ist Hatonn. Das war eine lange Sitzung. Ich danke Dir, Chela, für Deine Akzeptanz. Ich bin immer neben Dir, mein Kleines, denn die Lehrstunden sind sehr kraftvoll und die Energien fast eine Überlastung; aber es wird Dir gut damit gehen. Nimm Dir die Zeit, sanft wieder in Deine eigene Balance zu kommen, oder Du gehst in die Einsamkeit. Die Lehrstunden sind von höchster Wichtigkeit und die Lehren müssen Eingang in Euer Bewußtsein finden. Wir verschmelzen die unterbewußten Lehren Eures Schlafes/Eurer Traumzeit mit Eurem Wachbewußtsein. Der Unterricht, den Ihr auf einer höheren Ebene genossen habt, muß jetzt in ein brauchbares Bewußtseinsformat umgewandelt und angenommen werden. So sei es und Du behältst die Kraft Deines Verstandes.

ICH BIN DER ICH BIN. ICH BIN DEIN VATER, ATON AUS DEM LICHT. SO SEI ES UND ICH LEGE MEINE HAND IM SEGEN AUF DEIN HAUPT, MEINE LIEBE. EUCH WIRD DAS VERSTEHEN DER WAHRHEIT UND DIE KRAFT FÜR EURE AUFGABE GEGEBEN. SO IST ES, ES IST GETAN UND IHR WERDET SIEGEN, WEIL ICH ES SO VERFÜGT HABE. ADONAI

KAPITEL 17

Aufzeichnung Nr. 2 | EL MORYA

Freitag, 14. April 1989, 13.00 h, Jahr 2, Tag 241

EL MORYA

Danke Dir, Dharma, ja, es wird gut sein, wenn wir meinen Teil heute beenden können. Ich möchte Dich nicht überlasten, aber ich habe in den Anfängen unserer Ausbalancierung miteinander sehr viel zu sagen, und wir müssen bei unserer Aufgabe bleiben. Es ist unsere Absicht, alle Arten religiöser Doktrinen, neuer Konzepte der Metaphysik, wie Ihr das nennt, politischer Grenzen, rassischer Differenzen und Unterschiede durch Hautfarben usw. wegzuwischen. Wir sind EINE BRUDERSCHAFT, nicht mehr und nicht weniger. Wir sind nur daran interessiert, Euch die unverfälschte „WAHRHEIT" zu bringen, damit wir dieser Wahrheit bei unseren Verpflichtungen treu bleiben können.

DIE WAISENKINDER DES GEISTES

Unser besonderes Anliegen gilt den Waisenkindern des Geistes – denjenigen, die ohne den geringsten Bezug zur Gottheit an eine unheilbringende Umgebung gekettet sind; denjenigen, denen der wirkliche Lebenssinn nie offenbart wurde; weshalb die Kristallisierung ihrer intellektuellen Konzepte und die Verhärtung ihrer Herzen in Selbstsucht stecken bleiben und die sich dem kosmischen Portal zu unseren Gefilden und zu denen unserer kosmischen Brüder, die auch nur kommen, um Beistand zu leisten und zu dienen, nicht öffnen können.

So zahlreich die Mysterien des Lebens sind, so zahlreich sind auch die Kräfte der Liebe. Und doch scheinen sie sich eher für den Staub zu entscheiden als für ihre Bestimmung, das ihnen verliehene

Potential anzunehmen. Der Schleier der Finsternis ist wirklich sehr, sehr schwer.

Während die Besorgnis der Menschen über ihre Ökologie ansteigt, was – wie soll ich es sagen – passiert derweil innen mit ihrer Seele? Der moralische Standard, die Anerkennung der Geistebene, das Lauschen auf die Musik der Sterne und der Sphären, das Erschaffen jenes Bandes der kosmischen Identität, welches die Kraft des Willens Gottes darstellt – das sind die mächtigen Banner, die wir tragen. Das sind die Banner, die hochgehalten werden müssen.

Wir müssen sehr sorgfältig und aufmerksam die Verbreitung der Spaltungen und die willentlich herbeigeführte Aufteilung zwischen Bewußtsein und Geist in der heutigen globalen Weltordnung zur Kenntnis nehmen. Es ist mein Wunsch, Euch von unserer höheren Ebene aus unseren Standpunkt und unsere Absicht nahezubringen. Wer Menschen gegen Menschen ausspielt, wer mit dem Finger auf die eine oder andere Religion zeigt, ist Teil der Erschaffung dieses Bewußtseinsbruches, welcher eine zerstörerische negative Spirale ist.

KEINE WELTLICHE ALLIANZ

Wie Ihr wißt, gibt es bei Euch auf der Welt Millionen, die als „linker Flügel" bezeichnet werden; andere Millionen werden als „rechter Flügel" bezeichnet. Und dann gibt es welche, die sich in einer Art menschlichem „Stolz" als „Mitte" bezeichnen, sozusagen. Bitte versteht uns richtig – WIR BEFÜRWORTEN KEINE DIESER INITIATIVEN.

Die Wichtigkeit unseres Dienstes ist so groß, daß wir uns oder unsere Bestrebungen nicht mit jemandem identifizieren können, der sich auf ein weltliches Maß an Zweckdienlichkeit beschränkt.

Wir tendieren dazu, keine dieser Sichtweisen vorzuziehen, sondern eher das Gesamtspektrum von rechts nach links und das in der „Mitte" im Auge zu behalten. Die Wahrheit scheint überall mit Irrtümern gespickt zu sein. Wir sind nicht da, um Spaltung zu betreiben, sondern um darauf zu achten, daß unsere Ziele für das Allganze und den menschlichen Geist gesund und stärkend sind.

Wir erkennen die edlen Beweggründe im menschlichen Verhalten durchaus an; aber es gibt immer noch Viele, die selbstherrlich, ungerecht, täuschend und falsch motiviert sind. Wir werden uns mit keiner dieser Verhaltensweisen identifizieren; unser Sinn und Zweck ist nicht, uns beliebt zu machen, sondern wir wollen wahrheitsgetreu sein und die spirituellen Beweggründe willkommen heißen, die es der Seele ermöglichen, sich in ihr individuelles Leben hinein auszudehnen.

Ich leugne nicht, daß Ihr allezeit Arme bei Euch habt, wie Jesus sagte. Ich spreche dem Menschen auch nicht das Recht ab, die sozialen Bedürfnisse zu befriedigen, die für Einige zu einer Art spirituellem Dienst geworden sind. Und dennoch sehen wir ganz klar, daß es bei den menschlichen Traditionen viel Edelmut gibt, wenn auch mitunter verbunden mit etwas Schwerfälligkeit, die aufrecht erhalten werden muß; aber wo sollen wir dann unsere Stützbalken anbringen? Wir können uns weder mit rechts noch mit links verbinden und wir können auf dieser Straße auch nicht mit dem mittleren Flügel marschieren. So sei es.

Selbst jetzt, da wir schreiben, gleiten Wahrheit und Irrtum hin und her. Der menschliche Trennungswahn hat den Menschen zum Gespött gemacht. Die Mächte der Finsternis lachen, wenn Menschen auf radikale Art und Weise für diese und jene Belange eintreten. Andere wiederum befinden sich im Zentrum völliger Nichtig-keit und Lau-heit und haben keine Meinung zu einer Gesamt-heit. Sie sind weder heiß noch kalt. So sei es. Die „Errettung" der Seele geschieht weder durch soziale Reformen noch erhält man sie, indem man sich „dagegen stellt". Der Fortschritt eines Menschen geschieht am ehesten, wenn er zuerst einmal in die richtige Richtung geht. Darf ich erklären, wie das am besten geschehen kann?

Es ist vernünftig davon auszugehen, daß es für die Menschheit noch sehr viel Unbekanntes in der spirituellen Natur gibt und die göttliche Offenbarung hat die letzte Entscheidung über das Wort noch nicht gesprochen. Es gibt Welche, die tatsächlich glauben, daß die religiöse Tradition vollständig ist und daß ein Mensch nur noch den sanften und vielleicht manchmal doch nicht den so sanften Weg gehen muß, verschiedenen Menschen oder Gruppen ein Etikett aufzudrücken. Aber diese Etiketten dienen nicht der Befreiung, sondern der gänzlichen Beschränkung.

Wenn ein ehrenhafter Mensch ganz klar erkennt, so wird er wissen, daß weder die soziale Reform noch das Gegenteil dieser ihre eigenen Wege haben, sich seiner gesamten Energie zu bemächtigen. Die Menschen spüren das Bedürfnis, für den einen oder anderen Weg einzutreten und die radikalen Naturen finden ihre Nischen für einen bequemen Radikalismus in unterschiedlichem Maß rechts oder links der Mitte. Wieso ein Radikaler den Anderen verdammen kann, ist im Lichte spirituellen Wissens schwierig zu verstehen; und doch existiert dieses Verhalten in breit gefächerter Üppigkeit.

Spirituelles Wissen ist das höchste Wissen überhaupt und umfaßt den gesamten Wirkungskreis der Bruderschaft aller Menschen. Wenn wir also eine Äußerung tätigen, die das eine oder andere zu billigen scheint, dann deshalb, weil das Gewand der Wahrheit das ganze Spektrum abdecken muß. Die Wahrheit kennt keine menschlichen Grenzen.

Dann ist die Wahl, ALLEN Menschen auf dem Planeten den größtmöglichen Dienst zu erweisen, egal ob Mann oder Frau, und gleich in welchem sozialen Umfeld sie sich befinden, von den Ärmsten zu den Reichsten, von den Schwächsten zu den Stärksten, von den Törichten bis zu den Weisen und von denen, die bar jeglicher Spiritualität sind bis zu den Hochspirituellen. Wir müssen ihnen allen dienen; und wenn wir es nicht tun, sind wir unserem göttlichen Auftrag nicht gerecht geworden.

Als Sprecher des göttlichen WILLENS (der Erste Strahl) glaube ich nicht, daß Spaltung in der göttlichen Absicht liegt. Ich glaube auch nicht, daß es auf der Welt niemanden gibt, der manipuliert. Ich weiß, daß Manipulation mit an Sicherheit grenzender Wahrscheinlichkeit existiert; zum Zwecke der kompletten Entwürdigung der Menschheit.

Was wir am meisten benötigen, ist Anerkennung; und Alle, die für eine solche Würdigung eintreten, sollten dafür sorgen, daß die

Textbücher dieser Welt, Zeitschriften, Radio, Filme und Fernsehprogramme und grundsätzlich alle Medien, den Menschen alle Blickwinkel zu einer Frage präsentieren sollten.

Menschen sollten sich nicht so sehr auf diese Lebenswelten einlassen, daß sie durch den Prozeß der „egoistischen" Umgestaltung ihres Umfeldes die Berührung mit ihrer Seele verlieren. Eher sollten sie begreifen, daß die Chancen im Leben, die sie manchmal ernsthaft und dann wieder ungezwungen wahrnehmen, ihr gottgegebenes Recht sind, durch das sie, wenn sie wollen, genügend Selbstbeherrschung erlangen können, um Herr ihres eigenen Schicksals zu werden.

Und tatsächlich KÖNNEN Menschen zu Herren ihres eigenen Universums werden. Sie können ihre Wünsche mit Vernunft unterlegen und können die Wege ihres Seins umwandeln und steuern – entweder für positive oder für negative Zwecke.

Ein Mensch muß geduldig und liebevoll mit sich selbst umgehen, denn es ist erforderlich, Informationen zu „verdauen" und sie aufzunehmen, da sie, wenn erfolgreich angewandt, seinem System als Kraftstoff zur Verfügung stehen.

KINDER SIND UNSER HÖCHSTES ANLIEGEN

In erster Linie sind wir damit beschäftigt, den Kindern Eurer Spezies die Gelegenheit zu geben, in den Reichtum des Universums, in ein üppiges Leben, verbunden mit einer Ansammlung an Wissen, dessen rechtmäßige Erben sie sind, hineinwachsen zu können.

Wenn allerdings Religion zu einer List wird, eine Gruppe gegen die andere aufzuhetzen, verbunden mit immer mehr als weniger Eifersucht, dann denken wir an die Fabel vom Fuchs und dem Raben und wie er den Käse in seinem Schnabel behalten hat. Aber der Fuchs schmeichelte dem Raben, bis er anfing zu sprechen, der Käse fiel ihm aus dem Schnabel, der Fuchs fraß ihn auf und jetzt hatte der Rabe nichts mehr, an dem er teilhaben konnte. Auf Eurem ganzen Planeten stellt sich Nation gegen Nation und gegen sich selbst. Religiöse Gruppen töten und verstümmeln ihre Brüder im Namen Gottes und

Christus. Es gibt bei Euch keine angewandte Christlichkeit mehr. So sei es – solange es Urteile von Mensch zu Mensch gibt, gibt es kein „Christentum".

Innerhalb der Weltordnung gibt es keine ordentlichen Ausbildungsmaßnahmen für junge Menschen. Es gibt zu viel Rücksichtslosigkeit und Hemmungslosigkeit, zuviel Betrug und ehrlose Motivation. Das sind die Beispiele, die sie in jedem Moment ihrer Existenzen erfahren. Das sind die Bilder, die sich in jedem ihrer Lebensbereiche in ihr Bewußtsein brennen. Wenn sie nichts anderes als Redlichkeit und Wahrheit erleben würden, so würden sie dem nacheifern, was sie sehen und hören. Anders geht es nicht.

Wenn wir damit beginnen, bessere Ereignisse und Visionen zur Nachahmung voranzutreiben, werden die dunklen Brüder wild um sich schlagen und sich abmühen, deren Wachstum zu stoppen. Aber erinnert Euch daran, die Dunkelheit kann nichts „erschaffen" und Dunkelheit hat keine Berechtigung im Licht. So sei es.

Nun, da ich mit dieser Botschaft zum Ende komme, nehmt sie bitte in Liebe und mit der gegebenen Absicht an. Ich bin hier, um Euch bei Eurem Wachstum hinein in den „WILLEN" beizustehen, damit wir unseren Auftrag ehrenhaft und redlich möglichst zur vorgegebenen Zeit erfüllen können. Ich bringe einzig und allein Kraft und Wohlwollen zu allen Menschen aller Glaubensrichtungen und Hautfarben.

Möge unsere Vater/Mutter-Quelle diese Einheit in Christus eines ungebrochenen, unendlichen Kreises und einer Realität, die von keinem Wind der Täuschung getragen und von keinem fanatischen Feuer angefacht wird, vergrößern und dennoch eindeutig das gesamte Spektrum des Bewußtseins der Großen Weißen Bruderschaft/der Heiligen Räte widerspiegeln, das die WAHRHEIT über allem hält.

Für immer im Dienst für diese Vater/Mutter-Quelle und der Wahrheit durch den göttlichen Willen, BIN ICH MORYA EL. Möge unser Werk der Einheit gesegnet sein und Früchte tragen. So sei es, und ich lege wieder mein Siegel auf diese Worte.

Adonai, Chelas, adonai im Lichte der Wahrheit, der Balance und Harmonie durch Liebe.

Laßt es bekannt werden, ICH BIN DER ICH BIN; VOM ERSTEN STRAHL.

ICH BIN MORYA

KAPITEL 18

Aufzeichnung Nr. 1 | LANTO

Dienstag, 18. April 1989, 7.00 h, Jahr 2, Tag 245

LANTO

Hier ist Dein Lehrer Lanto aus der Schwingung des goldenen Strahls. Ich komme nicht mit Weisheit als solcher, weder aus dem Osten noch aus dem Westen. Weisheit, Dharma, ist Weisheit; überall und zu jeder Zeit. Gesprochen werden muß über „Lebenslagen". Seien sie positiv oder negativ eingeschätzt, befindet Ihr Euch doch ständig inmitten von „Lebensumständen".

REGELT DIE RAHMENBEDINGUNGEN EURES LEBENS

Ich sage Euch laut und deutlich: „BEHERRSCHT EURE LEBENS-UMSTÄNDE UND LASST EUCH NICHT VON IHNEN BEHERRSCHEN!" Viele, die normalerweise sehr tugendhaft erscheinen, wären in anderen Lebenslagen wohl nicht ganz so tugendhaft. Und natürlich ist das der Grund, warum Ihr die Redewendung habt „Richtet nicht, auf daß Ihr nicht gerichtet werdet".

Ihr solltet nicht übersehen, daß sich manche von Euch heutzutage nur deshalb in besonderen Lebensumständen befinden, weil sie in einem anderen Erfahrungszeitraum ein kritiksüchtiges oder sonstiges Fehlverhalten gegenüber einem Anderen an den Tag gelegt oder einem Anderen in einer ähnlichen Lebenslage geschadet haben und das wahrgenommene „Karma" noch nicht ausgeglichen ist. Das Große Gesetz in seiner ewigen Barmherzigkeit und Güte hat Euch die Möglichkeit gegeben, jetzt in den Mokassins dessen zu gehen, den Ihr gerichtet habt, wie der rote Bruder lehrt. Auch wenn es von Euch selbst stammt.

Nun laßt uns die derzeitige Situation betrachten. Wenn Ihr mit Eurem Leben unzufrieden seid oder mit den Umständen Eures Lebens hadert, dann denkt daran, daß Ihr eine Zufluchtsstätte habt. Dieser Hort ist Eure eigene Große Göttliche Flamme und das Christusselbst, das sofort auf Euren Ruf antwortet – allerdings müßt Ihr still sein und hinhören, denn die Antwort kann auf verschiedenen Wegen kommen und wird normalerweise nicht als Magie erscheinen. Und es könnte auch „Zeit" verstreichen, bis die Frucht reif genug für die Ernte ist. Wenn Ihr etwas „innerhalb der göttlichen Ordnung" angefordert habt, kann es sogar vorkommen, daß es mit total negativem Anschein auftaucht, weil erst das Spiel noch aufgestellt werden muß, damit auch die angemessenen Ergebnisse herauskommen, die Ihr angefordert habt. In Eurer bewußten „Bitte" sprecht Ihr selten das aus, was Ihr wirklich wollt oder Euch von Herzen wünscht. Euer Herz weiß es und Euer Unterbewußtsein weiß es, um was Ihr wirklich gebetet habt – belaßt es auf dieser Ebene und erwartet die Antworten und Manifestationen.

Wisset meine Lieben, daß die sofortige Antwort des Allmächtigen Gottes nicht immer die schnelle Veränderung der Umstände bedeutet. Es ist eher eine Freisetzung von Licht, eine Spirale unendlicher Energie, die sich von der Ebene der ICH BIN Präsenz durch die Bahnen Eurer ätherischen, mentalen, emotionalen und fleischlichen Körper in Euer eigenes Christusselbst hineinwindet. Deshalb mag die Antwort von Eurem Ruf bis zur Manifestation für diejenigen Seelen langwierig erscheinen, die nur auf die Physis schauen, um den Göttlichen Willen oder das Höhere Sein zu erkennen.

Wir kümmern uns nicht so sehr um das fleischliche, höchst wankelmütige Sein, sondern um die Umkehrung des Bewußtseins, wobei wir genau im Herzen eines Wesens beginnen – dem inneren Plan. Euer Weg muß sich immer mit Eurem inneren Weg des Wollens decken. Viele Dinge, die keinen wirklichen Platz in dem von Eurer Seele festgelegten Bestimmungsplan haben, werden sich auf das Bewußtsein in der Körperlichkeit auswirken.

HEILUNG

Nehmen wir mal als Beispiel die Bitte um Heilung. Wenn Ihr Heilung erbittet, wird Gott immer zuerst eine heilige Feuerschale aus heilendem Licht freisetzen. Sie wird tief im Inneren Eures Unterbewußtseins verwahrt. Wenn nun dieses Licht zu fließen beginnt und sich durch die Ebenen Eures Seins ausbreitet, wird es alle unerwünschten Zustände an die Oberfläche hinauf drängen. Es ist eine Elektrode, die einen Brennpunkt der göttlichen Ganzheit darstellt. Deshalb muß alles, was anders ist als es selbst, entwurzelt und freigelegt werden.

Deshalb geschieht es oft, daß Ihr eine ganze Weile mehr Probleme habt als zu Beginn, wenn Ihr mit der Großen Weißen Bruderschaft in Kontakt geht, um mit dem Experiment als Alchemist des geheiligten Feuers zu beginnen. Und dann fragt Ihr Euch, warum Ihr diesen Weg überhaupt eingeschlagen habt?

Meine Lieben – und hier mag ich hart erscheinen – wenn Ihr nur auf Euer äußeres Wohl bedacht seid, dann geht zu anderen Quellen. Es gibt Gesundbeter, Wunderheiler, Medizinmänner, Schamanen, Woodoo-Spezialisten und medizinische Wissenschaftler. In jeder Gesellschaft gehören sie zur Prominenz. Wir haben nicht die Absicht, Seelen des Lichts in Verruf zu bringen, die nach ihrem besten Wissen die Körper der Menschheit heilen wollen. Und eigentlich haben wir Vielen die Heilkünste gezeigt, die praktiziert werden.

Aber ich muß Euch sagen, daß es oft besser ist, den Schmerz auszuhalten als ein Aspirin oder andere Schmerzmittel einzunehmen, da sie Euch in der Sicherheit wiegen, daß alles in Ordnung ist. Schmerz ist ein Signal wie das rote Licht auf dem Armaturenbrett des Lebens, das Euch mitteilen will, daß Ihr nicht ganz seid und daß Ihr besser daran tätet, die Alchemie der Ganzheit zu lernen. Leiden als solches ist weder gut noch schlecht, sondern es kommt darauf an, was man mit den Schmerzen macht, um die Seele näher an das zu führen, was Gott Euch sagen will. Folglich wisset, daß in der Suche überall und allerorten keine wirkliche Lösung liegt, sondern daß dem Ganzen in Eurem Inneren ein mangelndes Wohlsein zugrunde liegt. Sobald die

Angst vor der Heilung entfernt ist, werden Körper und inneres Selbst in die Gesamtheilung übergehen. Bis zu diesem Punkt, meine Lieben, wird Heilung keine Heilung sein, sondern eine Verbandstherapie für ein körperliches Leiden. Bei der „Heilung" können viele Hilfsmittel förderlich sein, aber das Wort „Heilung" bedeutet Gesamtheilung; Ihr braucht nicht noch mehr und immer mehr Heil-ung – zu „heilen" bedeutet genau das, was es aussagt – „Wohlbefinden in der Ganzheit".

Ihr müßt also die Antwort auf Euren Ruf auch verstehen. Versteht, daß in Euch das Licht verwahrt wird. Es ist die Absicht Gottes, Euch mit dem Einen wieder zusammenzuführen, so wahr Gott lebt und ich sein Diener bin. Daraus folgt weiter, wenn Ihr Euch auf dem Weg Eurer Initiation befindet, seid nicht allzu besorgt über Euren Erfolg oder Mißerfolg als Metaphysiker, gemessen am Maßstab der äußeren Signale.

ES WIRD KEINE ZEICHEN GEBEN

Lord Christos sagte, daß eine verkommene und ehebrecherische Generation nach Zeichen sucht, aber es wird kein Zeichen gegeben werden, außer dem Zeichen für das Kommen des Propheten. Dann werdet Ihr in Eure eigene Seele blicken, in das Unterbewußtsein Eures Wesens, um die Funktionsweise dieses Wesens zu erkennen und zwar nicht nur auf der mentalen Ebene, der wissenschaftlichen Alchemie und der Billigung oder Ablehnung von Beten und Fasten, sondern auch in den Bereichen Energie, energetische Kraftfelder, Gesetze von Ursache und Wirkung und schlußendlich auch über die Verantwortung im Leben. Es sind niemals Zauberei oder vermeintliche Wunder vom Himmel gefallen.

Entlang Eures Weges gibt es so viele Wunder hier und da. Wir könnten Euch Wunder zeigen. wir könnten auch die Menschenmassen mobilisieren, die immer hinter Wundern herrennen. Wir sind aber hier, damit Ihr durch die Vereinigung mit Gott vollkommen werden könnt. Soweit es uns und unsere Schüler betrifft, ziehen wir eine holprige, steile und einsame Straße jedem leichten Weg vor, der uns nur trügerische Sicherheit vorgaukelt.

Es gibt Viele, die Meister dieser Ebene sind. Sie arbeiten mit Hypnose, Selbsthypnose und allen Arten von mentaler Wissenschaft und psychischer Forschungen, denn dort liegen auch die Lösungen – innerhalb dieses schwer greifbaren, unterbewußten Datenraumes. Die in dieser bestimmten Oktave freigesetzte Energie wird in einigen kurzen Zeitabschnitten exakt das Programm für den Lebensweg sein. Es gibt in der Praxis kein einfacheres Konzept, und das ist auch nicht vorgesehen.

Es gibt Viele, die jahrelang in dem Gedanken gefangen sind, daß sie aufgrund spiritueller oder sonstiger Prozesse mentaler oder meditativer Natur spezielle Leistungen vollbracht haben und deshalb in der Lage seien, einen Wandel herbeizuführen. Das ist aber nicht die Alchemie des Heiligen Geistes, der Bewußtsein, Seele und das komplette Wesen umgestaltet, oder eine Alchemie, in der die Seele eine Wiedergeburt erfährt, sondern es ist nichts anderes als eine neue Zusammensetzung von Staub, eine Umschichtung materieller Moleküle.

Was ist Krankheit? Was Gesundheit? Was ist Armut? Was Reichtum? Das ist einfach ein relativer Zustand, der noch Illusion ist, es sei denn, das Individuum, das es so manifestiert, kann über diese Manifestation hinaus die Realität dessen sehen, was als etwas Neues noch kommen wird.

Demnach komme ich aus der Hierarchie der Aufgestiegenen Meister, um mit Euch zu sprechen.

Ob Eure Lebenslage nun Glück ist oder Leid, ich sage Euch, sucht nach der Gutherzigkeit Gottes. Nach Güte! Sucht Euer Glück im EINEN GOTT. Wenn Euer ganzes Glück im Leiden liegt, dann geht in das Leid, denn es ist Euer vorrangiges Reiseziel. Bewertet das an diesem Punkt je nach Gemütslage nicht als gut oder böse, sondern bewertet es anhand Eures Einsseins mit Gott – ein Einssein, das nicht nur ein Lippenbekenntnis ist, sondern ein Einssein, das ein Seinszustand ist! Denn was Ihr aussprecht, ist oft die Unwahrheit.

SEI DER SEINSZUSTAND

Das Sein ohne Schnörkeleien – das ist der Weg der Vereinigung. Das Sein. ICH BIN. Nichts davon wissen, nicht darüber nachdenken, nicht irgendwas dazu fühlen, sondern einfach ES ZU SEIN. Sei in Deinem Wesen die ewige Bewegung des Lebens, die immer wieder zu Leben wird. Sei das Schwert der Kali. Sei das Zepter der Autorität Christi. Laß diesen Heiligen Geist in Dir leben.

Wollen wir jetzt über „LIEBE" sprechen. Was ist „Liebe"? Liebe ist alles, was Euch zu den Füßen Gottes führt, seien es Kataklysmen, der Duft einer Rose oder ein Regentropfen auf Eurer Nase. Was immer Euch an mich erinnern wird, ist Liebe, spricht der Herr.

Eure Bestimmung ist es also nicht, das Wort zu deuten. SEID DAS WORT. Die Deutung soll durch die „Beurteilung" der darauf folgenden Handlungen entstehen (beurteilt die Taten, nicht die Personen für ihre Taten). An Ihren Taten sollt Ihr sie erkennen. Seid der Lebensbaum. Laßt die Entwicklungen der Erde kommen und die Früchte Eures Baumes pflücken, eßt davon und geht in den Samadhi ein.

Jetzt möchte ich Euch aber noch ein paar Worte zur Unsterblichkeit sagen. Sie ist eine Art Hingabe oder Ergebenheit. Sie ist der Tod des Ego. Es gibt einen Weg zur Vollkommenheit. Es ist ein Bad im Heiligen Licht. Dieser Fluß von Vater/Mutter dient dem Zweck Eurer persönlichen Reinigung und Klärung. Wenn die Reinigung nicht der Erlösung Eurer Seele dienen würde, welchen Zweck hätte sie dann?

Meine Lieben, ich spreche zu Euch aus einem umgewandelten Bewußtseinsstatus heraus, während dessen Ihr Euch in einen Energiefluß bewegt, in dem es keinen Widerstand gegen den Gott gibt, den ich kenne. Denn der Gott, den ich kenne, ist der Gott ICH BIN und dieser Gott in Euch ist bereit, sich in Euch zu verinnerlichen, bei Euch zu bleiben und Ihr selbst zu werden.

SEID STILL UND HÖRT ZU

Deswegen ist es lebenswichtig, daß Ihr zuhört, während Ihr in der Meditation seid und das Entspannungstonband hört, das Euch Meister Hatonn gegeben hat, denn es spricht alle Strahlen, die Stille des Empfangens und die Fähigkeit an einer Teilnahme auf der Ebene der unterbewußten Wahrnehmung an – es ist kein Anhören einer weiteren

Vorlesung. Deshalb solltet Ihr Eure Fragen aufschreiben, damit Ihr sie ohne Veränderung Eures Bewußtseinsstatus weitergeben könnt – und dann Eure Antworten bekommt, wenn sie von großem Wert sind. DAS ALLES FINDET AUF EINER BEWUSSTSEINSEBENE STATT, DIE UNTER DER EBENE DESSEN LIEGT, WAS IHR WAHRNEHMEN KÖNNT. IMMER – IMMER!

Dharma möchte nicht, daß Ihr Euch die Zeit nehmt, das Band anzuhören; das ist ein Fehler, denn damit ist der Wert der Sitzung fast „Null", weil Ihr nicht alle Teilnehmer mit dem gleichen Empfangsniveau an der richtigen Stelle habt.

Auf diese Weise könnt Ihr das Ziel erreichen, nach dem Ihr Euch von ganzem Herzen sehnt. Es ist überhaupt nicht nötig, für dieses anvisierte Ziel für das Selbst zu kämpfen, denn es genügt schon, wenn Ihr die Uniform des Humanismus abstreift und die Maskerade des fleischlichen Denkens hinter Euch laßt. Alles, was Ihr nicht selbst seid, kann Euch nicht binden, es sei denn, Ihr gebt ihm die Macht dazu.

Entfernt Euch von Euren alten Gewohnheiten – nein, RENNT WEG WIE VERRÜCKT, weg von den alten Gewohnheiten, den alten Mustern, dem „alten" Menschen, den alten Vorstellungen, und steht im Mittelpunkt Eures neuen Wesens. Befehlt es durch die Autorität der Allmächtigen Gesamtheit, des Vater/Muttergottes und seid frei.

Unterwerft Euch nicht der Dunkelheit, sondern eher der lichtvollen Demut, die auch Euren Schutz beinhaltet. Seid gehorsamer Diener des Gesetzes, aber nicht Diener von Dämonen, die Eure Demut verspotten und Euch in Eurer Angst unterwürfig schelten, die aber nur die Angst vor den Dämonen ist, weil sie nicht die Wahrheit Gottes in sich tragen.

Ihr müßt den Schritt tun und Euch zu Gott hinbewegen und Balance, Harmonie und den Weg der Ausrichtung einfordern – die Anweisungen für das Ewige Leben. In der guten alten Verkündigung – macht Euren Frieden mit Gott – bereitet Euch darauf vor, Gott zu treffen. So sei es und Amen.

Die Erde ist wie ein Klassenzimmer. Ihr sollt nicht aus diesem Leben in den verletzlichen Zustand der astralen Ebene wechseln, in der Ihr eingefangen werdet und Euch gegen die Aasgeier und die Gestrauchelten wehren müßt, die Euer Fleisch fressen und Euer Blut trinken, weil Ihr nicht von der Lichtsäule umgeben seid, die Euch in ewige Höhen trägt.

ZUKUNFT SICHERN

Nehmt jetzt, in diesem Moment, die Gelegenheit wahr, das Leben Eurer Seele in alle Ewigkeit zu sichern. Sichert es ab, Ihr Lieben. Denn ich sage Euch, plötzliche Übergänge gibt es viele und sie kommen in allen Lebenslagen und mit allen Arten von Personen. Wenn der Übergang einmal gemacht ist, muß die Seele die Folgen des Lebens auf der Erde auch ernten. Viele bleiben Hunderte von Jahren auf der astralen Ebene hängen, weil sie es auf der Erde versäumten, diese Identität mit Gott zu sichern.

Setzt das kleine Räderwerk Eures Unterbewußtseins, das nur deshalb installiert wurde, um Euer schwaches Bewußtsein vor der Wirklichkeit zu schützen, teilweise außer Kraft. Ich rufe das herbei, damit Ihr jetzt schon erkennt, was Ihr dem Leben schuldig seid, und damit Ihr das Heilige Feuer anrufen könnt und wißt, daß Ihr jeden Tag die Ursachen und Wurzeln jener Zustände umwandelt, die Ihr bisher geleugnet habt. Ihr seid bereit für die Wandlung, wenn Ihr Euch nicht mehr abwendet, sondern Euch mit der ruhigen Gelassenheit inneren Wissens all dem stellt, was weniger gewesen ist als die Vollkommenheit Christi. Ihr müßt Euch diesen Verweigerungen stellen wegen der Realität, die sie zeitigen und dann erst könnt Ihr Euch in der Wandlung befinden.

GOTT IST Energie. Jedes Erg [A.d.Ü.: Maßeinheit für Energie] an Energie, das seit Abertausenden von Jahren an Erfahrungen durch die Verflechtung Eures Bewußtseins gegangen ist, muß jetzt durch die Flamme der Gottesquelle gehen, entblößt von der äußeren Schicht des menschlichen Bewußtseins und muß wieder zurückgeschickt werden in den Kausalkörper Eures Lebens. Das ist die wirkliche Herausforderung Eures Lebens auf der Erde – nicht Euer leibliches Wohl, nicht die Erfolgszuweisung an Jene, die sich in der Manipulation durch die Materie bewährt haben.

Ich hege eine große, tiefe Sehnsucht, meine Lieben, ich möchte Euch im wahrsten Sinne des Wortes in Freiheit sehen. Deshalb bin ich auch gekommen, um Euch ein Leuchten zu bringen, in dem die Seele Licht und Dunkelheit sehen, deren Beziehung zueinander verstehen kann und wissen möge, daß letztendlich alles Falsche nicht real ist.

Aber um auf der physischen Ebene, auf der Illusionen in Erscheinung treten und die Konkretheit einer Quasi-Realität haben, unwirklich zu sein oder zu werden, muß es durch die Flamme der Wandlung gehen. Deshalb, akzeptiert die Unwirklichkeit der Sünden, von Krankheit und Tod, selbst dann, wenn Ihr die Violette Flamme anruft, um die Wirkung eines Bewußtseinszustandes umzuwandeln, obwohl Ihr in früheren Zeiten und Räumen die „Realität" dieser Sünde oder jener Krankheit und des Todes akzeptiert habt.

Durch dieses „Ritual" der Wandlung werden die Moleküle des Lichts von allen falschen Glaubenssätzen und Systemen der Irrwege befreit. Das Ritual hat aber nichts mit dem Prozeß zu tun, außer daß man sich in diesem „rituellen" Akt auf die Seelenabsicht konzentriert.

Durch diese Wandlung wird der innere Mensch heil oder ganz. Weil Ihr in dieser Aktion den Heiligen Geist anruft und Ursache, Wirkung, Aufzeichnung und Erinnerung an die Illusion müssen sich unterwerfen.

Ihr müßt Euch immer das Ziel vor Augen halten, denn in allen Arten eines Bittgesuchs gibt es einen Zweck; Meditation, Verfügung, Visualisierung und so weiter. Wenn Ihr den Kontakt aufgebaut habt – verbindet er jede einzelne Ebene der Meisterschaft und Ihr werdet in die große Vereinigung mit der Mutterflamme kommen. Diese große Synthese ist das weiße Licht der Gesamtheit und aus diesem Licht entspringt die reine, unbefleckte Wahrheit.

RESPEKT FÜR ALLE

Wir kommen nicht, um irgendeinen Glauben zu verdammen. Wir kommen, weil wir Licht, Erleuchtung und Verständnis für jeden

Glauben bringen wollen. Mögen Alle, die in verschiedene Kirchen aufgeteilt sind, sehen, daß jeder Weg ein Schlüssel sein kann; und das Verständnis des Zusammenfügens der verschiedenen Schlüssel des Lebens wird die gesamte Menschheit befähigen, tief in das Herz des vollständiges Lichtes einzutauchen. Laßt das Verstehen immer die Worte sein: „ICH BIN DER WEG, DIE WAHRHEIT UND DAS LEBEN!"

Ich bin Lanto. Ich besiegle das Gesagte in Wahrheit und Verstehen und Weisheit. Laßt uns diese Weisheit und dieses Verständnis in dieser einzigartigen und krisenhaften Zeit immer zum Weiterschreiten in diesem geliebten Garten nutzen, den man Euch gegeben hat. Ich gebe Euch Wächtern mit Eurer schweren Bürde auf Eurem mit Hindernissen gepflasterten Weg Kraft. Bleibt uns treu, damit wir Euch sicher auf dieser Überfahrt begleiten können.

Friede sei mit Euch, ich gehe auf Stand by und erwarte Eure Bitte und Einladung in Euren Teilnehmerkreis. So sei es und selah. ICH BIN der ICH BIN.

ICH BIN LANTO

KAPITEL 19

Aufzeichnung Nr. 2 | PAUL DER VENEZIANER

Dienstag, 18. April 1989, 13.00 h, Jahr 2, Tag 245

PAUL DER VENEZIANER

Guten Tag, Dharma, danke, daß Du meine Energie willkommen heißt. Ich werde Paul der Venezianer genannt, damit Du meinen Namen nicht mit Paul dem Apostel verwechselst, der bei diesen Unterrichtsstunden als Hilarion kommt.

Eher als Definition meiner Schwingung – man nennt mich auch den Chohan des Dritten Strahls mit dem Schwerpunkt Liebe, Kreativität und Schönheit. Mit anderen Worten, dies sind sozusagen meine Fachbereiche.

LIEBE UND DISZIPLIN

Kreativität und Schönheit können ohne „Liebe" gar nicht sein, deshalb wollen wir uns die Liebe betrachten.

Liebe IST die fließende Essenz, die allerhöchste Eigenschaft Gottes, denn sie ist die Bewegung des Windes und des fließenden Wassers, man benötigt die höchste Disziplin, um diese Liebe zu bewahren – zu empfinden und zu halten, diese Liebe, die so zart ist, so behutsam, und dennoch die unübertroffenste Ausprägung der kreativen „Feuer". Die größten Künstler, Dichter und Musiker, die diese Flamme der Liebe nutzen, um eine Idee Gottes umzusetzen, sind Jene mit der härtesten Disziplin, Selbstdisziplin, mit den höchstmöglichen eigenen Energien und denen des Lebens, selbst mit denen von Raum und Zeit.

Also komme ich, um Euch ein Verständnis von Disziplin zu übermitteln, damit Ihr verstehen könnt, daß Disziplin nicht etwas ist, das Ihr fürchten müßt, sondern daß Disziplin das Gesetz ist, die Beglückung durch Liebe. Disziplin ist ein Netz, ein Kraftfeld, das notwendig ist, um in diesen Fluß der Liebe zu kommen und ihn auch zu erhalten.

Wo es undiszipliniertes Leben gibt, verschwindet die Liebe; verzerrte und entstellte Liebe ist verloren. Wo Bewegungsenergie undiszipliniert ist, wo kein Kelch zur Aufnahme des flüssigen Feuers der Liebe bereit steht, verliert die Menschheit diese Liebe.

In alle Ewigkeit glücklich zu sein bedeutet, daß die Liebe in der Disziplin verborgen ist, was Selbstdisziplin erfordert. Um weiterhin Liebe zu erfahren, müßt Ihr sie geben. Wisset, daß wenn Ihr Eure Energie, Eure Bedürfnisse, Euren Charakter, Euren Tagesablauf, Euren Dienst am Leben diszipliniert, Ihr auch Eure Fähigkeit erhöht, Liebe zu geben. Je disziplinierter Ihr seid, desto stärker ist Eure Bewußtseinsstruktur. Wenn Ihr ein starkes Bewußtsein, gepaart mit einer soliden Ausdauer habt, seid Ihr auch in der Lage, Megatonnen an Lichtkraft, die Ihr Liebe nennt, im Gleichgewicht zu halten.

Auf der Erde habt Ihr jedoch einige Schwierigkeiten, in Eurem Lebensfluß mit den Strömen der „Liebe" umzugehen und Viele, die eigentlich Meister der Flamme des Dritten Strahls sein sollten, befinden sich jetzt im Zersetzungszustand und ihr Bewußtsein ist angefüllt mit üblen Geistern und deren Geschwätz. Dieser Zustand der Verwahrlosung rührt aus dem Mißbrauch dieser wunderbaren Flamme her.

Liebe ist eine so mächtige Kraft, meine Lieben, und ihr Mißbrauch geht mit schwerem Trauma, Karma und Mangelzuständen im Leben und der Lebenskraft einher. Und deshalb, das werdet Ihr erkennen, wird alle Wissenschaft dieses Zeitalters des erleuchteten Wissens durch die Hand von Saint Germain als Flamme der Göttlichen Liebe an die Menschheit weitergereicht. Denn die Erfüllung der Mutterflamme entsteht aus der Liebe heraus, sei es als Erfindung oder als Aspekt der Göttlichen Realität, die nur darauf wartet, durch einen kreativen Geist bei Euch oder irgendwo in der gesamten Menschheit in die Manifestation herabgeholt zu werden.

Unglücklicherweise hat die Menschheit aufgrund der weltweiten Bildungssysteme, Entfernung bestimmter Begrifflichkeiten und

Berechnungen für Massenkonzepte, die von Kindesbeinen an gelehrt werden, ein Mißverständnis über das angeborene Genie entwickelt und die Schüler werden nicht über die Talente aufgeklärt, die jedem Einzelnen vom Herrn mitgegeben wurden und folglich lernen sie auch nicht, wie sie diese Gaben und Flammen ihrer innewohnenden Gotteswirklichkeit anwenden sollen. Die Menschen fühlen sich irgendwie wertlos und meinen, daß nur ein paar Wenige die Fähigkeiten für Erfindungen und Kreativität besitzen.

JEDER HAT EINZIGARTIGE VORSTELLUNGEN/GEDANKEN

Ich komme, um Euch zu sagen, daß jeder tief in seinem Herzen eine einzigartige Vorstellung von Liebe hat, die er zum Wohle seiner Mitmenschen und zur Unterstützung der verfeinerten Lebensweise gegenüber der Göttlichen Mutter einsetzen kann. Dies kann auf ganz unterschiedlichen Wegen und viele Arten zum Ausdruck gebracht werden. Viele von Euch haben dieses Geschenk während einiger Lebenserfahrungen in Folge in ihren Herzen gehalten, weil man Euch einfach nicht gesagt hat, daß Ihr das auch entlassen könnt, nach außen tragen könnt, weil Ihr Wesen mit höchster Kreativität seid. Noch viel häufiger geschieht es, daß Manchen gesagt wird, sie seien nichts wert, hätten kein Talent und so weiter und so fort, nur um Euch kleinzuhalten. Nun, Ihr Lieben, in Euch liegen die Talente, die nötig sind, um die Marotten der Zeit zu wandeln und sie der menschlichen Rasse über Jahrhunderte hinweg als ständige Begleiter an die Seite zu geben. Deshalb schlage ich vor, daß wir sofort damit beginnen, diese Gaben zu finden und sie zum Ausdruck zu bringen.

Gott erschafft, daraus erfolgt zwingend, daß Ihr auch kreativ sein „müßt". In Euren Händen, Euren Augen, in der energetischen Bewegung durch Euch ist immer ein kreativer Fluß zu finden. Wenn Ihr in dieser Dichte die Disziplin habt, könnt Ihr wunderbare Gedankenformen in Materie umwandeln. Ihr könnt all diese Dinge freisetzen, die weder Gewinn bringen sollen noch für Handel oder

Verkaufsförderung in einer Welt gedacht sind, in der schnellebig heute etwas auftaucht, das Morgen wieder verschwindet. Sondern Ihr stellt einen dauerhaften Beitrag für Eure Bruderschaft der Menschheit zur Verfügung.

Ich möchte Euch ein neues Konzept für die Notwendigkeit von Selbstdisziplin geben. Nicht, weil Ihr sterben werdet, wenn Ihr sündigt und auch nicht, weil Ihr deshalb bestraft werdet, sondern einfach deshalb, weil Ihr durch Unordnung (und das ist eine „Sünde" wider die kosmische Ordnung), oder durch Schludrigkeit in Euren persönlichen Verhaltensweisen oder wenn Ihr Euch von jedem kleinen Luftzug oder jedem Windhauch aus der Bahn werfen laßt die Feuer der Liebe verliert, die Euch das höchste Glücksgefühl Eures Daseins und die Erfüllung Eurer kreativen Bestimmung bringen.

Selbstdisziplin wird zum Merkmal aufrichtigen Selbstinteresses. Die Hinwendung zur Erfüllung Eurer göttlichen Vorsehung und Eures göttlichen Plans kann in höchster Schönheit und Freude des Liebesfeuers erfolgen, wenn Ihr mich nur in Eure tägliche Anrufung einschließen und großzügig von der Kraft der Heiligen Flamme abgeben würdet, damit Ihr direkt aus Eurer inneren „Christusflamme" gespeist werden könntet. Das wird Eurem inneren Genie gestatten, nach außen hin sichtbar zu werden.

Warum könnt Ihr nicht mit dem Christusbewußtsein auf der Erde wandeln? Was hindert Euch daran, diesen höchst erstaunlichen Seinszustand umzusetzen? Es ist nur Unwissenheit, Plattheit und der Jahrtausendschlaf; nur, weil Eure Medien und Plakatwände Euch nicht ständig sagen, daß Ihr all das werden könnt, was Ihr Euch wünscht zu sein. Im Gegenteil, sie sensibilisieren und wecken Wunschvorstellungen niederer Gesinnung, die Euch immer weiter von Eurem Ziel entfernen. Ihr werdet das, was Ihr Euch vorstellt und was man Euch erzählt und Ihr als Wahrheit verinnerlicht. Ihr bewegt Euch im Fluß der geistlosen Energien, welche in und auf den Wellen des Massenbewußtseins reiten und damit verfangt Ihr Euch in der Falle der hypnotischen Hilflosigkeit.

Nun, ich sage Euch, die Medien wurden der Menschheit zur Entwicklung der Selbstdisziplin, ihrer Selbständigkeit gegeben, und um die Botschaften der Meister zu veröffentlichen. So sei es, denn hier sieht man, wie die Dinge mißbraucht werden.

Könnt Ihr Euch vorstellen, daß jedes Mal, wenn Ihr Euren Fernseher anschaltet, der Sprecher zu Euch sagt: „Du kannst Christus werden?" Ihr würdet anfangen, das zu glauben. Es würde ganz normal werden und wäre weder aufsehenerregend noch verblüffend. Ihr müßt Euer inneres Fernsehgerät, das Eures Ätherkörpers, einschalten und den Meistern solange zuhören, bis die öffentlichen Medien zugunsten des Aufbaus von Selbstwertgefühl verändert werden können, anstatt Euch noch enger in Gewalt und geringes Selbstbewußtsein zu verstricken.

Ich gebe Euch eine Gelegenheit zu erkennen, daß es in Euch eine bereits funktionierende Erfindung gibt, eine Kontaktmöglichkeit zu den Ebenen der Aufgestiegenen Meister – über Euren ätherischen Körper; das ist ein Mechanismus und eine elektronische Frequenz, die weit über der Eurer physischen Ebene liegt. Und diese Lehrer sind da und erwarten Eure Einladung für ihre Beteiligung.

Da es grundsätzlich weder „Zeit" noch „Raum" gibt, solltet Ihr Euch bewußt machen, daß Ihr Euch zu jeder Tageszeit und in jedem Moment in der Gegenwart des Lehrers Eurer Wahl befinden könnt – oder in der Präsenz aller Lehrer. Es bedarf lediglich der Übung, das geistige Auge auf diesen physischen Punkt auszurichten, der den geographischen Ort in Raum und Zeit markiert, der also die Koordinate der Residenz des Meisters ist. Das ist leichter als es sich anhört; Eure kosmischen Brüder reisen auf diese Art in ihrer wahrgenommenen „Realität" und können sich bis zur Berührungsfähigkeit in der Wirklichkeit der Materie verdichten.

Machen wir ein Experiment, wißt Ihr eigentlich, daß mein rosa „Umhang" grün eingefaßt ist? Ich bin in erster Linie Wissenschaftler und Ihr solltet mich nicht einzig und allein in die Künstlerecke verbannen. Ich bin nämlich sowohl Wissenschaftler als auch Künstler und ich genieße es, daß mir beide Fachbereiche als Werkzeuge in die Hände gelegt wurden.

Laßt diesen Becher, der Euch vor vielen Jahren als Gedankenform überreicht wurde, nun hier unten als Kelch für den Mentalkörper erscheinen. Laßt diesen Krug ein von meiner Hand überreichtes, diszipliniertes Kraftfeld werden, das jetzt in Eurer Obhut gestaltet werden soll. Dieser Kelch wird nur dann bei Euch bleiben, wenn Ihr ihn täglich durch Anwendung der Disziplin neu festigt, indem Ihr auf die Strahlenquellen unserer Brüder Serapis Bey, Germain und Anderen zugreift.

So wie die Wasser ihr eigenes Niveau finden, so findet auch die Flamme der Vollkommenheit ihre eigene Ebene. Da sich jedoch das Bewußtsein der Menschheit auf der Stufe der Unvollkommenheit befindet, muß alles Vollkommene, das in eine Form gesenkt wird, von denjenigen in der Verkörperung entweder immer wieder neu verstärkt werden oder es kehrt auf die höheren Oktaven zurück.

Ihr mögt nun sagen, daß dies Zerfall in rückwärtiger Richtung ist, aber natürlich zerfällt Vollkommenheit nicht, sondern sie zieht sich einfach zurück. Stück für Stück, bis sich der Kelch wieder auf der Ebene Eurer Christusflamme befindet, es sei denn, Ihr erneuert auf der körperlichen Ebene durch die Anrufung dieser Christusflamme beständig die Moleküle und Atome dieses feurigen Lichtes, das diesen Becher formt.

Dieses Experiment ist in etwa so, als ob man auf einer Rolltreppe oder auf einem Förderband in die entgegengesetzte Richtung ginge. Wenn man sich nicht weiterbewegt und nicht immer wieder neu entscheidet, verliert man den schon gewonnenen Boden unter den Füßen. Es ist auch fast so wie kurz vor dem Übergang, so, als ob Ihr Euch auf einem steilen Aufstieg befindet und das Band läuft weiter und weiter, sodaß Ihr niemals stehen bleiben könnt, denn stehen bleiben heißt zurückfallen in die automatische Rückwärtsentwicklung der Zivilisation und damit vom „Berg der Errungenschaft" zu fallen, zu fallen und weiter zu fallen. Wenn Ihr nicht ständig über

Euch selbst hinauswachst, werdet Ihr die Vollkommenheit niemals erreichen.

Also komme ich auch, um Euch Kreativität zu bringen, aber ich bin eingeschränkt – nicht durch die Kosmischen Gesetze, sondern durch das Gesetz Eurer eigenen Wesen. Jeder von Euch hat seine eigene Gesetzmäßigkeit und jeder hat sein Gesetz für sich selbst entworfen, das nur zu ihm und seiner eigenen Selbstdisziplin paßt.

In Wirklichkeit seid Ihr mit Liebe angefüllte Pokale. Ihr habt aber die Pokale umgestülpt und sie komplett als Ergänzung des elektronischen Gürtels genutzt – Aufzeichnung und Erinnerung an alle zurückliegenden MISSE-taten, die auf der astralen Ebene im Unterbewußtsein gespeichert sind.

Laßt uns jetzt erkennen, daß wir nur noch den Kelch wieder auf seine Füße stellen müssen.

Erkennt Ihr, daß Ihr Euch einen Garten anlegen könnt, der durch die Energien des elektronischen Gürtels wachsen kann? Liebe könnt Ihr immer säen. Ihr haltet einen großen Vorrat an Licht oben in Eurem Kausalkörper. Man hat es Euch schon gesagt, aber ich möchte Euch daran erinnern, daß jedes Quentchen Energie, das aufgrund Eures Rufes verwandelt wurde, als Guthaben auf Eurem kosmischen Bankkonto verwahrt wird. Dann könnt Ihr dieses Guthaben abrufen, um Eure Ziele zu verwirklichen.

BRINGT DIE DINGE IN ORDNUNG

Wenn Ihr eine Aufgabe nicht vollenden konntet oder vor einer Situation, vor Karma, einer Ehe oder Familie, einem Job oder einem Geschäft weggelaufen seid, wo Ihr eine Umwandlung von Liebe hättet erreichen sollen, so habt Ihr in diesem Leben immer noch Zeit, zurückzugehen und die Dinge zurecht zu rücken. Das heißt nicht, Kompromisse zu schließen, sondern umzukehren bedeutet, Verbindung mit dem heiligen Feuer aufzunehmen und eine Verschiebung in diese Flamme zu erwirken. Laßt die Flamme diese Energie aufnehmen, legt sie auf dem Altar der kosmischen Ehrerbietung nieder und löst die

Umstände in Liebe und Frieden auf. Auflösen in einer Art und Weise, daß alle Beteiligten ins Licht und in die Harmonie des Friedens kommen können und nicht in den aufgewühlten Wellen von Unzufriedenheit und Bitterkeit verbleiben müssen. Ihr müßt jede Entscheidung in Eurem Leben mit Bedacht und in ausgeglichener Wahrheit treffen und Ihr müßt in die Erkenntnis wachsen, daß die Flamme der Göttlichen Gerechtigkeit auch die Flamme der Gottesfurcht ist, nicht mehr und nicht weniger. Das wird für Euch dann zu einem Geschenk, weil Ihr in Liebe und der Kunst, Liebe zu leben, gesiegt habt.

Da ich der Chohan des Herzens bin und da die rosa Flamme des Herzens die Schwingung der Liebe der Welt ist, möchte ich darum bitten, wenigstens einmal in der Woche in Eure Herzen kommen zu dürfen, sagen wir, montags (dieser Tag wird ja so oft als trauriger Tag angesehen, „blue monday"), damit wir zusammen arbeiten und damit beginnen, diesen Krebs, der sich an Eurem geliebten Ort festfrißt, umzukehren. Wollen wir uns anstrengen, diese Krank-heit zu verlangsamen und sie dann in Leichtig-keit umzuwandeln.

Ihr habt jeden notwendigen elektronischen Fluß, um den Weg Eurer „Realität" auszurichten. Ihr müßt jetzt nur lernen, ihn korrekt anzuwenden. Egal, was Ihr vorher wart, Ihr könnt Euch vervollkommnen und das Leben kann von diesem Moment an besser und erfüllter sein, weil Ihr meine Liebe angenommen habt. Durch die gemeinsame Arbeit können wir die positiven Ergebnisse vervielfachen und vergleichsweise verstärken. So sei es.

Dharma, ich lege mein Siegel auf diese Schrift und trete jetzt zur Seite, damit die Lehrstunden nicht allzu lang werden und wir daraufhin das Interesse unserer Schüler verlieren. Ich habe noch mehr mit Euch zu teilen, aber ich denke, wir sollten diese Sitzung jetzt beschließen. Mit großer Dankbarkeit nehme ich Deine Mitarbeit und die freundliche Unterstützung durch Commander Hatonn an.

Die höheren Energieströme bringen Euch große Segnungen. Diese Energien kommen mit beständiger Liebe und Fürsorge, deshalb nehmt dieses Geschenk bitte an und seid bei all Eurem Tun in Frieden und Ruhe. Obwohl der Weg mühsam und belastend zu sein scheint, so führt er doch in die Vollkommenheit.

ICH BIN im Dienst des Dritten Strahls der roséfarbenen Frequenz. ICH BIN

PAUL

KAPITEL 20

Aufzeichnung Nr. 1 | SERAPIS BEY

Samstag, 22. April 1989, 6.15 h, Jahr 2, Tag 249

SERAPIS BEY

Das Samenkorn ist gelegt und der Sämling wurde gehegt und gepflegt — DANACH kommt die Zeit des Wachstums und der Ernte. Viele „Dinge" müssen passen, damit die Pflanze zu voller Blüte gelangen kann, Chela. Manche Pflanzen wachsen im Schnee, andere wiederum in der Wüstenhitze – alles muß am rechten „Platz" sein oder es gibt Wachstum durch „Auslese". Unsere Energien werden sich vermischen, wenn wir das Zusammenfließen zulassen.

FALSCH DEFINIERTE „LIEBE"

ICH BIN SERAPIS BEY des kristallinen Strahls, Ihr kennzeichnet ihn als den Vierten. Eigentlich ist der kristalline Strahl meine Wahl. Die sich brechende „Farbe" des Vierten Strahls ist nicht weiß. Hier gibt es einen Unterschied, Chela. Ich bin in diesem Teil der Abfolge einfach der „Direktor" des Vierten Strahls. Ich sehne mich nach einer verständlicheren Sprache für Euch Englisch sprechende Menschen, denn das Wort „Liebe" ist zu einem belanglosen Begriff verkommen. Und dennoch bedeutet das Wort das Erfahren von „Liebe" (Agape) und nicht eine Romanze zwischen Liebenden, sondern eine beständige, nie nachlassende „Liebe", die der Existenz bei allen Schritten auf dem Weg zu einer höheren Frequenz zugrunde liegt. Du hast jetzt Probleme damit, Dharma, weil es Dich schmerzt, wenn wir bis zum Exzeß „Liebe", „Liebe" und nochmals „Liebe" predigen – „allumfassende Liebe". Das machen wir einfach deshalb, weil es kein anderes Wort dafür gibt und „auch keine andere Möglichkeit für Euch, ans Ziel zu gelangen".

Der Begriff beschwört sofort die Trittbrettfahrer mit ihrem falschen, frömmelnden Verhalten vor dem geistigen Auge herauf, die Bummler, die sich nur treiben lassen und ihre perfekte Übereinstimmung mit allem und jedem verkünden – sei es positiv oder negativ. Ja, die unproduktiven Befürworter jeglicher Art sexueller Begegnungen, die nur ihre Unvoreingenommenheit unter Beweis stellen wollen – die leeren, verblendeten Herumtreiber, die sich allen möglichen bewußtseinsverändernden Pflanzen oder Drogen hingeben. Oh ja, es ist schade, daß sie enden mußten, ohne einen genauen Begriff für die Wahrheit [A.d.Ü.: über die Liebe] dazu gefunden zu haben. Und noch schlimmer, viele der Kinder, die früher oder „später" diesen Lehrern und deren Einstellungen gefolgt sind, sind vielen Irrtümern erlegen, die nur schwierig zu beheben sind. Durch deren unreifes Denken und Handeln wurden aus reiner Bequemlichkeit viele extreme Maßnahmen ergriffen, die die Vermeidung von Verantwortung bei „wirklicher" „Liebe" zur Folge hatten. Ah, mein Bewußtsein wird von einer unsäglichen Traurigkeit umflort, wenn ich die unüberlegten Verfehlungen anschaue, die durch die Versuchung der Brüder der Finsternis begangen wurden, die vorgeben, Brüder des Lichts zu sein. Wie immer, finden die schlimmsten Angriffe auf die Jugendlichen statt, weil sie zu jung sind, um das Leben in seiner Gesamtheit zu erkennen, und daher aus einem Impuls heraus handeln und rebellieren. So sei es, denn über die, die noch auf den Weg finden, werden ganz besondere Segnungen ausgegossen, damit ihre „Schuldgefühle" abgemildert werden, weil sie nicht wußten, was sie tun. Es gibt kein „magisches" Alter für Wissen, manchmal kommt es ein ganzes, physisches Leben lang nicht. Manchmal kommt es nach der Lebensmitte – so sei es; es kommt, wann es kommt – nicht mehr und nicht weniger. Genau „das" ist doch Leben im physischen Bereich – Erfahrung; Ihr seid hier, um Eure Erfahrungen zu machen. Jeder von Euch kommt aus einem anderen Grund; wie gesegnet Ihr jedoch seid, wenn Ihr einen Bruder findet, der genau aus dem gleichen Grund gekommen ist wie Ihr. Verliert keine Zeit über das Bedauern von Dingen, die Ihr nicht wißt oder in Eurer Vergangenheit nicht getan habt – die „Vergangenheit" ist vorbei.

In Eurer Vergangenheit könnt Ihr keine einzige Tat verändern. Sie ist so weit weg wie jede andere Existenz in einer anderen Sphäre, die nach Eurer Zeitrechnung eine Milliarde Jahre zurückliegt. Wenn Ihr Fehler gemacht habt, die Ihr korrigieren könnt – tut das, aber es ist vorbei und in der Vergangenheit kann nichts hinzugefügt oder weggenommen werden, auch nicht im letzten Moment. Ihr könnt von Morgen träumen – aber Ihr habt eigentlich nur diesen Herzschlag des Augenblicks; für Leben oder Tod, Tun oder Lassen, Ganzheit oder Gebrechlichkeit, Licht oder Dunkel, alles ist nur „ein" Herzschlag voneinander entfernt. Ein kleiner elektrischer Impuls eines Energiestoßes ist alles, was es an Trennung im Universum gibt. Sogar Euer „Verstand" ist so aufgebaut, daß die Unterbrechung des Energieflusses durch bestimmte Schaltkreise einen Menschen [A.d.Ü.: original: hu-man] in einen völlig anderen Erfahrungsbereich der Illusion versetzen kann. Eure mentalen Gebäude sind angefüllt mit diesem Kummer, Ihr Lieben.

Dharma, ich bin nicht aus dem gleichen Grund durch Dich zu dieser Gruppe gekommen, aus dem die Anfänger in der Wahrheitssuche kommen. Ihr benötigt nicht die gleichen Lehrstunden wie ein Novize. Bei Euch geht es um eine Aufgabe, wohl geplant und funktionsfähig. Wollen wir einmal einige der Dinge besprechen, die Ihr nicht tun müßt, um weiterzukommen.

SEID IHR BEREIT?

Ihr müßt Euch die Frage stellen: wie groß ist Eure „Liebe"? Wie stark wünscht Ihr Euch, am Übergang zur Geburt eines Planeten in eine höhere Dimension beteiligt zu sein – an der Vollendung eines gesamten Zyklus? Ihr müßt Euch damit auseinandersetzen, in welchem Umfang Ihr bereit seid, die Richtung Eurer selbstbezogenen Illusion aufzugeben, um die notwendigen Einsichten zu erlangen, damit Ihr Eurer unsichtbaren Bruderschaft beistehen könnt. [A.d.Ü.: ich würde diese Art von „Liebe" im Deutschen „Hingabe" nennen, belasse aber das Wort „Liebe", weil es so im Original steht.]

Es gibt einen Schlüssel zur Disziplin für das Höhere Bewußtsein. Der Schlüssel ist, sich nicht im Labyrinth menschlicher Fragen, in „Ängsten" und Zweifeln oder in den Gespenstern der Nacht zu verlieren, die durch dieses Labyrinth geistern. Ihr müßt die Irrwege des fleischlichen Verstandes und des menschlichen Bewußtseins nicht auf allen Ebenen Eures Unterbewußtseins nachverfolgen, um zum Wissen über die Wahrheit, die Wirklichkeit oder die Überwindung durch Liebe zu gelangen.

Der Schlüssel heißt NICHT, sich durch Neugier, Faszination des Grauens oder Unersättlichkeit der Sinne immer tiefer in astrale Erfahrungen oder psychische Phänomene hineinziehen zu lassen. Denn anstatt tausend Schritte durch die astrale Ebene zu gehen – ist der Schlüssel – EINEN EINZIGEN Schritt auf die Ebene des allumfassenden Seins des „Christusbewußtseins" zu tun, der Mächtigen ICH BIN Präsenz, auf der die Einheit und die Ganzheit der Großen Pyramide (Dreifaltigkeit von Vollkommenheit und Macht), der Einheit und der Ganzheit, die alles auflösende Aktion ist.

BEWEGT EUCH AUS DER ABWÄRTSSPIRALE HERAUS

Brüder, überwindet Euren Kreis-Lauf! Hört auf, diesen negativen Spiralen immer und immer wieder zu folgen; sie laufen immer tiefer hinab bis zur Manifestation des Todes und genau in die Grabkammer des elektronischen Gürtels. Geht stattdessen in die Aufwärtsspirale, die nach außen führt und nutzt dazu die Flamme der Wandlung, die die anfallenden Rückstände bei Kontakt verzehrt. Die Flamme ist nicht linear; Ihr müßt Euch dafür nicht über die Grenzen der menschlichen Schöpfung hinaus bewegen. Eure in diese Flamme eingehüllte Seele muß auch nicht länger in dem Bewußtsein verharren, daß der einzige Weg hinaus durch das Labyrinth niederer Frequenzen führen muß.

Ich sage Euch, transzendiert das! Das bedeutet, daß in dem gleichen Moment, in dem Ihr in Eurer Kleinkariertheit, Euren Argumentationen, in all dem „menschlichen" Unsinn, in den kindischen Spielchen schwelgt, Ihr sofort all das ziehen laßt und dem Göttlichen Licht Raum gebt, damit es Euch ganz in den Sog der Liebe hineinziehen kann. Diese „Liebe", die Euer eigener Sieg ist, ist auch Eure eigene Liebe, das heißt, die Göttliche Offenbarung in Euch selbst. Unser Gott IST das alles verzehrende Feuer der Liebe. Und DIESES Gottesselbst wohnt direkt im Mittelpunkt Eures Herzens; in Eurer Brust, in Eurem Bewußtsein – Eurer Seele. Warum sperrt Ihr IHN aus? Ihr tragt die unbegrenzte Macht des Universums in Euch und Ihr verkriecht Euch vor IHM.

Entwickelt „Leidenschaft" in der Liebe zu dieser wundervollen Quelle. Liebt tief, damit Ihr nicht die Notwendigkeit verspürt, Bedürfnisse der menschlichen Dichte zu befriedigen. Ihr seid nicht dazu „gezwungen", dem fleischlichen Verstand oder dem nachzugeben, was zerstörerisch ist. Ihr seid gesegnet mit der Fähigkeit zu denken, Schlußfolgerungen zu ziehen und habt ein unbegrenztes Bewußtsein, wenn man den freien Willen und die Wahlmöglichkeiten einbezieht; benutzt dies also. Ihr müßt Eure Energien nicht in Fehlerhaftigkeiten einbringen. Auch wenn Ihr oft denkt, es sei manchmal notwendig, so sage ich Euch, daß, wenn Ihr immer nach innen schaut, in Euer Herz und in die dreifaltige Flamme des Lebens, wenn Ihr auf die Göttliche Macht in Euch schaut, Ihr alle früheren Lebenskreise umwandeln könnt. So sei es.

Wenn Ihr Eure Achtsamkeit auf Eure ICH BIN Präsenz und das Licht lenken könnt, werdet Ihr die notwendige Energie erhalten, um Euch mit ALLEN anderen Lebensumständen auseinanderzusetzen. Ihr werdet darüber hinauswachsen, durch Eure Emotionen reisen zu müssen, durch Eure mentalen Konzepte, Eure Erinnerungen und durch physische Mühsal. Dann denkt darüber einmal nach. Die Disziplin des Höheren Bewußtseins erfordert von Euch den Nachweis, warum es sein kann, daß Ihr auf dieser Welt seid, aber dennoch nicht von dieser Welt.

ALS KIND

Wie vollbringt man ein solch scheinbar unmögliches Kunststück? Der erste Schritt ist, zu werden „wie ein kleines Kind". Ihr müßt Euch soweit öffnen, daß Ihr beim Fragen und Akzeptieren Unschuld und totale Offenheit eines kleinen Kindes seid, das gerade in die Erfahrungswelt der Wahrheit eintaucht. Ihr müßt über all die Unwahrheiten hinauswachsen, womit man Euren Kopf gefüllt hat und ihn mit Wahrheit neu auffüllen. Ihr könnt nicht augenblicklich zu einer christlich denkenden Frau oder einem christlich denkenden Mann werden, ohne daß Ihr vorher das Gesetz verstanden habt. Die ersten Schritte sind also die Annahme der Lektionen, damit Ihr das Gesetz lernen könnt.

Geht mal in Eurem Seelenbewußtsein einen Moment zurück. Geht mit Eurem Bewußtsein zurück zu dem Punkt des embryonalen, unschuldigen Lebens Eurer Bewußtheit und schlüpft in die Form des winzigen Babys. Ihr spürt das totale Vertrauen und Glaube und Hoffnung und Barmherzigkeit. Euer Herz ist noch nicht verhärtet, Ihr seid noch nicht verhärtet, um in dieser Welt ein Zyniker zu werden. Eure Haut ist zart; sie ist noch nicht gegerbt durch die Fehler der Anderen. Und in dem süßen Duft der Liebe zu Eurer Mutter und ihrer Mutterliebe zu Euch, erinnert Ihr Euch an die Einheit mit Gott und das ist die ganze Identität, die Ihr habt.

An diesem Punkt seid Ihr das Kind in Christus. Ihr seid ruhig und gelassen in der absoluten Überzeugung, daß Euer Leben in den Händen Gottes liegt, daß Gott für Euch sorgt. Die wichtigste Fähigkeit, dieses winzige Baby zu werden ist, das Gefühl der Hilflosigkeit zu spüren. Wenn Ihr völlig hilflos seid, müßt Ihr Gott zugestehen, sein Werk in Euch zu vollbringen. Als Kind Christi könnt Ihr wahrhaftig sagen: „Das, was ich tue, tue ich nicht von mir selbst. Der Vater aber, der in mir wohnt, der tut die Werke."

Ihr habt eine klare Sichtweise und Reinheit zur makellosen „Schau" der „Kosmischen ‚Jungfrau'". Das ist die Bedeutung von „Unbefleckte Empfängnis", Ihr kennt keine „Sünde", Ihr kennt kein Getrenntsein von Gott. Ihr seid im Mutterleib. Ihr seid eingebettet in den Wassern des lebendigen Wortes. Ihr seid in Frieden und Ihr wollt das Leben besiegen, denn Ihr seid Gott in Manifestation.

Jetzt seid Ihr bereit für die Herausforderungen, wenn das Baby zum Kind heranwächst. Als nächstes kommt die äußere Manifestation; vom Mutterleib in den äußeren Schoß. Eure Wohnung ist ein „Kosmos", eine schöne neue Welt, eine Welt, angefüllt mit Licht und dennoch irgendwie mit Schatten und Dunkelheit, aber für Eure kostbare Seele bisher noch ungewiß. Ihr tretet hervor und bereist die Zyklen Eurer individuellen Kosmischen Uhr und Ihr verneigt Euch vor den großen Urhebern des Lebens.

Dann wird das kleine, unschuldige Kind gezwungen, die Gepflogenheiten seiner neuen Welt kennenzulernen – getrennt von der Verbundenheit mit den Geboten des Allmächtigen, in deren väterlichen Zyklen Euer Wissen LAG. Jetzt kommen Abstürze und Schrammen auf Euch zu, Ihr weint und erlebt an Euch gestellte, unerfüllbare Forderungen. Und so lernt Ihr, Eure eigenen Bedürfnisse zu erfüllen; Eure Gefühlswelt, der Mentalkörper und Euer Gedächtnis nehmen eine edle Gestalt an – die Form, die das spirituelle Feuer des Lebens beherbergen soll. Ach ja, dieses kleine Kind; dieses kleine Kind, das geboren wurde, um göttlich zu sein – aber leider gehen damit auch Tücken einher.

Wenn sich die Schleier der Unschuld nacheinander heben und Ihr heranreift, um die Welt und auch das Gesetz zu verstehen, paßt auf Euch auf. Hütet Euch davor, Euren Ursprung und die Elfen und die Wassergeister und die Zwerge zu vergessen, mit denen Ihr als Kind herumgetobt seid. Hütet Euch davor, die feinen Gesichter der Engel zu vergessen, die Eure Wiege beschützt und über Euch gewacht haben. Hütet Euch davor zu vergessen, daß Euch mächtige Wesen an der Hand genommen und sicher durch gefährliche Gefilde geführt haben – aber oh, meistens vergeßt Ihr das.

Es gibt Wenige, die Euch daran erinnern werden, es sind Wenige, die darüber wissen, denn sie wurden alle umprogrammiert, weg von Gott und hinein in die Bahnen der Welt. Also, wenn Ihr Euch die

Unschuld des kleinen Kindes bewahrt, werdet Ihr wieder werden wie das kleine Kind, das alle Aspekte der Schöpfung in der Weisheit von Christus vereinigt.

Es ist das kleine Kind in Euch, das in diesem Zeitalter des kommenden Wissens die Führung übernimmt. Es ist das „Kind", das sich an seine Herkunft erinnert und das auch in die Einheit aus Gleichgewicht, Unterscheidungsvermögen, Lernen und Aneignung des notwendigen Wissens hineinwächst, um in dieser Welt zu funktionieren, zu dienen und das heilige Werk zu verrichten, das Ihr angenommen habt.

Ihr müßt das kleine Kind nicht nur „werden", sozusagen, um in die Disziplinen des Höheren Bewußtseins hineinzufinden, sondern Ihr müßt das „kleine Kind" auch bleiben. Es ist besser, immer wieder verletzt zu werden (und hier sollten ALLE von Euch Chelas genau hinhören), als dem Zynismus der Existentialisten zu verfallen. Es ist besser, Euch übervorteilen zu lassen, als daß Ihr in andauerndes Mißtrauen gegenüber Euren Mitmenschen fallt. In dem Maße, wie Ihr Euch entwickelt, werdet Ihr auch Unterscheidungsvermögen lernen und denen nicht mehr zum Opfer fallen, die Euch herunterziehen. Wappnet Euch nicht mit der falschen Rüstung; denn die Rüstung, die Ihr außerhalb der Göttlichkeit anlegt, wird eine Dunkle sein. Rüstet Euch nicht mit diesen falschen Waffen, die nicht aus der Quelle, also der Treuherzigkeit und Arglosigkeit des weißen Lichtes kommen, sondern aus der Bemeisterung von Täuschung und Machenschaften, aus der Überwindung des fleischlichen Egos, der Beherrschung aller Schutzmechanismen, Schwächen und Erfahrungswerten, von denen die einstmals Gefallenen Euch sagen, Ihr müßtet sie haben, um das Licht von der Dunkelheit unterscheiden zu können.

ERFAHRUNGEN, DIE ZUM LERNEN NICHT NOTWENDIG SIND

Das, meine Lieben, ist die erste und grundlegende Lüge, die dem Kind erzählt wird, um es vom Weg des Lichtes zu nehmen: „Komm, lerne dies, komm lerne das. Probiere es aus und entscheide selbst, ob es für Dich paßt oder nicht." Ah ja, das ist Erfahrung – so sei es, aber sie ist nicht notwendig.

Das kleine Kind in all seiner Unschuld braucht keine Kostprobe dieses Energieschleiers (Versuchungen des illusorischen Bösen), es muß daran nicht teilhaben oder ihn verinnerlichen oder durch ihn vergiftet werden, um die Wahrheit zu kennen. Es gab sehr, sehr viele Geheiligte, die in das Allerheiligste eingingen und ohne die Erfahrungen in der Banalität ihre Erfüllung in der Liebe zu Gott und seinen heiligen Engeln gefunden haben.

All diejenigen, die diese „LÜGE" akzeptiert und sich auf Kompromisse mit all dem Tand eingelassen haben, den es auf den Jahrmärkten dieser Welt gibt, tragen heute ihr selbst erschaffenes Kreuz, ein Kreuz aus ihren eigenen Handlungen, ein Kreuz, das den Haß der Göttlichen Mutter darstellt, in deren Leib sie leben und sich bewegen und das Wesen des Lichtes in sich tragen.

Deshalb wird das Kind, das auf die eine oder andere Art zu einem Meister heranreift, um das Kreuz der Weltenlehre zu tragen, dieses Kreuz des Weltenkarmas nicht tragen können, weil es viel zu sehr damit beschäftigt ist, das Kreuz seines eigenen Egoismus und seiner eigenen Selbstgefälligkeit zu tragen. Und deshalb, Chelas, gibt es nur Wenige, „die die Zeit haben", an der Wahrheit teilzuhaben; die sich die Mühe machen, Verantwortung zu übernehmen und nicht einfach nur sagen „wenn ich Zeit habe, ruf mich an und ich werde es versuchen." „Wenn es gerade paßt und ich nichts anderes zu tun habe und keinen Termin wegen ‚irgendwas' – versuche ich es." Erkennt Ihr Euch darin von Zeit zu Zeit wieder? So sei es und Selah – das wird auf Euch zurückfallen!!

Es muß in jedem „Zeitalter" Seelen geben, die bereit sind, eine gewisse Last des „Weltenkarmas" (es gibt leider kein besseres Wort dafür) zu tragen. In diesen Zeiten sind es im Großen und Ganzen die Elementarwesen, die dieses Gewicht tragen, weil die Menschheit sich keinen Deut darum kümmert und es sehr Wenige sind, die ein bißchen mehr auf sich nehmen.

DIE RICHTIGEN ENTSCHEIDUNGEN

Diejenigen, die lieben, sind die Disziplinierten, die in orientalischen Städten durch die engen Gassen schlendern können, zum Beispiel, dort, wo jede Art der Versuchung lauert und in den Bazaren jeder Aspekt der „Sünde" des menschlichen Bewußtseins feilgeboten wird.

Ach so – durchschlendern oder verweilen, erforschen oder teilhaben????

Es ist eine Sache, eine Shopping Tour zu genießen; es ist aber eine andere, davon süchtig zu werden und die Manifestationen des menschlichen Bewußtseins zu untersuchen, wenn Ihr eigentlich über das Licht meditieren solltet, das in den Boutiquen Eures eigenen inneren Wesens glüht. Ihr Lieben, Disziplin bedeutet, Energie aus dem geschlossenen Grab der Materie abzuziehen (und damit auch Eure Aufmerksamkeit). Es bedeutet, den Fluß in die materielle Dichte anzuhalten und ihn direkt in die Höhere Ebene zu leiten. „Die Perle" ist das Symbol für Euren Kausalkörper und die einzelnen Lagen der Perle sind die Bewußtseinsebenen, die Ihr Schicht für Schicht um das Herz Eurer ICH BIN Präsenz gelegt habt.

Dieses schillernde „Perlmutt" ist das Wertvollste!! Und deshalb geht ein weiser Mensch hin und verkauft sein ganzes Hab und Gut für diese eine Perle, diese eine Perle des Kosmischen Bewußtseins. Seine Disziplin erfordert, daß Ihr alles ziehen laßt – laßt alle Verstrickungen hinter Euch und erkennt, daß Ihr an keinem neuen Tag wißt, wann sich Eure Seele, (des physischen Körpers beraubt), an einer anderen Küste Eurer mentalen Ebene wiederfindet, oder auf einer astralen Ebene, (was Gott verhüten möge), oder in den ätherischen Gefilden.

Wenn Ihr der Botschafter wäret, wäret Ihr in der Lage, tagtäglich all jene wahrzunehmen, die geboren werden, all jene, die sterben, Jene, die die stoffliche Ebene betreten und Jene, die sie verlassen. Es ist eine beeindruckende Parade von Seelen, die ihre Inkarnation annehmen und weitergehen. Aber die Disziplinen des Höheren Bewußtseins, im Falle, daß sie aufrechterhalten werden sollen, müssen auf der stofflichen Ebene unter Beweis gestellt werden. Deshalb ermahnt die

Hierarchie, Zeit und Raum zu nutzen, denn sie sind der Schmelztiegel, in dem Ihr Eure Gottesmeisterschaft und deren Alchemie unter Beweis stellt. Auf anderen Ebenen werden wenig Fortschritte erzielt; denn hier in der Materie holt Ihr Eure Erfahrungen; lernt Eure Lektionen oder Ihr lernt sie nicht, und hier auf der stofflichen Ebene müßt Ihr alles ins Gleichgewicht bringen. Keiner soll denken, daß er immer und immer wieder in diesem dichten Körper leben wird. Er ist nur ein Fortbewegungsmittel für Euer Bewußtsein, das Euch geliehen wurde, denn alle göttliche Energie ist nur geliehen, damit Ihr die Bemeisterung des freien Willens beweisen könnt.

Ich komme also zu Euch, um Euch ein Verständnis von Disziplin zu vermitteln. Ich sage Euch, wenn ich die Weltbühne mit all diesen dort stattfindenden Scheußlichkeiten überschaue – und Euch so viel davon unbekannt ist – ist es Mitleid erregend, wie Euch Eure Machthaber das Wissen verheimlicht haben, was wirklich in der Geheimdiplomatie, in der internationalen Politik und selbst bei Euren Gesetzgebern vor sich geht.

Und wenn ich all das betrachte, so sehe ich als einzigen Hoffnungsschimmer nur den Weg der Initiation durch die Lehren der „Großen Weißen Bruderschaft" (nicht schwarz, braun oder weiß, sondern eher im Sinne von lichtvoll gegenüber dunkel). Es muß welche geben, die mit der Menschheit gehen, bis sie aus ihrem Schlaf erwacht und sieht – wirklich sieht! Es muß welche geben, die in den Bereichen Gleichgewicht und Harmonie und Liebe in Führung gehen. Diesen muß der Mensch nachfolgen, denn dieser Weg ist die Wahrheit; und nicht die Angst vor den Mächtigen, die ihn nutzlos zurücklassen.

Ihr habt diese Hülle angenommen; Ihr habt um Teilnahme gebeten und wurdet berufen. Euer Weg wird Euch offengelegt werden, damit Ihr den Grat finden könnt, ohne am Wegesrand abzustürzen. Aber, Chelas, Ihr müßt standhaft bleiben, denn die materiell Orientierten werden unaufhörlich versuchen, Euch herabzuziehen. Wisset jedoch, daß, wenn sich dieser Kreis schließt und der Zyklus abgeschlossen ist, diejenigen, die draußen stehen, auch draußen bleiben werden; und die im Inneren können nicht mehr daraus getrennt werden. So sei es, denn es wird kommen, wie es geschrieben steht in den großen Schriften des Universums.

Hiermit nehme ich Abschied, bedanke mich für das „Hearing", das mir erlaubt wurde und wisset, ich stehe für Eure Anrufe bereit.

ICH BIN DER ICH BIN; LEHRER DES VIERTEN STRAHLS, AUF DASS ES IN EUREM UNTERRICHT AN NICHTS MANGELT. ICH BIN
SERAPIS BEY IM LICHT

KAPITEL 21

Aufzeichnung Nr. 1 | HILARION

Montag, 24. April 1989, 7.00 h, Jahr 2, Tag 251

HILARION

Jetzt spricht Hilarion zu Dir, Dharma. Danke, daß ich mit meiner bescheidenen Präsenz zu Dir sprechen darf.

Wir waren bei Dir, als Du gestern Abend den Film gesehen hast; zur Information, es ging um den Film MURDERERS AMONG US [A.d.Ü.: Die Mörder unter uns] – (Simon Wiesenthals Leben in dieser Zeit). Ich werde von allen Arten von Verfolgung von Körpern, Herzen und Seelen sprechen, die von Menschen an Menschen erfolgen. Ich bin der beste Vertreter dieses Themas, denn mein eigenes physisches Leben auf der Erde war das des Paulus „Saulus von Tarsus". Ich habe in einem Maße verfolgt, daß nicht einmal Euer Hitler diese negative Energie aufgebracht hat. Es war nur anders in der Gruppe, die ich verfolgte. Um ganz ehrlich zu sein, ich habe es nicht besser gewußt. Wenn man einmal in der Erfüllung der „bösen" Absicht lebt, „glaubt" man, daß es der bessere Weg ist, Chelas. Ich habe teuer für die falschen Entscheidungen meiner kostbaren Aktionen „des freien Willens" „bezahlt". Und ich bin immer noch dabei, mir meinen Weg zurück zur vollendeten Vollkommenheit „zu verdienen".

DAS BÖSE

Ich kann auch viele „böse" Aktionen bezeugen, die durch meine Hand und meinen Befehl ausgeführt wurden; und doch durfte als Ausgleich auch das Gute erblühen. Deshalb, Chelas, nehmt JEDE Lektion an, denn ALLE Szenarien dienen Eurer Erfahrung und Euren Lernerfolgen. Simon W. hat Recht; wenn diese Taten verübt werden und es dem Menschen erlaubt wird „zu vergessen" oder sie in Abrede zu stellen, dann gehen die wirklichen Lerninhalte verloren und müssen immer und immer weiter wiederholt werden. Euch „langweilen" die Wiederholungen der jüdischen Völker alle Jahre wieder anläßlich all dieser wichtigen Tage. Die Meisten wissen nicht einmal, warum „sie" das tun und die Pointe wird verfehlt. Es gab auch fast genauso viele Nichtjuden wie Juden, die in Hitler's Tagen ausgelöscht wurden (laßt es ein paar „Millionen" mehr oder weniger sein). Ich werde jetzt keine Gründe darlegen, warum diese Dinge passierten, aber es mußte geschehen, damit der Rest der Aufgaben auch erblühen konnte. Es mußte wegen der Offenbarung der Prophetien so sein. Die Bösartigkeit eines einzelnen Mannes? Oh nein, Brüder, nicht die Bösartigkeit eines Einzelnen. Das Böse hatte so überhand genommen, daß Ihr nicht einmal die Tiefe des Bruderhasses erfassen könnt, der überall präsent war. Wenn nicht so Viele derartig boshaft gewesen wären, hätte Hitler gar nichts ausrichten können; man hätte ihn umgebracht oder wenigstens aus der Führung verbannt. Hier war die dunkle Bruderschaft in Hochform am Werk. So sei es, denn es ist passiert, aber die daraus resultierenden Lerninhalte dürfen bei keinem von Euch verloren gehen, denn Ihr habt gerade den nächsten „Schritt" des Schreckens getan, da sich die Bösartigen momentan auf die finale Konfrontation zubewegen.

Wenn Ihr jedoch für Eure Bestimmung im Feuer gehärtet wurdet, kommt die Erscheinung des Meisters wie ein Wirbelwind. Sie kommt mit überwältigender Kraft und wirbelt das gesamte Bewußtsein dieses menschlichen Wesens durcheinander. Wenn Ihr berufen seid, wird sie kommen, wann und wo immer der innere Gott dem Meisteralchemisten begegnet. Ab diesem Punkt kann sie entweder langsam wachsen oder sie kann komplett Besitz von Euch ergreifen. Meistens gehört man zu den grundsätzlich „Gutmütigen" und der Moment der „Wandlung" wird Euch nicht genau bewußt sein. Bis zu diesem „Erwachen" werdet Ihr wahrscheinlich noch nicht einmal wissen, an welchem Punkt Eurer Seelenexistenz Ihr Euch schlußendlich „hingegeben habt". Es gibt noch nicht einmal eine Möglichkeit, herauszufinden, ob Ihr für eine Aufgabe kamt, wie ich sie habe. Zurück und immer wieder zurück, um Euch in der sterblichen Dichte beizustehen. Sei's drum, wisset einfach, daß Ihr SEID und wir tun unsere Arbeit.

Derzeit befinden wir uns auf dem Höhepunkt des einen, großen Aufrufs und vieler weiterer Aufrufe. Ihr erkennt Euer Wachstum, wenn Ihr als „Mensch gebrochen wurdet" und Ihr als einzigen Ausweg das Göttliche akzeptiert habt. Ihr werdet Euch auch weiterhin und immer wieder irren; aber Ihr werdet niemals mehr in den Höllenschlund zurückstürzen.

LAUSCHET DEM RUF

Ah ja, Ihr tut gut daran, beständig auf den „Ruf" zu lauschen, sonst könnte es für das menschliche Wesen sehr ungemütlich werden. Und, um es klar auszudrücken, erwartet Ihr, daß Er Euch in Visionen erscheint, Euch mit der Anwesenheit von Engeln und Posaunen umschmeichelt; mit wohlklingenden Harfen und einer Gefolgschaft aus göttlichen Wesen? Ach, Chelas, da könnt Ihr lange warten und Ihr werdet das Warten auch als sehr „anstrengend" empfinden. Genau wie ich auch meiner Aufgabe auf dem Lichten Pfad ins Auge sehen mußte, müßt auch Ihr Euch mit den Schwierigkeiten und Erwartungshaltungen dunkler Angriffe auf Eurem Weg auseinandersetzen. Diese Empfängerin hier, Dharma, muß sich auch allen Möglichkeiten stellen. Ich warne sie und Euch ständig vor den Fallstricken auf Euren Wegen, denn der Weg für Eure Mission ist gepflastert mit allem, was Euch aufhalten könnte. Werdet nicht selbstgefällig in Eurem Verständnis der Mysterien, denn es gibt Viele, die die Heiligen Weihen zwar erhalten, aber niemals die Erlösung auf dem Lichten Roten Weg zur Schöpferquelle erfahren haben.

Wenn Ihr die Bedingungen für Euren Dienst annehmt, werdet Ihr feststellen, daß die Gottespräsenz aus der Wohnstatt in Eurem Inneren hervortreten und im Außen sichtbar werden wird. Dann werdet Ihr ebenfalls die umhüllende Geborgenheit der Bruderschaft des Heiligen,

Ewigen Kreises, der der Christos ist, und seinen vollständigen Schutz über Euch spüren.

Ihr mögt ausrufen: „Ich bin dessen nicht würdig, denn ich hatte in der Vergangenheit eine negative Art." AH SO, diesen Weg geht der Mensch ständig. Ein Mensch benötigt ein fehlerhaftes Beispiel, damit er sich der Vollkommenheit zuwendet. Stellt Euch nicht plötzlich auf ein Podest und verkündet fortgeschrittene Erleuchtung. Sondern versucht lieber, mit dieser wunderbaren Energie, die aus der Vollkommenheit erwächst, zu reifen. So, wie Ihr Euch innerlich vervollkommnet, wird Euer Licht im Außen strahlen. Betrachtet Vollkommenheit als Gunst des Großen Geistes und trachtet danach, sie zu erreichen. Beurteilt nicht, wie weit fortgeschritten Euer Bruder ist; schaut in Euch hinein auf Euren eigenen Fortschritt und geht weiter. Hüllt Euch ein in den Schutz dieser Vollkommenheit, damit die Dunkle Bruderschaft außen vor gehalten wird. Die Dunkelheit kann nicht in Eure Lichte Präsenz eindringen, wenn Ihr es nicht erlaubt.

Seht Ihr nicht, daß es keine Notwendigkeit für göttliche Vollkommenheit gäbe, wenn es eine menschliche Vollkommenheit gibt? Wenn es möglich wäre, Gott außerhalb von Euch auf der Erde zu haben, gäbe es keine Notwendigkeit, in den Himmel kommen zu wollen. Wenn Ihr einmal den Energiefluß gespürt habt, der sich aus dem heilenden Balsam dieser wunderbaren Schönheit ergießt, wünscht Ihr Euch, in dieser stillen und harmonischen Ganzheit zu verbleiben. Schaut immer mit Wahrheit und Ehrlichkeit in Euer Inneres. Genauso wie ich als Saul auf der Straße von diesem Lichtstrahl getroffen und geblendet wurde, hat es vielleicht zufällig auch Euch getroffen? Genau wie Meister Jesus in meiner Präsenz stand und mich fragte: „Saul, Saul, warum verfolgst du mich?" Habt Ihre diese Worte nicht in Eurer Seele gehört, als Ihr über Euren Mitmenschen gewettert, Eure Babys abgetrieben oder Handlungen vermieden habt, die Verantwortung für die Wahrheit mit sich gebracht hätten; als Ihr den „leichten", also den menschlichen, Weg gewählt habt? Oh ja, es gibt kein einziges Energiewesen, das diese Worte hört und das diesen kleinen, wehen Laut in seinem Bewußtsein nicht schon selbst wahrgenommen hätte.

Jetzt stellt Euch nicht so an, laßt uns besser zusammen nachdenken, die Ihr die intelligenten oder so selbstbewußten Menschen seid, die über die Dinge dieses Lebens so gut Bescheid wissen. Wollen wir mal das Ende der Zyklen und das Abstreifen des Alten beleuchten. Erinnern wir uns daran, daß alles, was in manifester Form erscheint, wieder in die Zentrale Quelle zurückgeführt werden muß. Das ist die Wahrheit von „Ihr könnt nichts mitnehmen". Ist es deshalb nicht besser, früh ins Verständnis und die Verbundenheit mit Eurer Quelle zu kommen, anstatt die Leiter wieder bis zu einer Ebene hinaufklettern zu müssen, auf der Ihr das Werk tun könnt, zu dem Ihr in dieser Übergangszeit berufen worden seid? Schrillen hier nicht all Eure Alarmglocken? Es gibt ein Muster, eine Blaupause, einen bestimmten Aufbau, wenn Ihr so wollt, wobei die Folgerichtigkeit zwingend ist. Füllt Ihr Eure Service Station rechtzeitig auf, damit die Folgen nicht unterbrochen werden? Seid Ihr bewußt genug, um die Stunden und Tage zu zählen, die Euch zur Verfügung stehen? Ihr könnt niemand anderen fragen „Auf welchem Stand bin ich" oder „Mache ich das gut?" – nicht einmal Eure Höheren Brüder – denn Ihr wißt selbst, ob Ihr all das tut, was Ihr tun könnt; all dem habt Ihr auch „zugestimmt". Ihr „wißt", ob Eure Arbeit vollständig erledigt ist und nichts mehr für einen Anderen zur Erledigung ansteht, der es wieder aufnehmen und tragen muß. Ihr „wißt" es. Wenn Ihr so tut, als ob Ihr es nicht wüßtet – dann schaut besser nach innen, was Ihr dort findet. Denn wenn Ihr fragt und Euch entschuldigt, dann wißt Ihr auch, daß Ihr nicht ganzheitlich handelt, sondern eigentlich nur wollt, daß Euch ein Anderer versichert, daß alles OK ist. Nein, Brüder; Euer Job bewegt sich einzig und allein zwischen Euch und Eurem inneren Gott. Es ist fast wie eine Schwangerschaft, entweder Ihr seid schwanger, oder Ihr seid es nicht. Entweder macht Ihr Euren Job richtig oder gar nicht; alle Grauzonen dazwischen sind Ausreden. Ich will Euch damit nicht verurteilen – aber wenn Ihr damit konfrontiert werdet, darf die Antwort keine Ausrede, sondern nur die Wahrheit sein. Gott kennt den Unterschied; und noch mehr, selbst Eure kosmischen Brüder kennen den Unterschied; es ist der Mensch, der seine Fähigkeit des Verständnisses soweit verschlossen hat, daß er das eine vor dem anderen verbergen kann.

Erinnert Euch, daß mir der Meisterlehrer einen „neuen" Namen verliehen hat; Paul anstatt Saul, was dazu diente, das Alte aus meinem Dasein zu entfernen, damit ich auch das Neue erfahren kann. Der innere Name, der mir zu jener Zeit damit gegeben wurde, deutete die machtvolle Kraft meiner Mission des Heilens an, die Meine sein sollte. Jeder von Euch hat einen geheimen Namen, der ihm verliehen wurde. Einige von Euch werden in ihrem inneren Selbst zahlreiche Namen finden, zum Beispiel hat John S. viele Namen mit großen Absichten – seid nicht überrascht, wenn Ihr im täglichen Leben immer neu konfrontiert werdet. Viele von Euch in diesem winzigen Kreis haben eine große Bürde auf sich genommen, um Euch auf dem Weg zur Ernte dieser Mission zu entlasten.

HEILEN

Das Konzept der Ganzheit wird erwartet, wenn Ihr Eurem Weg folgt; besonders auf dem Weg des „Heilens". „Geheilt" bedeutet „ganz zu sein, unversehrt", denn mit nur einem „Teil" könnt Ihr nicht „ganz" sein. Es bedarf geschickter Anwendung, um diese Kunst zu beherrschen, genauso wie ein Künstler zuerst mit seinem Pinsel die groben Linien malt, bis die Vollkommenheit diese wunderbaren Reflektionen auf der Leinwand erschafft.

Es ist ein Irrglaube, Ihr Lieben, auf eine bestimmte Zeit in einer nebulösen Zukunft zu warten, in der Ihr durch ein Wunder plötzlich und mit einem Streich einen großen Schritt macht, das Heilungswort ausspecht und Ihr genau zu diesem Zeitpunkt in die Verherrlichung Christi transformiert werdet.

Heilung entsteht, wenn Ihr Tag für Tag die Anrufung des Heilenden Strahls übt, diesen Strahl in Eurer Aura und im Kelch Eures Bewußtseins verankert, dazu kommt die Anwendung dieses Strahls, wenn Ihr in einer Krisensituation oder bei der Hilfe für einen Anderen darum gebeten werdet.

Eine weitere irrige Annahme ist die, daß Ihr KEINE Heilung bräuchtet. Es „scheint" Euch „gut zu gehen" und alles funktioniert und deshalb seht Ihr es als „alles ist gut". Meine Lieben, bis zur Stunde der Erlangung Eurer Ganzheit, Eurer kosmischen Integration, seid Ihr noch nicht ganz und deshalb benötigt Ihr Heilung. Deshalb kann jeder von Euch zu jeder Stunde eines Tages die Gebote des Christus üben.

Geht zurück und studiert die Worte des Großen Lehrers. Studiert sie genau. Wendet die Gebote an, die er nutzte, um Menschen heil werden zu lassen. Zuerst hat er sie üblicherweise daran erinnert, daß ihre Verfehlungen vergeben wurden; daß sie sich selbst vergeben müssen. Ihr müßt Euch selbst vergeben, denn alle Arten des Fehlverhaltens sind Euch auf die eine oder andere Weise als Ergebnis der Selbstbestrafung für als solche wahrgenommene „Sünden" eingebrannt. Ihr müßt verstehen, daß Heilung zuallererst und ganz unerläßlich eine Frage des Geistes ist – des Unterbewußtseins, das Eure Anordnungen, die Ihr bewußt durchgeführt habt, beherbergt. Das hört sich an, als ob das eine größere Schwierigkeit sei – nein, in Wahrheit ist es sehr einfach.

Warum sich Gedanken machen über die Heilung des Bewußtseins und die menschliche Gestalt? Ihr werdet die Dimensionen zur Ganzheit hin wechseln, oder nicht? Nein, absolut nicht! Könnt Ihr auf dieser dichten Ebene ohne physischen Körper leben? Natürlich nicht. Wäret Ihr dann woanders? Vielleicht, aber Eure Mission wäre dann nicht vollbracht. Also müßtet Ihr wieder zurückkehren und ein weiterer Abstieg Eurer Seelenenergie in die physische Form wäre notwendig, wenn Ihr leichtfertig Eure Aufgabe in Eurer derzeitigen Position auf der Weltenbühne aufgeben würdet.

ES MUSS VON DAUER SEIN

Nun, hört genau zu; die Meister haben nicht beabsichtigt, daß Ihr Euch in Eurem physischen Körper befindet, der zum einen Teil der

Wahrheit verpflichtet und zum anderen Teil in die Welt der Sinne und Beziehungen der kontrollierenden Natur eingebunden ist. Ihr habt eine Mission angenommen, die Ihr nicht nur „manchmal" ausübt; das muß zu jeder Zeit geschehen, oder die Arbeit wird nicht in der „rechten" Zeit erledigt. So sei es. Ich wünschte, es wäre anders, ist es aber nicht.

Ich, Hilarion, stelle Euch meine Energien zur Verfügung, um Euch bei der Selbstfindung behilflich zu sein, damit Ihr Euren Weg in Wahrheit beschreiten könnt. Männer und Frauen, die diese Mission weitertragen, müssen einmal, zweimal und immer wieder an die heilige Integration und das Hervorbringen der Wahrheit in vollkommener Form denken. Nicht das, was in Euren Mund hineinkommt, verunreinigt den Menschen (Ihr strauchelt bei dem, was Ihr eßt und trinkt), sondern das, was aus dem Mund herauskommt, verunreinigt ihn.

Heilen in Eurem Kraftfeld bedeutet, überall auf dem Körper dieses Planeten heilend zu wirken. Da Ihr (als Gott in „Eurem" Inneren) die Befugnis für diese Erde habt, werdet Ihr herausfinden, daß in den geometrischen Proportionen der unendlichen universellen Mathematik des Geistes die Einheit mit Gott die Basis für das gesamte Universum ist.

Dann müßt Ihr erkennen, daß Euer Kraftfeld und Euer eigenes Wesen eine Nachbildung des planetarischen Körpers ist. Genauso, wie der Christos die Macht hatte, den gesamten Verlauf der Geschichte zu verändern, habt Ihr sie folglich auch.

Und so komme ich, Hilarion, auf dem Strahl der fünften Lichtbrechung, mit der Antwort und dem Schlüssel. Wenn Ihr das beherzigt und annehmt, werdet Ihr herausfinden, daß die Gewalt der Wahrheit, wie sie aus dem Herzen der Großen Anziehungskraft der Zentralsonne entlassen wird, „alle Menschen von mir angezogen werden". Denn ICH BIN – DAS ICH BIN von mir IST – der Lebendige Christuskreis der Ewigkeit und ich bin Zeuge, daß Er mir auf meinem Lebensweg gezeigt hat, daß die einzige Wahrheit, der einzige Weg, die einzige Liebe und die einzige Macht der Sieg der Göttlichen Kraft in jedem einzelnen Kraftfeld der gesamten Menschheit ist. SO SEI ES UND ICH LEGE MEIN SIEGEL AUF DIESE WORTE, AUF DASS SIE IN EUREN HERZEN IHRE HEIMSTATT FINDEN UND DIR DIE DINGE WEISEN, DIE FÜR DICH BESTIMMT SIND.

IN VOLLSTÄNDIGER EINHEIT MIT ALLEM WAS IST, VERABSCHIEDE ICH MICH.

ICH BIN
HILARION

KAPITEL 22

Aufzeichnung Nr. 1 | LADY NADA

Dienstag, 25. April 1989, 6.00 h, Jahr 2, Tag 252

LADY NADA

Guten Morgen Dharma, und es ist ein schöner Morgen. Ich weiß, mein Kind, Du hattest viele Enthüllungen letzte Nacht und sie haben Dich in den Tag begleitet. Wir alle haben Verantwortung übernommen und es ist eine schwere Last, unter der wir uns winden und stöhnen. Wenn Du Dich „selbst kennst", dauert es eine Weile, bis Du wieder ins Gleichgewicht kommst, so laß es sich ein wenig setzen, damit Du es verdauen kannst.

ICH BIN Lady Nada des Sechsten Strahls; der Chohan, wenn Ihr so wollt, ich bringe Euch Wahrheit zur Kommunikation auf Seelenebene und Fürsorge; Pflege und das Sorgen um Jemanden. Ich bin durch die Vereinigung mit Germain und Meister Esu Jesus fest eingehüllt in ihre violetten und goldenen Gewänder. Ihr aus der Herde werdet meine Erfahrungen und Lehrstunden verwenden können, ob Ihr nun männlich oder weiblich seid.

Ich habe den Weg der Liebe mit den Großen Aufgestiegenen Meistern auch lernen müssen. Ich habe auch gelernt, daß jemand, der im Dienst voranschreitet, auch Momente des Selbstzweifels hat oder denkt, daß er keine gute Arbeit geleistet habe oder daß keiner sie haben oder ihr Glauben schenken möchte und daß keiner seine Fähigkeiten annehmen möchte, obwohl er sich sehr viel Mühe dabei gegeben hat. Es ist ein Augenblick totaler Selbstblindheit, wenn ein einzelner Mensch im Grunde die Wahl trifft, seine angenommene Aufgabe NICHT fortzuführen. Das ist ein sehr harter Schlag für die, die davon abhängig sind, daß jemand seinen Auftrag auch erfüllt. Wie Ihr wißt, sind die Tage bei Euch gezählt; Ihr befindet Euch in der Zeit der Entscheidungen und Handlungen. Das sind die Tage, an denen Ihr aufrecht bleiben müßt, damit Ihr nicht niedergerissen werdet.

Euch hier [A.d.Ü.: sie meint damit Dharma und ihre Familie] wurde gerade jede Möglichkeit eines Einkommens genommen. Die noch vorhandenen Rücklagen wurden aufgebraucht. Was werdet Ihr tun? Oh, ich verstehe und ich danke Euch, Brüder – Ihr werdet einfach weitermachen und Euch darauf verlassen, daß wir Euch einen Weg zeigen. So sei es, da Ihr dieses Thema an uns abgegeben habt, ist es bereits erledigt. Verzweifelt nicht, denn der Plan ist noch im Werden.

Es wäre gut für Euch, Euch an Euer Geschenk des Dienens als „Mutter" zu erinnern; an die nährende Natur der Schöpfungsmutter, die in allen Wesen weilt, männlich oder weiblich, denn auf der Ebene des Höheren Verständnisses gibt es hier keinen Unterschied. Keinen. Auf den höheren Ebenen ist alles im Gleichgewicht; in völliger, fließender Harmonie und Einbindung. Nur besteht unsere Vorgehensweise darin, alle Facetten der Erfahrungen so gut wie möglich zu nutzen.

Es ist das wunderbare, flammende Herz der Mutter, das in einem Freund verkörpert ist oder dem Geliebten, dem Pflegenden, der diese Hilfe bereitstellt, wenn das Individuum selbst alle Kraft und Energie und seinen ganzen Lebensantrieb zu dieser Zeit auf die Erreichung seines Zieles setzen muß. Selbst Christus hatte deshalb auf den bezeichnenden 14 „Stationen" seines Kreuzweges immer noch die Balance dieser Mutter, die die Flamme von Wachsamkeit, Zuspruch, Schönheit und göttlicher Erinnerung an das Ende trug, das von Anfang an bekannt war.

WIEDERHOLUNG

Bitte versteht auch, daß die Planetenrotationen und die Sternenbewegungen auf ihren Bahnen beständige, im Unterbewußtsein immer wieder neu verankerte Beispiele dafür sind, daß alles Leben aus dem Ritual des Dienens besteht, daß die Wiederholung dieser Dienste eine Notwendigkeit ist und die Schönheit des erscheinenden Christus darstellt. Wenn Ihr die Notwendigkeit eines täglichen Dienstes, der jeden Tag ohne Ausnahme wiederholt werden muß, einmal erkannt habt (wie es zum Beispiel der Informationsempfang und das Teilen bei Dir ist, Dharma), und Ihr das bei jeder einzelnen Beschäftigung durchführt, bewegt Ihr Euch von der Bemeisterung der individuellen Christlichkeit auf dem Sechsten Strahl in die vollständige Beherrschung des Siebenten Strahls hinein.

Ihr werdet Euch in aufeinanderfolgenden Wiederholungen finden. Ihr werdet Euch dabei ertappen, wie Ihr zu Euch selbst sagt „Ich habe das dieser Person immer und immer wieder gesagt, nicht nur einmal, sondern viele Male, und dennoch verstößt sie gegen den Grundsatz dieses Gesetzes." Nun, Ihr Lieben, das hilft Euch, selbst die offensichtliche Notwendigkeit des fortdauernden Dienstes zu erkennen. Es ist wie das Gießen im Garten oder der Blumen. Regen kommt und geht, die Blumen wachsen erneut, und die Naturgeister beschweren sich nicht, daß sie erst „gestern" gegossen haben. Wir, die wir als Lehrer kommen, vergessen sehr oft, daß es Dinge gibt, die wir alle täglich benötigen. Und dennoch – wenn es um das Lehren des heiligen Konzepts des Gesetzes geht, so gehen wir – entweder aus Ahnungslosigkeit oder aus Stolz – irgendwie davon aus, daß unsere Worte aus den Lehrstunden in die Tat umgesetzt werden müssen. Wenn die Lehren aber nicht umgesetzt werden, nun, dann ist es eben Pech für den Einzelnen – er hat seine Chance gehabt.

Wenn die Engel diese Einstellung hätten, so wage ich zu sagen, daß keiner von Euch heute einen dienenden Engel hätte. Denn wir haben uns seit zigtausenden von Jahren um Euch gekümmert. Ihr seht also hier, daß, wenn es um einen selbst geht, Alle leicht verstehen, daß man immer wieder Trost braucht. Wenn es aber um Trost für Andere geht, denkt Ihr „warum braucht diese Person immer und immer wieder meinen Trost, wenn Gott ganz offensichtlich für sie da ist?"

Nun, „dieser" Gott muß allerdings IN EUCH präsent sein! Und umgekehrt ist es genauso offensichtlich, oder sollte es zumindest für Euch sein, daß der Einzelne weder Gott sehen noch Seinen Trost erkennen kann, wenn man ihn nicht ganz persönlich bringt. Also müßt Ihr in der Wahrnehmung der Bedürfnisse Anderer Eure Göttlichkeit verkörpern und ein immer wieder neu entstehender Ausgleich werden, anstatt Eure eigenen Bedürfnisse zu betrachten.

Wir, die Chohans, beobachten also. Wir lassen die Lichtseelen viele Jahre lang ihren Weg auf diese Weise verfolgen, denn wir wissen, daß das Ende bald kommen muß. Wenn sie zum Schluß alles unter der Sonne in ihrer Weise ausgerichtet haben und feststellen, daß ihre Seelen immer noch leer sind und sie immer noch diese Sehnsucht nach der verlorenen Anbindung haben, so werden sie vielleicht zu dem Ergebnis gelangen, daß der Weg nicht genutzt werden soll, um zu sich selbst zu finden, sondern daß der Weg genutzt werden soll, um die Bedürfnisse Anderer zu stillen, welches seine höchste Bestimmung ist.

ANKOMMEN BEI DER WAHRHEIT

Ihr seid wirklich angekommen, wenn Ihr keine Bedürfnisse oder Wünsche mehr habt und Ihr bei Euch selbst denkt „wie reich gesegnet bin ich in der Weisheit Gottes, Seiner Herrlichkeit und Seiner Liebe". Und außerdem, wenn Euch jemand fragt, was Ihr braucht oder gerne als Geschenk haben wollt und so weiter, dann fällt Euch nichts ein, was Ihr antworten könntet – Ihr habt in Eurem Inneren alles, was Ihr für Eure Vollkommenheit benötigt.

Viele auf dem Weg betrachten Gesundheit, Reichtum und Glück als Zeichen ihrer Vollbringung; für sie ist das der Maßstab für Spiritualität. Nun, Ihr Lieben, einige der spirituellsten Menschen auf der Welt tragen sehr schwer an ihrer Lebenslast, daß sie in erbärmlicher Armut leben und gar nichts haben. Sie mögen mit unheilbaren Krankheiten geschlagen sein, sie mögen von vielerlei Problemen niedergedrückt sein. Und der, der mit dem Finger auf sie zeigt und sie verurteilt oder verachtet, ist derjenige, der am ehesten die Verwirklichung des Sechsten Strahls des Dienstes „nötig hat".

Wenn sie demjenigen zu Hilfe eilen würden, würden sie in sich selbst den Mangel am größten Geschenk eines Menschen entdecken:

Liebe. Liebe, die die „Angst" ersetzt. Liebe [A.d.Ü.: hier würde ich Hingabe sagen] in einem Herzen, das damit zufrieden ist, die Last Anderer zu tragen. Die Liebe in einem Herzen, das Gott in der Stunde der Not vertraut. Eine Liebe, die nicht jammert, wenn nicht alles in Fülle und Reichtum der westlichen Zivilisation vorhanden ist, denn die Träume in diesem Westen werden aus Gedanken von Überfluß, Luxus, unerschöpflichen Mengen an Lebensmitteln und so weiter erschaffen. Versteht das nicht falsch und geht davon aus, daß es nicht erstaunlich ist, daß es diese Dinge gibt. Ich spreche von einer inneren Zufriedenheit und Ausgeglichenheit, nicht von „Dingen".

„Dinge", die man hat, können sehr schön sein, wenn man in der Lage ist, die Balance in der notwendigen Möglichkeit aufrecht zu erhalten und die materiellen Güter und den Komfort ohne Sorge oder Schmerzen weggeben kann. Wenn Ihr das ziehen lassen könnt, wenn es nötig wird, werdet Ihr glänzenden Einzug in das Himmelreich erhalten. Allein Eure Bereitschaft ist der Schlüssel zum Tor der Herrlichkeit.

Ich komme in Fluß und Rhythmus von Gottes Liebe, die sich in Klangwellen durch die Ewigkeit ausbreitet und die Seelen der gesamten Entwicklungsgeschichte der Sternenwelten heim, in das Herz Gottes, ruft. Die große Einberufung des Lebens ist für die Seelen gedacht, die sich in den äußeren Bereichen von Raum und Zeit entwickelt haben und jetzt zusammengerufen werden, um zum Zentrum des Seins zurückzukehren, das Achtsamkeit, Wahrheit und Leben bedeutet. Die Menschheit muß jetzt in sich gehen, denn die Seelen der Menschheit sind der Evolution in Dunkelheit und Chaos überdrüssig.

Es waren nicht die Seelen, die das große Amphitheater des Lebens aufgebaut haben, in dem das riesige Drama in Erhabenheit gemäß Geist und Willen der in Christus Lebenden aufgeführt wurde. Deshalb liegt die Erschöpfung der Seele nicht in der äußeren Manifestation, sondern die Ermattung der Seele liegt deshalb in der äußeren Manifestation, weil diese nicht heil ist, sie nicht vollkommen ist, weil aufgrund des falschen „Wissens" das Falsche gesät wurde.

Die Menschheit kannte die Wahrheit nicht, die sie hätte befreien sollen, sondern sie kannte nur die Lüge und war demzufolge zur Lüge verdammt. Deshalb auch die Ermüdung durch die Wege des Fleisches, die Experimente im Gebrauch der Heiligen Feuer, die in den Augen Gottes nicht angebracht sind. Ich komme als Kosmische Mutter und Mitglied der Höheren Reiche, um die Erschöpften, Armen, Abgekämpften aufzunehmen zusammen mit denjenigen, die mit der Bürde dieser Welt belastet wurden und sich nicht an die Worte des Friedensfürsten „Meine Bürde ist leicht" erinnert haben. Denn, meine Lieben, jede Last, die Ihr tragt, kann mit einem Wimpernschlag in Licht und Lichtwerdung verwandelt werden, die Duldung des Lichtes durch sich selbst.

Licht ist unendlich und so weist das Sternenlicht auf den unendlichen Kosmos hin und wartet darauf, empfangen zu werden, wartet darauf, mit den Früchten aus der Seelenernte gefüllt zu werden, auf daß sie gesehen, erkannt und erlebt werden können von Seelen, die in ihr inneres Wesen eingehen, in die Kammer ihres Herzens.

Wenn Ihr in die innere Stille findet und über Gott meditiert (eins werdet mit Eurer Göttlichkeit), werdet Ihr zuerst von dem regelmäßigen göttlichen Herzschlag berührt und bewegt. In diesem Rhythmus liegt das Muster der Energieentfaltung für einen Kosmos, eine Rose, ein Samenkorn, eine Seele. Es ist der regelmäßige, fortlaufende Puls der Energie, die sich aus einem feurigen Kern spiralförmig in den Umfang seiner innewohnenden Form einbettet.

Wenn Ihr im Zentrum Eures Herzens seid und über diese Vorstellungen meditiert, so werdet Ihr Euch zuerst über die erhabene Größe von Gottes Wesen wundern. Und wenn Ihr mit der Zeit über all diese Dinge und dieses Wesen sinniert, werdet Ihr erkennen können, daß Ihr dabei über Euer eigenes Wesen, Euer eigenes Leben nachdenkt, denn Gott ist Leben. Und tatsächlich, Chelas, sind Gott und Leben eins.

ICH BIN

Der Klang des herrlichen Tones, der die Geburt einer Seele anzeigt, ist das mystische Bewußtsein der Identität als ICH BIN DAS ICH BIN.

Und weiter, das eine „ICH BIN" ist Gott und das andere „ICH BIN" ist die Seele, wenn Ihr sagt: ICH BIN, DAS ICH BIN.

Dann spricht Gott und Er sagt: „ICH BIN diese Seele, ICH BIN dieses Bewußtsein des Selbstes, ICH BIN, das Ich bin." Wenn dann die Seele spricht in der ersten Person als Echo der Worte des Schöpfers, erklärt die Seele „ICH BIN". Wenn dann die Energie von Geist zu Seele, von Seele zu Geist hin und her fließt, von Gott zum Menschen, vom Menschen zu Gott, wer kann dann sagen, an welchem Punkt Gott zum Menschen wird oder der Mensch zu Gott? Wer kann den Punkt benennen, an dem sich die Wirbel des Austausches so verflechten, daß Gott Mensch wird und der Mensch Gott IST? Deshalb, ICH BIN, DAS ICH BIN. Denn unter den Gesetzen Gottes wird das Alpha zum Omega, der Anfang zum Ende und das Omega wird zum Alpha, das Ende ist zu einem Neubeginn geworden. Dieser Zyklus ist ewiglich! Dies ist der Geheiligte Kreis, der innerhalb der „Christlichkeit" des Selbstes in der Einheit mit dem Ganzen geschlossen wird.

Sowohl das Sein als auch das Leben sind Geheiligte Kreise. Jedoch gibt es die Göttlichkeit der Polarität, die sich manifestiert, sodaß Gott sich des Selbstes subjektiv bewußt werden und der Mensch eine objektive Bewußtheit des Selbstes erlangen kann – und damit Gott eine objektive Bewußtheit des Selbstes und der Mensch eine subjektive Bewußtheit des Selbstes wahrnehmen kann. So gesehen, ist dies der Fluß des Lebens, der das Leben transzendiert und WAHRHAFTIG ALLES SEIN „EINS" IST.

Wenn Ihr über dieses große Geheimnis in der Mitte des Herzens Gottes (des Selbstes) nachsinnt und sich die Flamme des Geistes in der Seele ausdehnt, erreicht Ihr in der Meditation, der Einheit, einen Punkt, an dem Ihr sagen könntet, daß Eure Seele durch die Inbrunst des Göttlichen Lichtes bersten würde. Dann entwickelt sich dieser starke und drängende Wunsch, weiterhin so zu bersten wie eine Knospe im Frühling, wie eine Blüte an einer Pflanze, wie ein Blatt an einem Baum und wie ein wunderschöner Vogel, der aus dem Nest fliegt – ein Jungvogel, bereit, das Leben zu erfahren.

An irgendeinem Punkt müßt Ihr diese Energien loslassen, die sich in Eurem Inneren immer enger und enger verschlungen haben. Zu einem bestimmten Zeitpunkt muß sich „der Frühling" befreien, die Energie muß sich ausdehnen dürfen und die Spiralen müssen freigelassen werden. Die Zyklen müssen in die Freiheit entlassen werden, denn die Zyklen erhöhen die Identität Gottes. Die Bewußtheit eines Menschen dreht sich spiralförmig aus dem Zentrum heraus an die Peripherie von Gottes Kosmischem Bewußtsein.

Der Aufenthaltsort eines Menschen in Zeit und Raum wird nur durch den Gebrauch oder Mißbrauch der Energie beschränkt. Wenn Energie weise und gut genutzt wird, kann ein Mensch die endlichen Sphären überwinden und sein Bewußtsein mit der Einheit verbinden; mit der Allheit – ICH BIN „ER", ICH BIN „DU", ICH BIN „SIE" – ICH BIN „ICH". ICH BIN BRÜDERLICHKEIT.

ERFOLG DURCH BRÜDERLICHKEIT

Brüderlichkeit oder Bruderschaft ist die Vereinigung von Seelen, die aus dem Zentrum des Seins hervorgegangen sind. Alle Wesen, die sich durch alle Zeiten mit Gott identifiziert haben, sind verbunden. Durch diese Bruderschaft werden wir diesen wundersamen Übergang bemeistern, der ansteht. Es gibt jede Menge Spekulationen über diese Themen; es wurden von Anbeginn des Lebens bei Euch Prophezeiungen dazu kundgetan – die Zyklen wurden erforscht und vorausgesagt. So sei es, Chelas, denn es wird zu Eurer „Zeit" stattfinden. Wir sind zu diesem Zeitpunkt des Ablaufs direkt mit Eurem Energiefluß verbunden, ich auf den Plejaden mit Euch auf Eurem Planeten in der hohen Dichte. Ihr wißt aber in Eurem Inneren, daß die Bruderschaft sich ausdehnt, denn unsere „Einheit" überwindet Zeit und Raum.

Laßt uns beständig innerhalb der violetten Flamme sein, die uns alle zusammen als Eins im Dienste erhält, damit die Umwandlung, die von Einigen als Entrückung oder Verklärung bezeichnet wird, weich vonstatten gehen kann und die Drangsal durch die Mitglieder aus dem Schoß des Meisters überwunden werden kann. Aton wird Euch geben, was Ihr benötigt, um zu verstehen und über alle diese Dinge Bescheid zu wissen. Eure Zeit ist gekommen; laßt es zu, meine Lieben, daß sie zu einem staunenswerten Abenteuer wird.

Ihr werdet uns in naher Zukunft in der Grenzenlosigkeit des Kosmos treffen, denn wir werden aus den Wolken kommen, um Euch zu umarmen.

In unendlicher Liebe und zu Diensten
ICH BIN DIE ICH BIN, NADA

KAPITEL 23

Aufzeichnung Nr. 1 | GERMAIN

Mittwoch, 26. April 1989, 6.00 h, Jahr 2, Tag 253

GERMAIN

LEHRSTUNDEN FÜR DIE SCHREIBERIN

Hier ist Germain in der mächtigen ICH BIN Präsenz. Hörst Du mich, meine Kleine? Hier, nicht dort oder sonstwo, hier! Ganz einfach, ich existiere auf der Ebene höherer Schwingungen, die Du leicht visualisieren kannst. Du kannst sogar meinen Herzschlag hören, wenn Du lauschst. Du hörst auch ganz leicht meine elektronischen Signale in Deinen eigenen Kreisen. So sei es, ja, so sei es. Ich höre Dich! Ich gehe mit Dir und ich arbeite mit Dir und den Schülern. Der Unterschied zwischen Dir und den Anderen, die meine Lehrstunden verfolgen ist der, daß Du viel mehr mitbekommen hast als Andere; Ihr habt Euch entschieden, in der Leuchtkraft aller Strahlen der Mächtigen Präsenz, dem vollkommenen Licht, immer weiterzulernen, zu arbeiten und aufzubauen; ich bin bescheiden in Deiner Gegenwart. Auch Ihr seid Heilige und Meister, meine Lieben; die Menschen haben einfach die Worte mißbraucht. In alten Zeiten war ein „Heiliger" einfach einer aus der treuen Gefolgschaft DES Meisters. Das hatte überhaupt nichts mit einem Club zu tun, der durch Abstimmungen Gefälligkeiten verteilte. „Die Kirche" IST der Körper des Meisters. Wenn Ihr meinen Lehrstunden folgt, dann seid Ihr „die Kirche" des Siebenten Strahls. Das hat überhaupt nichts mit einem Gebäude aus Stein zu tun. Bin ich unsterblich? Ja, und das seid auch Ihr. Ich bin beeindruckend und einzigartig, denn ICH BIN – ALLES; und das seid Ihr auch! Aber ich arbeite sehr gewissenhaft, denn meine Lektionen liegen immer vor mir, genauso wie es auch bei Euch ist. ICH BIN ganz demütig in der Gegenwart des „Erleuchteten", der alle Seine Lektionen gemeistert hat und dennoch Seine Knie beugt vor dem ICH BIN und ich kann das akzeptieren, denn es ist GOTT, DEM WIR EHRE UND RESPEKT ZOLLEN. Eines Tages werdet Ihr das alles sehen und nicht mehr so weitschweifend darüber nachdenken.

Ah Dharma, Deine Lektionen waren hart. Hatonn und ich haben Dich dazu gebracht, Dich an das Schreiben von Dingen zu erinnern, die Du aus den Höheren Dimensionen nicht erwartet hast. Nun, Chelas, Ihr braucht unsere Botschaften nicht „zu klären" oder sie umzuschreiben – Ihr müßt Euren Raum klären und schreiben, was wir Euch sagen. NICHT MEHR UND NICHT WENIGER. Wir schätzen es, wenn Ihr unsere Rechtschreibung und Interpunktion verbessert. Es war gut (und notwendig), daß Du von Deiner Ausbildung erzählt hast, Chela, denn man muß wissen, wie sowas ist. Die Themen für die Veröffentlichungen werden unseren genauso bedachten und perfekten Inhalt widerspiegeln. Es war nicht nur notwendig zu sehen, wie Ihr die Schriftstücke empfangt und weitergebt, sondern wir müssen auch beobachten, in welcher Art und Weise die Schriften von unterschiedlichen Energien empfangen werden. Ihr in Eurem Raum seid sehr festgefahren in Eurer Art und Weise. Ihr empfangt und akzeptiert nur die Dinge, die Euren persönlichen Fähigkeiten entsprechen, etwas zu empfangen oder auszudrücken. Meine Lehren wurden sehr stark mißbraucht, zum Gespött gemacht – und ganz oft auch angebetet. Es ist sehr negativ, etwas anzubeten, denn die Anbetung ist einzig und allein der absoluten Vollkommenheit Gottes vorbehalten. Ihr könnt damit noch bei Esu Sananda durchkommen, denn er ist bezüglich der Vollkommenheit Eins mit dem Vater. Ihr werdet feststellen, daß man mich Meister, Lord, Saint und bei vielen anderen Namen nennt – aber ich werde nicht Christus genannt. Ich bin Eins mit dem Christos; ICH BIN nicht auf der Ebene der Perfektion, um CHRISTUS ZU SEIN!

Das Krankheitsniveau auf Eurer Ebene erlaubt sowohl mir als auch Euch, zu lernen und „sich seine Sporen zu verdienen". Laßt uns für die zugedachten Erfahrungen immer demütig dankbar sein und mögen wir immer unseren Job mit Redlichkeit und Vollkommenheit tun, damit wir unsere Rangordnung auch verdient haben.

Da seid Ihr also; HIER BIN ICH – Im Herzen der Ewigkeit. Hier, wo der Göttliche Funke SITZT, die Ewigkeit. Und deshalb, Ihr Gesegneten, grüße ich Euch als den Ewigen Einen und die Ewigen Einen – einmal eins mal eins mal eins – für immer der Ewige „Eine".

„SEHT" MIT DEM HERZEN

Laßt den großen Geheiligten Kreis der Einheit mit unserer Liebe alle Teilungen, Mißverständnisse, alle Ignoranz und jedes falsche Zeugnis tilgen, wie im Falle der blinden Menschen und des Elefants – alle geben unterschiedliche Beschreibungen eines Tieres ab, sie kommen aber nie an den Punkt außerhalb ihrer Sinne. Augen sehen nur den Spiegel dessen, was Euer Herz und Eure Seele „sehen". Schaut mit Euren Augen aus dem Blickwinkel Eures Herzens. Bitte richtet Eure Aufmerksamkeit auf diesen Punkt. Denn wenn Ihr in Eurem Herzen zentriert seid, das Tag für Tag mehr zu meinem Herzen wird, könnt Ihr alle Dinge so erkennen, wie sie sind. Denn die wahre Sichtweise von Weisheit, gepaart mit einem ordentlichen Quentchen Liebe und dem brennenden Willen, zu dem zu werden, was Gott ist, gesegnet mit der Reinheit der Mutter – was kann dann noch außerhalb dieses Prismas aus Kristall liegen?

Denn siehe, ich mache alles neu mit der Flamme des Herzens, mit der Sichtweise des Herzens, mit der Weisheit des Herzens, denn das ist der nie endende Strom der nie endenden Quelle.

Oh meine Lieben, ich bin gekommen und bin glücklich, hier zu sein, glücklich, mich im Licht Eurer eigenen Herzen zu erwärmen. Ich erkenne Eure Sichtweisen, zum Beispiel, zu „Freiheit" und deshalb komme ich, um dem eine weitere Sichtweise hinzuzufügen. Mögt Ihr jede Prüfung bestehen, kostbare Chelas – mögt Ihr jede Prüfung bestehen!

Meine Lieben, die Belohnung der Liebe ist mehr als groß. Aber diejenigen, die sie verdienen, bekommen sie meistens nicht, weil sie auch die fleißigsten Arbeiter und Diener sind. Sie nehmen sich oftmals nicht die Zeit, still zu werden und zu empfangen. Es ist aber sehr wichtig, das Empfangen auch zuzulassen. Seid immer bei der Arbeit, um Eure lichte Aura auszudehnen und daß Ihr auch beim Empfangen in die Fülle kommt. Die „Mittel" entsprechen nicht den „Zielen", aber das Ende wird ein neuer Stern sein, der aufgeht. Deshalb laßt es nicht zu, daß unsere Mittel und Wege das Ziel gefährden oder daß wir uns verzetteln und das Ziel aus den Augen verlieren. Aber eines ist sicher – Ihr MÜSST JEDES Mittel nutzen, das Euch zur Verfügung steht oder Ihr werdet Euch niemals vorwärts bewegen – Ihr werdet von den Gesetzen und Handlungen derjenigen in die Fallen gelockt, die Euch kontrollieren. Ihr müßt Eure Höhere Intelligenz und die Werkzeuge nutzen, die sie um ihres eigenen Vorteils willen „versteckt" halten. Nicht unrechtmäßig und nicht unmoralisch; sondern nutzt die Werkzeuge, die Euch für diese wunderbare Mission zur Verfügung gestellt wurden. Ihr arbeitet in der „menschlichen" Arena und da gibt es keinen Raum für „Wunder", sonst ginge der Schuß nach hinten los. Nutzt die menschlichen Möglichkeiten aus Eurem besten Vermögen heraus, damit wir unsere gesetzten Ziele auch erreichen können. So sei es.

Der Gott in Euch ist sehr mächtig! GOTT IST ZU ALLEM IN DER LAGE! Aber ich bitte Euch inständig, nicht das „menschliche" Selbst anzubeten, denn es ist sterblich. Genau wie das Gras oder die Blumen ist es heute hier und morgen vergangen. Das mächtige Feuer und der Wind fegen durch und es ist nicht mehr.

Meine Lieben, es ist nicht mehr der richtige Kurs, das Menschliche zu perfektionieren. Es ist auch nicht mehr der Weg des Überwindens. Wenn Ihr also nur am Perfektionismus interessiert seid, dann könnt Ihr diesen Stolz in Eurem menschlichen Selbst fallen lassen. Laßt ihn auf den Boden fallen wie ein abgetragenes Kleidungsstück – und werft es weg. Er ist wie ein altes, verschwitztes, ausgeleiertes T-Shirt, das Ihr viel zu lange getragen habt.

Meine Liebe, dieser Botschafter beobachtet Dich und freut sich über Deine Fortschritte, aber dennoch wundere ich mich und sinne darüber nach, „warum" Du nach all Deinen Lektionen immer noch an diesem hochnäsigen Bewußtsein dieses „menschlichen" Selbstes hängst. Nun, so sei es.

Meine Lieben, ich komme also, um Euch diese Botschaft in Absprache mit meinen Brüdern und der Führung des MEISTERLEHRERS zu überbringen, UM JETZT DEN SCHLEIER ZU DURCHDRINGEN, DER EUCH ALS GLAUBE, IHR WÄRET „STERBLICH", UMGIBT! Das ist meine Göttliche Bestimmung, das ist Gottes Wille und ich befinde mich hier mit der mächtigen Kraft der Hierarchie, UM DIE BÜRDE DER „STERBLICHKEIT" AUS EUREN LEBENSLANGEN SICHTWEISEN ZU LÖSCHEN. SO SEI ES. Genau dieses Gesetz hält auch das dunkle Bewußtsein aufrecht. Ihr alle habt darum gebeten, von diesem überschattenden Bewußtsein erlöst zu werden. Deshalb bitte ich Euch jetzt, dem ein Ende zu bereiten. Wir sind freie Geister. WIR SIND FREIE GEISTER! Das heißt, Ihr müßt nicht auf die Stunde Eures physischen Todes warten, um das ewige Leben kennenzulernen. Ihr seid schon hier und jetzt ewig. Dieser Ort ist Eure ewige Wohnstatt und ich spreche hier nicht von endlichen Koordinaten, sondern von diesem Ort als dem Mittelpunkt des Bewußtseins Gottes – dem SITZ Eures Bewußtseins. Kommt in die Bewußtheit Eures inneren Gottes. Spürt ihn. Diese innere Bewußtheit Gottes in Euch liegt über und jenseits jeder „Form" und doch ist sie sowohl in als auch auf der Form eingeprägt. Nun laßt uns also die Ärmel hochkrempeln und an die Arbeit gehen. Mögt Ihr jede Prüfung bestehen!

IHR MÜSST DIE KONTROLLE AUFRECHT ERHALTEN

Meine lieben Chelas, wie wollen wir beginnen? Nun, Ihr seid schon einen weiten Weg gegangen, aber ich will Euch erinnern. Ihr müßt lernen, Euch diese Kontrolle Gottes zu erhalten, da sie dem göttlichen Rhythmus die Möglichkeit gibt, ein Gleichgewicht herzustellen, bevor der Mensch reagiert – ohne Angst oder Wut und ohne dieses Taumeln und Zaudern, wenn man aus dem Gleichgewicht geraten ist.

Die Bausteine findet Ihr in den Diktaten, den gegebenen Lehrstunden und Ihr habt Eure Stunden „VOM BESTEN" bekommen, den es gibt. Eure Lehrstunden kamen von der Höchsten Quelle, die es gibt. Ihr befandet Euch in einer Sitzung mit Gott. Das bedeutet nicht, daß Ihr Euch in ständiger Vollkommenheit befindet – Ihr seid menschlich. Es bedeutet aber, daß Ihr bei der Befolgung der Lehren immer wieder in Eure Balance kommt, wenn der normale Fluß Eurer Aura unterbrochen wurde. Ihr werdet darauf mit bedachter Balance „reagieren" und damit werdet Ihr alle Umstände meistern, die in Eurer Umgebung bestehen.

Ihr solltet immer die „beruhigende Stimme" und Präsenz in jedem Aktivitätsdurcheinander und jeder Tragödie sein und Ihr werdet damit einhergehend die Wege der Macht, die immense Macht des Friedens, kennenlernen. Der Friede kommt, wenn man darum bittet – ruft meine violette Flamme der Verwandlung. Nutzt die Alchemie, die Ihr bei Euch habt und die bei allen Bedürfnissen und Aktionen zu Eurer Verfügung steht. Nutzt sie, nutzt sie, nutzt sie. Sie ist zu Eurem Nutzen da.

Nutzt ebenso die blaue Flamme von Michael. Baut die Mauer der blauen Flamme um Euch auf, das gibt Euch die Kraft der Lichtsäule. Und weiter, wenn Ihr in Eurem Fall mit Diplomatie nicht weiterkommt, habt Ihr immer noch den Schutzschild von Erzengel Michael zur Verfügung.

ICH BIN in der Süße des Lichtes gekommen.

Oft, meine Chelas, ist es eigentlich nur eine Frage des Durchhaltevermögens. Wie haltet Ihr Euch? Seid Ihr bereit für die nächste Übertragung von Gott oder von den dunklen Kräften, oder seid Ihr, wie Ihr heute sagt, „entspannt"? Wenn Ihr „entspannt" seid, ganz offen, vor dem Fernseher hängt, der herumblökt, die Werbung auf Euch eintrommelt, das Musik??-Video donnert, die Katze miaut, der Hund bellt, die Kinder kreischen, dann noch das Telefon schrillt – wie könnt Ihr dann erwarten, „cool" zu bleiben? Es ist eine Bühnennummer, aber Ihr führt Regie!

Meine Lieben, laßt das nicht zu. Es ist eine Sache von einmal, zweimal, dreimal, viermal, fünfmal –. Laßt es nicht zu, daß all diese

Dinge auf einmal in Eurem Umfeld stattfinden. Ihr könnt die Katze füttern, den Hund beruhigen, DEN FERNSEHER ABSCHALTEN, die Kinder zur Stille mahnen oder Eure Ohren auf taub stellen, bis Ihr sie unter Eurer Kontrolle habt. Sowas nennt man Disziplin. Das ist Erziehung; disziplinierte Erziehung des Selbstes und Anderer.

EIN BEISPIEL

Nehmen wir den Gesichtspunkt der Erziehung; es geht in Eurem Beispiel hier um die Erziehung der eigenen Seele und die Erziehung von Anderen. Vermeidet Streitpunkte; Ihr wißt, wann Ihr einen ordentlichen Streit beginnen könntet. Ihr mögt das sogar; aber Eure Kinder wissen nicht, was Unterscheidungsvermögen ist. Sie können nur am Beispiel lernen und schreien und schlagen und zerstören. Wenn Ihr still seid und zuhört, so werden sie lernen, auch still zu sein und zuzuhören. Sie lernen das durch Disziplin; nicht durch Schimpfen oder Schläge – Disziplin. Wenn Ihr DEN FERNSEHER ABSTELLT, so seid Ihr auf dem rechten Weg. So sei es.

Immer dann, wenn Ihr in einem göttlichen Prinzip eine „Vereinbarung" erreicht, wird ein Keim gesät – ein Band der Liebe. Dieses Liebesband beginnt dann, die Bereiche von „Uneinigkeit" und Irrtum, die in Eurem oder dem Kopf des Anderen festsitzen zu verwandeln, denn wir selbst müssen unsere falschen Vorstellungen erkennen.

Es gibt Zeiten, in denen Ihr durch Worte oder Taten großen Schmerz und Kummer durch negative Wolken von Pessimismus, Kritik und Geschrei auf Eurem Weg heraufbeschwört. Bei einer anderen Gelegenheit, wenn Ihr das tut, was Ihr „sehr gut könnt", fühlt sich jeder geliebt, zufrieden und wertgeschätzt. Oh Chelas, der fleischliche Verstand ist so stolz darauf, kontrollieren, verletzen und erniedrigen zu können; einen Anderen zu übertreffen und sich selbst aufblasen zu können wie einen Luftballon.

Meine Lieben, geht davon aus, daß diejenigen, die zu Euch kommen, verletzt, verkrüppelt und vernarbt sind, denn das sind sie wirklich. Sie haben im Leben viele Schlachten geschlagen. Wenn Ihr sie schwierig oder dickhäutig findet, so ist das ein Abwehrmechanismus, den sie um ihre tiefen Wunden aufgebaut haben. Heilt die Verletzungen, aber nicht in dieser offensichtlichen Art, daß Ihr Euch selbst zum Heiler deklariert – sondern tut es tief in der Stille Eures Herzens – BETEN, ABER NICHT AUSNUTZEN. Das, was in Eurem Herzen vor sich geht, wird nach außen reflektiert und kann von einem Anderen auf der reinen Bewußtseinsebene wahrgenommen und verstanden werden.

Das ist so, meine Lieben. Viele Verletzungen, viele Greueltaten, die in der heutigen Welt zur Schau gestellt werden, sind dadurch entstanden, daß die alte Wunde, diese alte schneidende, bissige Schärfe, immer wieder neu umhüllt wird. Und so wird es zu einem wichtigen Punkt des Gesetzes, sich an den Allmächtigen Gott zu wenden und ihn um die Heilung seiner Seele von der Zwanghaftigkeit zu bitten, gegen irgendeinen Teil seines Lebens aggressiv zu sein.

Ihr seht, Sterbliche haben solche Bedürfnisse, menschliche Wesen mögen sie auch haben; denn Beiden fehlt der göttliche Funke. Aber die Söhne und Töchter Gottes, die Kinder des Lichtes, die wirklichen Menschen, haben überhaupt keine Notwendigkeit, am Weltpreis für Psychologie teilzunehmen, genauso wenig, wie sie die Nahrung nehmen, die in manchen Vierteln angeboten wird. Ihr habt das Bedürfnis für dieses Verhalten transzendiert. Die vielen Gründe Eures Scheiterns bei manchen Tests liegen darin, daß Ihr Euch nicht von der menschlichen Verhaltensweise lösen konntet, diese Verbitterung zum Ausdruck zu bringen. Alle negativen Handlungen kommen von der Zwanghaftigkeit des fleischlichen Verstandes, sich durchzusetzen. Das ist nicht real! Er hat nicht die Macht, Eure Persönlichkeit zu beherrschen. Ich spreche sehr direkt zu Euch und jeder von Euch weiß, wovon ich spreche. Ihr schadet Euch selbst durch den verfehlten Gebrauch Eures freien Willens!

IRRTÜMER

Versteht das Gesetz, das ich Euch eröffne. Eine „Sünde" (und ich wünschte mir, dafür ein treffenderes Wort zu haben), kann nur in einem endlichen Bewußtsein oder in der Endlichkeit von Raum und Zeit begangen werden. Bereits in dem Moment, in dem die „Sünde" erdacht wird, ist der „Sünder" nicht mehr Teil der Ewigkeit. Er belegt sein eigenes Haupt mit einem Kopfgeld für den Irrtum, den er innerhalb seines Bereiches des freien Willens begangen hat.

Als Michael die Gefallenen aus dem Himmel geworfen hat, hat er dem Gesetz ihres eigenen Wesens zugestimmt, das sie selbst durch geistigen Hochmut in Gang setzten: „Ich werde zu Gott werden. Ich werde keinen lebendigen Christus anbeten, sondern ‚ICH' werde angebetet." Das war Ihr Gelöbnis. Daraufhin haben sie mit sofortiger Wirkung den Schutz des Kreises des Einen verloren. Indem er sie hinauswarf, wurden Erzengel Michael und seine Legionen die sofortigen Ausführenden des kosmischen Gesetzes. Jedes Mal, wenn Ihr absichtlich eine „Sünde" begeht, verliert Ihr den Schutz des Geistes der Großen Weißen Bruderschaft.

Wenn Ihr als Menschen eine „Sünde" begeht, wenn ein Gedanke so zwingend wird, daß Ihr ihn ausführt und Ihr damit eine „Sünde" begeht, dann denkt daran, daß Ihr damit eingrenzende Verpflichtungen erschafft, die sich schlußendlich in Form von Krankheiten, Tod und so weiter gegen Euch selbst richten. Das Gesetz ist gerecht. Möge der Gerechte das Gesetz immer in Vollkommenheit und Weisheit anwenden, zum eigenen Vorteil, was auch der Vorteil für die Befreiung des Herzenslichtes sein sollte, das Euch auf allen Ebenen große Erfolge zusichert.

HEGT UND PFLEGT EURE ABSICHTEN

Indem wir also in unserer Arbeit fortschreiten, achtet auf Eure Absicht. Laßt uns die subtile Schwingung des Ehrgeizes, die Ihr nicht in Gänze spürt, bändigen, weshalb ich Euch ermahne, Achtsamkeit zu üben. Klärt Euren Raum und dann schaut, was Ihr im Lichte tut. Der Ehrgeiz an sich ist ein verstecktes Ego-Monster, das Euch mit allen Tricks dazu verleitet, dem menschlichen Bewußtsein zu vertrauen statt zuallererst Gott, denn wenn Ihr Ihn gefunden habt, werdet Ihr dort ein Füllhorn an Kleinodien und Weisheit, Fülle, Licht und einen nie versiegenden Quell an Göttlicher Liebe vorfinden.

Wisset, Chelas, daß Ihr alle menschlichen Wünsche, die Ihr in dieser Welt haben mögt, überwinden könnt. Wenn Ihr sie alle abgegeben habt, erscheint das Göttliche Sehnen in Eurem Leben. Da Gott in Euch wohnt; und wer wird einen Vorteil davon haben? Ah so!

Um mit uns den Pfad zu beschreiten, müßt Ihr in Euren Persönlichkeiten der Begierde einige Dinge überwinden. Wenn Ihr zum Beispiel dem Wunsch, **Andere** kontrollieren zu wollen (was ein sehr hervorstechender Zug im Menschsein ist), nicht mehr nachgebt, oder den Wünschen, dies oder jenes und immer mehr haben zu müssen, und Ihr nur die Dinge hinter Euch laßt, die Euch krank machen oder Euch unbehaglich sind, ist das ein Drahtseilakt des menschlichen Bewußtseins, um sich das Beste zu nehmen und das Schlechte zu lassen, Ihr aber dennoch nicht bereit seid, alles, und wie Ihr sagt, das ganze Drum und Dran, loszulassen. Das ist eine ziemlich gefährliche Situation und ich kann Euch nur davor warnen, denn Ihr habt Euren freien Willen.

Jede Erfahrung im Leben kann umgewandelt und überwunden werden und sich in eine göttliche Erfahrung transformieren – sei sie physischer, aktueller, bodenständiger Natur oder auch in das, was ein wahrhaftiges Bewußtsein des goldenen Zeitalters sein kann. Es liegt nichts Falsches darin, sich Glücklichsein zu wünschen oder eigene Erfüllung oder Bildung oder mit Gott erfolgreich zu sein. Und wirklich, es gibt nichts, was Gott Euch verweigert, wenn Ihr legitime Mittel anwendet, um Eure Ziele zu erreichen.

ÄNGSTE SCHRÄNKEN EUCH EIN

Ängste binden Euch an abweichende Wege und Methoden. Also sage ich Euch, laßt diese Ängste hinter Euch! Laßt doch Gott Euch zeigen, wie glücklich Ihr in der Fülle seiner Liebe sein könnt – daß Ihr alles das im Überfluß haben könnt – daß all diese Dinge im höchsten Sinne Euer eigen sein können, Ihr Seinen Namen lobpreisen könnt, das menschliche Bewußtsein durch die Flamme der Verwandlung leiten und dennoch Eure Individualität behalten könnt, die glücklich, freudig, hart arbeitend, immer lernend und strebend und eine Freude im Zusammensein ist, und Ihr werdet diejenigen sein, die für Andere die Geheimnisse entschlüsseln. Das Geheimnis des Glücklichseins selbst steht in Eurem Antlitz geschrieben und kann von Allen erahnt werden, denen Ihr begegnet und die beobachten, wie Ihr lebt.

ANNULLIERT DIE ASTRALE EBENE

Nehmt die Astralebene als gegeben hin – sie ist nicht dauerhaft, ist unzuverlässig, besteht nur aus Illusionen, aus endlosen Schleifen materieller Szenarien, die sich wie in einem Kaleidoskop drehen und verändern, die Euch als „für die Ewigkeit" vorgegaukelt werden, aber nur eine Imitation der „wirklichen" Ewigkeit sind. Das Labyrinth des menschlichen Bewußtseins – mag es sich darin gemütlich machen. Was mich betrifft, so habe ich das schon lange in meinem Leben ausgelöscht und es hat mir bisher nichts gefehlt; denn es ist lange her, daß ich den astralen Müll zuerst konsumiert und danach durch den Sieg des Christuskreises im Bewußtsein ersetzt habe.

Gott löscht die Astralebene nicht aus, denn ein Teil von jedem von Euch ist immer noch dort – die Aufzeichnungen aus der Vergangenheit, Gefühle der Lebenserwartungen, daraus hervorgegangene Realitäten und Möglichkeiten, Versicherungspolicen und „wenn ich einst sterbe, wird dies oder jenes passieren".

Ihr seht, meine Lieben, die Menschen entwickeln sich in Richtung Tod, bewegen sich immer näher auf diese finale Erfahrung zu, die sie auf der anderen Seite ihr Leben lang fürchten. Nun, wenn wir diese Ebene für sie ausradieren würden (die Astrale), würden sehr viele von ihnen einfach aufhören zu sein, sie hätten nichts mehr, was sie umwandeln könnten und das sich erheben und die Oberhoheit über sie übernehmen könnte.

Also ist in diesem Bereich der Wille des Schülers die einzige Möglichkeit, dieses Todesbewußtsein und die astrale Ebene auszulöschen. Nur Ihr könnt entscheiden: „Damit ist jetzt Schluß! Ich werde über keine menschliche Erfahrung mehr eine Träne vergießen!" – das heißt, im Sinne von Selbstmitleid oder Ablehnung, denn die Träne, die man aus Freude oder Mitgefühl vergießt, ist nicht die gleiche wie die eines weinerlichen Wesens.

Wenn Ihr entscheidet, daß es jetzt erledigt ist und Ihr in der vollen Kraft Eurer ICH BIN Präsenz entscheidet, daß Ihr bereit seid, mit den alten Gedankengängen zu ringen und Ihr diesem Biest nicht mehr erlaubt, immer wieder von den Toten aufzuerstehen, wenn Ihr das Schwert des Wortes schwingt, des gesprochenen Wortes, und es auch einsetzt, wenn Ihr gegen jede Versuchung ankämpft, ihm wieder Lebensatem einzuhauchen, der es wieder aufrichten würde – dann, das verspreche ich Euch, meine Lieben, werden sich sehr viele Engel um Euch scharen, um die Bestimmung der göttlichen Söhne und Töchter zu verstärken, frei zu sein.

HOCHMUT UND FALL

Kosmische Kräfte warten. Laßt Euch nicht entmutigen und sagt nicht: „So bin ich eben und Gott muß mich so nehmen, wie ich bin." Nun, meine Lieben, Stolz hatte nie eine lautere Stimme, als wenn er eine Seele anschreit und angreift, die durch den heftigen Tritt der selbst ernannten Unabhängigen zum Schweigen gebracht wurde, die nicht erkennen, daß sie von Luzifer höchstpersönlich vergiftet wurden. Denn er ist derjenige der sagte, „Ich bin der ich bin! Ich bin wichtiger als der Gottessohn und Gott hat zu verfügen, daß Seine Söhne mich anbeten, andernfalls werde ich rebellieren – Gott hat mich so zu nehmen, wie ich bin!".

Chelas, das Problem, das wir heute in unseren Kreisen haben ist, daß niemand in diesen Tagen oder in diesem Zeitalter tiefer hinabgestoßen werden kann als auf die physische Ebene. Obgleich Ihr oftmals denkt, der Engel hätte Euch nicht gefesselt und Euch durch Euren Trotz aus Gottes Herrlichkeit entfernt, so ist das in Wirklichkeit bereits geschehen.!!!!!! So sei es, schaut also sehr, sehr genau hin.

HELFERKREIS

Akzeptiert Eure Wirkungskette, Ihr seid Teil der unendlichen Kette Gottes. Der Höherstehende hilft dem tiefer Stehenden. Wenn Ihr diese Hilfe in Demut annehmt, könnt Ihr sie vervielfältigen. Wenn Ihr nämlich von dem über Euch Stehenden keine Hilfe bekommt, könnt Ihr auch keine an einen unten Stehenden weitergeben, dessen weitere Entwicklung plötzlich angehalten wird, weil Ihr aufgehört habt, zu geben. Und wieder einmal „der Stolz". Manche mögen den Gedanken nicht, von Anderen abhängig zu sein. Lernt, daß Ihr Empfänger unserer Gnade und der Barmherzigkeit eines Schülers seid, für den Ihr vielleicht schon Verachtung empfunden habt. Denn die Gebete dessen, von dem Ihr glaubtet, daß er unter Euch stünde, könnten die Erlösung für Eure Seele sein.

Laßt Gott auf die Menschen achten und erschafft keine falsche Hierarchie in Eurem Verstand, ein Spektrum aller Personen, die Ihr kennt – Manche habt Ihr als die am weitesten unter Euch Stehenden in Eurem System beurteilt. Und dann sucht Ihr die Gesellschaft jener, von denen Ihr „denkt", sie seien „wichtige Leute", die irgendwie zu Eurer persönlichen Bedeutung beitragen können. So besteht Ihr Eure Tests nicht, sondern es führt zu einem großen Fiasko, denn das Kartenhaus, das Ihr Euch durch den Aufbau von Kontakten und Vereinigungen, die alle Teil einer illusorischen Gesellschaft sind, erschaffen habt, bricht zusammen und so weiter. Denkt sorgfältig darüber nach, wo Ihr hingehört.

An irgendeinem Tag muß sich die Welt immer gegen den lebenden Christus wenden. Ich denke nicht, daß einer von Euch bewußt das Licht seines Christusbewußtseins herunterdreht, um von anderen Menschen akzeptiert zu werden, und doch tun es Manche unbewußt, um die Herausforderung oder die Verletzung durch öffentliche Kritik zu vermeiden.

Meine Lieben, Ihr könnt in diesen kleinen Spielchen nur so weit gehen, wie Ihr Euch in die verschiedenen Gesellschaftsschichten entweder einbringt oder auf Abstand bleibt. Früher oder später werden sie Forderungen an Euch stellen und Ihr werdet erkennen, daß Ihr gerade Eure Seele und Eure Beziehung gefährdet habt, um bei einer irdischen menschlichen Energie beliebt zu sein.

Macht Euch Gedanken hierzu. Die Prüfungen sind verloren, weil Ihr nicht vorausgedacht habt, die Situationen nicht objektiv und so beurteilt habt, als ob Ihr an der Decke schwebtet und auf Euch selbst herabblicken würdet. Was wollt Ihr in diesem Programm „WIRKLICH" darstellen?

Achtet auf Euch, meine Gesegneten, Ihr müßt nicht die gesamten Äpfel eines Baumes auf einmal essen; vielleicht nehmt Ihr erst einen oder zwei am Tag. Löst die Probleme nacheinander; das ist mein Schnellkurs, damit Ihr Eure Tests besteht. Ihr habt alle Antworten bekommen. Bittet und es wird Euch gegeben. Suchet und Ihr werdet finden. – ERINNERT EUCH, UND IHR WERDET BESTEHEN!

Ich habe jetzt lange geschrieben – Dharma hat sich vor meinem Besuch gefürchtet, denn sie wußte, daß es eine lange Sitzung wird. So sei es; Ihr seid meine Geliebten. Zum Abschied gebe ich Euch eine meiner „Perlen" mit: WENN IHR WIE GOTT SEIN WOLLT, SO SOLLT IHR ES WERDEN!

Ich danke Euch für Eure freundliche Aufmerksamkeit; wir werden den Weg gemeinsam gehen und meine Freude ist groß. Ich lege mein violettes Siegel auf diese Gedanken und wünsche, daß sie ihren Platz in Euren Herzen finden.

ICH BIN DER ICH BIN IN DER MÄCHTIGEN PRÄSENZ DES ICH BIN.

ICH BIN GERMAIN VOM SIEBENTEN STRAHL, VON DER VIOLETTEN FLAMME UND IN EUREM DIENST UND DEM DIENST DIESES WUNDERBAREN Emeraldes. ICH GRÜSSE EUCH ALS BRÜDER.

ES IST VOLLBRACHT!

[A.d.Ü.: Emerald, das alte Wort für Smaragd, im Englischen „Emerauld", steht für Begriffe wie Wahrheit, Macht, Unsterblichkeit, Intuition, Wiedergeburt und Neuanfang. Im Grunde alles, was uns Germain in diesem Kapitel erläutert hat. Möge sich dazu jeder seine eigenen Gedanken machen.]

EPILOG

Aufzeichnung Nr. 1 | ATON

Samstag, 30. September 1989, 7.30 h, Jahr 3, Tag 45

Ich schreibe jetzt das letzte Kapitel, Dharma. Wieviele werden still sein und hören? ICH BIN ATON und ich sehe meine geliebten Völker in Schmerz und Verwirrung. Ich sehe Euch, meine Kinder, unvorbereitet und ohne besondere Gedanken um das Morgen. Das Morgen kommt. In Amerika heute sehe ich das Durcheinander in Eurem Staat South Carolina und wie Ihr dabei seid, nach dem letzten Wirbelsturm Eure Leben wieder in Ordnung zu bringen. Was habt Ihr gelernt? Sehr wenig! Eure „Führer" sagen, Ihr braucht Milliarden Dollars für den langfristigen Wiederaufbau, wenn Ihr noch nicht einmal Heizung, Lebensmittel und Wasser habt – und wer wird sich um diejenigen kümmern, die nicht wiederaufbauen können? Und weiter, was wird passieren, wenn Ihr vom nächsten Wirbelsturm getroffen werdet? Glaubt Ihr, dieser EINE ist alles gewesen? Ich spreche heute nur für die Kinder der Vereinigten Staaten – was werdet Ihr tun, wenn ein Erdbeben der Stärke zehn bis 12 Eure Pazifikküste trifft? Das wird es und Ihr wißt, daß es kommt? Seid Ihr vorbereitet? Es wird die Trümmer in South Carolina aussehen lassen wie ein Sandkastenspiel. Und wie ist das mit der Zeit, wenn alles auf einmal zusammenbricht? Wer wird sich kümmern, wenn die Vulkane ausbrechen? Eure Brüder aus der Urbevölkerung sagen Euch die Wahrheit; es werden Euch immer wieder Zeichen gegeben, aber Ihr dreht Euch um und macht irgendwelche anderen unnötigen Dinge.

Betrachten wir kurz Euren Staat Washington. Eure älteren Brüder aus der Vorzeit sagten Euch, daß die „Kleine Schwester" weinen und zu Euch sprechen würde. Und danach würde „Großvater" Berg sprechen! Mount St. Helens sprach schon – und Eure kleine Schwester hat auch sehr laut gesprochen, Manche haben hingehört, aber die Meisten haben ihre Ohren verschlossen. Der Großvater rumpelt und das ist Mount Rainier. Wieviele wurden von den dunklen Lehrern, die Zerstörung und Böses, eingehüllt in Teile von Wahrheit, bringen, genau in sein Umfeld gelockt? Wieviele werden in ihrer Ignoranz vergehen und den Herrn im Himmel für Eure Dummheit verantwortlich machen? Euch wurden „Gründe" genannt und Ihr habt sie nicht beachtet.

Ich habe Euch viele Male und durch Viele gesagt, wie es sein wird und Ihr beachtet es einfach nicht. So sei es, denn die Lande werden rein gewaschen werden und zum Schluß werden nur die überleben, die sich MIR zuwenden, die Warnungen hören und ihre Vorbereitungen treffen, denn es gibt NUR EIN WORT, DAS GRÖSSER IST ALS MEINES UND DAS IST DAS LETZTE WORT DER SCHÖPFUNG, DENN ALLE SCHÖPFUNG IST EINS INNERHALB DIESES WUNDERSAMEN GANZEN. Der Mensch wurde als Betreuer in diese wundersame Schöpfung hinaus gesandt, und er hat in seiner menschlichen Form und seinem menschlichen Bewußtsein Zerstörung angerichtet. Die Seele der Menschheit wird zurückkehren oder an einen anderen passenden Ort versetzt werden; denn die physische Schöpfung wird zuerst die Winde einholen, die Ihr auf Eurer wunderbaren Mutter ausgesät habt.

Was erwartet Ihr? Daß die Rösser buchstäblich aus den Wolken hernieder kommen? Johannes' Vision aus dem Buch der Offenbarungen, wie sie vom Meisterlehrer aus den Himmeln geplant wurde, der zusammen mit Reitern in lebender Form und mit Kandelabern erscheinen würde? Es wurde gesagt, daß die Menschheit trunken würde durch Bösartigkeit, Gier, Lust und unzüchtige Handlungen. Der Bruder wird seinen eigenen Bruder bis zum Tod betrügen, so wird es gesagt; und Kinder werden sich gegen ihre Eltern auflehnen.

In dem Maß, wie die Geburtswehen stärker werden und immer schneller aufeinanderfolgen, so wird es auch mit den Geschehnissen sein, die da kommen werden. Wenn all diese Anzeichen gegenwärtig sind und sich die Frequenzen intensivieren, dann wißt Ihr, daß die Zeit der Geburtsstunde über der Erde ist.

Die Zeit ist gekommen, in der Ihr keinen gesunden Lehren mehr folgt. Um Eure Eigeninteressen zu befriedigen, umgebt Ihr Euch stattdessen, mit einer großen Zahl von Lehrmeistern, die Euren erwartungsvollen Ohren das sagen, was sie hören wollen. Ihr wollt die Wahrheit nicht hören und wendet Euch falschen Mythen zu. Ihr sitzt im Kreis und singt oder schreit Euren „Glauben" hinaus, danach geht Ihr blind weiter und werft Gott vor, daß er sich kaum um Euch kümmert, während Ihr hingegen gar nichts ändert – „Ihr müßt nur glauben, daß ER für Eure Sünden gestorben ist und Ihr seid GERETTET" – Eure Seele vielleicht, aber für Euren manifesten Körper wird er nichts tun, ES SEI DENN, IHR BEREITET EUCH DARAUF VOR, EUCH SELBST ZU RETTEN. IHR SPAZIERT OHNE JEGLICHEN SINN UND VERSTAND IN EUREN KÖPFEN UMHER, WAS EUER EINZIGES RIESIGES UND WUNDERBARES GESCHENK WAR, UM EUCH VON ANDEREN GESCHÖPFEN ZU UNTERSCHEIDEN. IHR KÖNNT FÜR EUCH SELBST UND EURE MITBRÜDER SORGEN. IHR SOLLTET JETZT LANGSAM DAMIT BEGINNEN, SEHR WÄHLERISCH ZU SEIN BEZÜGLICH DER „RAUMBRÜDER" MIT DENEN IHR EUCH UMGEBT. UND AUSSERDEM WERDEN DIE LEHRMEINUNGEN DER MENSCHHEIT EUCH KEIN TICKET NACH HAUSE VERSCHAFFEN KÖNNEN – IHR WERDET EUCH MEINEN GESETZEN UND DENEN DER SCHÖPFUNG UNTERORDNEN ODER IHR WERDET NICHT IN MEIN KÖNIGREICH ZURÜCKKEHREN!

Nationen und Königreiche werden sich gegeneinander erheben. Ist es nicht so? Ihr habt auf der ganzen Welt politisches Chaos, Staaten werden durch Kriege und Revolutionen entzweit. Die Nationen dieser Welt werden überwiegend von bösartigen Führungen regiert, die in ihrem eigenen Volk Unruhe stiften und diese über die Grenzen tragen. Wenn eine Regierungsmacht gestürzt wird, wird sie durch eine andere ersetzt, die um nichts besser ist.

Und Ihr werdet Kriegsgerüchte und Kriegsgeschrei hören! Ihr habt Kriege in allen Ländern und auf allen Meeren. Selbst die Verweigerung, das „Krieg" zu nennen, macht es nicht weniger kriegerisch. Ihr werdet Nationen haben, die vollständig von Euren Landkarten verschwinden – das passiert täglich; schaut selbst nach. Die Kriege werden ausbrechen und immer intensiver werden und zum Schluß wird der eine Verrückte kommen, der das beginnt, was Euch alle niederreißen wird, wenn Ihr nicht vorbereitet seid.

Ihr habt derzeit ausufernde Kriege mit Waffen, die Ihr als Volk weder sehen noch verstehen könnt und Ihr werdet noch grausamer fallen als wenn nur mit Kugeln oder Atomexplosionen gekämpft würde (wenn Ihr Eure Schutzbunker hättet, die Ihr im geliebten Amerika aber nicht habt). Ihr hört aber auch nicht und verändert Euch nicht.

Der Finanzkollaps auf Eurer Welt wird kommen. Danach werdet Ihr unter der vollen Kontrolle der Bösen stehen, die das alles sorgfältig geplant haben, damit es auf diese Weise geschieht. Ihr seid bereits jetzt im Niedergang begriffen. Ihr werdet Chaos, große Wirtschaftskrisen und den Zusammenbruch Eurer gesamten Systeme erleben.

Ihr habt jetzt schon Hungersnöte und das wird sich steigern, denn die Menschheit säubert die landwirtschaftlichen Flächen für den Anbau nicht korrekt, die Regierungen zahlen den Bauern Prämien, wenn sie nichts anbauen, Ihr funktioniert nur mit Geldgier, Ihr nehmt Eure Lebensmittel nicht dafür, Eure Speisekammern in Euren Schutzbunkern zu füllen und Ihr bemerkt es noch nicht einmal. Ihr geht hungrig und schlecht ernährt durch Eure eigenen Vorgärten und nehmt keinerlei Verantwortung für Eure Brüder an.

Ihr erschafft eine Bevölkerung von Abhängigen. Ihr tragt Kinder aus, die bereits dieser Hölle verfallen sind, die Ihr hervorgebracht habt. Ihr lebt in Sittenlosigkeit und habt nichts anderes zu tun, als Euch fleischlichen Gelüsten hinzugeben. Ihr verkauft Eure eigene Seele für einen Drogenrausch und die Eurer Kinder gleich mit dazu. Eure Regierungen behaupten oberflächlich, Euch zu helfen, während sie gleichzeitig die Belohnungen der Unterwelt annehmen. Ihr glaubt, „frei zu sein"? Ihr seid nicht frei, denn Ihr habt Euch dem Bösen ergeben.

Ihr werdet Plagen bekommen. Oh ja, Ihr habt sie sogar bereits! Sie werden Millionen töten, denn Ihr habt sie aufgebaut und nährt sie weiter. Fakten werden Euch vorenthalten und Ihr trottet blind wie die Schafe ins Schlachthaus. Eure Feinde in den „anti-christlichen und anti-göttlichen" Gesellschaften haben über diese Leiden eine bessere Kontrolle als Ihr. Oh, Gott wird sich zum Schluß doch noch um Euch kümmern? NEIN DAS WERDE ICH NICHT; NICHT, SOLANGE IHR DEM BÖSEN NICHT DEN RÜCKEN ZUKEHRT UND ZURÜCK AUF DEN LICHTEN PFAD DER WAHRHEIT KOMMT UND EUCH WIEDER MEINEN GESETZEN UND DEN GESETZEN DER SCHÖPFUNG FÜGT. ES WURDE EUCH GESAGT, WAS IHR TUN ODER LASSEN SOLLT, UM DAS UNTER KONTROLLE ZU BEKOMMEN UND IHR TUT WEDER DAS EINE NOCH DAS ANDERE UND DANN MACHT IHR MICH VERANTWORTLICH FÜR EURE LAGE – WARUM WERFT IHR DAS NICHT DEN SCHULDIGEN VOR? WARUM KÖNNT IHR EURE EIGENE VERANTWORTUNG NICHT DAFÜR ANNEHMEN, DASS IHR DIE BÖSARTIGEN ABSICHTEN ZULASST UND SIE AUF EURE EIGENE SCHAMLOSE ART UND WEISE AUCH NOCH NÄHRT?

Ihr werdet Erdveränderungen haben. Ihr habt Erdveränderungen. Ihr habt Luftverschmutzung und die menschliche Verschmutzung tötet Eure Seen, Eure Flüsse, Eure Böden und Eure Meere. Ihr werdet immer weitreichendere „Unfälle" haben, da Eure Ausrüstung und die Maschinen altern und nicht mehr repariert werden können und immer mehr Menschen, die dafür sorgen sollen, in Habgier und Suchtverhalten verfallen. Ihr habt bereits wertlose Produkte, die Eure Märkte überschwemmen. Wie lange wird es dauern, bis Eure Atomkraftwerke explodieren?

Ihr werdet Überflutungen in unvorstellbarem Ausmaß erleben und Dürren in dem gleichen unvorstellbaren Ausmaß. Ihr werdet Stürmen ausgesetzt sein, die schlimmer sind als Orkane mit einer

Windgeschwindigkeit von 150 Meilen pro Stunde, die Eure Stromnetze niederreißen und Ihr werdet in dunklen Lebenslagen landen.

Ihr werdet schwere und weitläufige Erdbeben bekommen, die den Boden unter Euren Füßen zerbröseln lassen und Eure finanzielle Basis, Eure Lebensgrundlagen für Wärme (Gas) und Energie (Strom) auf unbestimmbare Zeit zerstören werden. Millionen werden vergehen. Ihr werdet Vulkanausbrüche sehen, die ganze Inseln verschlucken und andere aufsteigen lassen. Ihr werdet Bunkeranlagen brauchen, um Euch vor dem zu schützen, was an Lava und Asche aus den Himmeln regnen wird. Ihr habt auch die Substanz in den Erdspalten durch Atomtests verunreinigt und das wird wieder ausgespien werden und sich als nuklearer Ausfall über die Lande ergießen. Eure Atommülldeponien werden sich öffnen und dieses unübertreffbare Gift auf Eure Böden schütten. Ihr Amerikaner fühlt Euch sicher? Mittlerweile lebt die ganze Welt von Atomkraft in großem Stil – was macht Frankreich mit seinem Atommüll? Prüft es lieber mal nach, meine Kinder.

An Eurem Himmel werden seltsame Dinge geschehen. JA, ES WIRD SIE GEBEN. IHR WÜRDET GUT DARAN TUN, MIR BESSER ZUZUHÖREN! ICH SENDE MEINE KOSMISCHEN BRÜDER, UM EUCH BEIZUSTEHEN UND IHR SCHICKT SIE WEG UND VERBRENNT DIEJENIGEN, DIE IN FRIEDEN KOMMEN. IHR ZIELT MIT EUREN WAFFEN AUF SIE UND NENNT SIE BÖSE UND TEUFLISCH. ES SIND MEINE SÖHNE, DIE KOMMEN, UM EUCH ZU LEHREN UND ALLE NACH HAUSE ZU BRINGEN, DIE MITKOMMEN WOLLEN. WARUM NEHMT IHR DAS AN, WAS DER TEUFEL EUCH SAGT, ANSTATT DIE WAHRHEIT ZU HÖREN? ICH SENDE DIE MEINIGEN, UM EUCH ZU HELFEN UND IHR GLAUBT DEM „MENSCHEN", DER SAGT, SIE SEIEN BÖSE. SO SEI ES, DENN DIE WAHRHEIT WIRD SICH VERBREITEN UND FÜR DIE MEISTEN VON EUCH WIRD ES ZU SPÄT SEIN. WIR WERDEN JETZT DEN MASSEN DIE WAHRHEIT BRINGEN – WERDET IHR HÖREN UND SEHEN? LASST DIEJENIGEN, DIE HÖREN WOLLEN, HÖREN; UND

DIEJENIGEN, DIE SEHEN WOLLEN, SEHEN. DAS STUNDENGLAS IST LEER!

Meine Himmlischen Söhne werden Euch vorgestellt, damit Ihr sie kennenlernt und um Hilfe bitten könnt. Die Lehrmeister der Sieben Strahlen des Lebens haben dies gerade in dem vorliegenden Dokument getan. Wieviele von Euch werden das Buch von sich werfen, weil der „Prediger" an Eurem Ort das so von Euch wünscht, während ich, Euer GOTT, erscheine und Euch die Wahrheit gebe? Und außerdem stehen die Engelreiche und die Erzengel für Euren Bereich bereit, um Euch zu empfangen und Euch dabei zu helfen, Eure Spezies umzudrehen. Mich kümmern Eure „Kirchen mit ihren Doktrinen" nicht – mich kümmert nur, ob Ihr Euch MIR UND DER SCHÖPFUNG ZUWENDET, DEREN GESETZE IHR MIT EUREM BESTÄNDIGEN TROTZ BRECHT. DURCH EUREN UNGEHORSAM GEGENÜBER DEN GESETZEN HABT IHR EURE WELT ÜBERBEVÖLKERT, BIS SIE SICH SELBST IN DIE VERDAMMNIS STÜRZT. EURE MUTTERQUELLE GELANGT JETZT IN IHREN HÖHEREN ÜBERGANG UND IHR SEID SCHON MITTENDRIN.

NICHTS IN DER SCHÖPFUNG IST AUF EWIG „VERLOREN", DENN DURCH DIE ZERSTÖRUNG DES EINEN WIRD EIN ANDERER ORT GENÄHRT. SELBST DIE KÖRPER DER TOTEN WERDEN IN DIE QUELLE ZURÜCKGEFÜHRT, AUS DER SIE GEBOREN WURDEN. DIE VULKANE WERDEN NEUES LAND GEBÄREN UND FRUCHTBARE ASCHE IN AREALE BRINGEN, DIE KARG UND UNFRUCHTBAR SIND. UNGLÜCKLICHERWEISE IST DER MENSCH DAS ENTBEHRLICHSTE AUF DEM PLANETEN. DER PLANET WÄRE AUSGEGLICHEN DURCH DIE ÄONEN GEGANGEN, WENN ES DIE MENSCHEN NICHT GEGEBEN HÄTTE. MENSCHEN KÖNNEN ERSCHAFFEN ODER ZERSTÖREN, DESHALB KOMMT ALLES WIEDER ZURÜCK, WAS EINST HINAUSGEGANGEN IST – DIE LEBENSSPIRALE BEWEGT SICH UNENDLICH IMMER WEITER.

ES IST EURE WAHL, OB IHR WEITERHIN EURE ERFAHRUNGEN IN GEISTIGER FORM MACHEN WOLLT, DENN DIE LEBENSSPIRALE BEWEGT SICH IMMER WEITER UND IMMER HÖHER!

Ich dränge Euch dazu, diese Meister der Lebenswahrheiten anzurufen, denn sie stehen bereit für eine Antwort und handeln mit größter Sorgfalt und pausenlos, damit Ihr in die Lage versetzt werdet, zu überleben. Sie bitten fortwährend an Eurer Statt um Gnade. Es ist aber keine Frage der Barmherzigkeit mehr, jetzt ist es eine Frage der „Gerechtigkeit" – was Ihr gesät und genährt habt, werdet Ihr ernten. Es ist niemals zu spät, um zur Wahrheit zurückzukehren und für Euer Wesen zu bitten, aber IHR werdet es tun müssen, denn niemand – nicht einmal der Höchste aller Meister – kann dies für Euch tun. IHR MÜSST DAS SELBST MACHEN! ICH ERWARTE EUER RUFEN!

ICH BIN DER ICH BIN
ICH BIN ATON – EURE QUELLE

BIBLIOGRAPHIE

Die gesamten Phönix-Journale in Englisch finden Sie hier zum kostenlosen Download:
http://phoenixarchives.com/

Die bis jetzt ins Deutsche übersetzten Phönix-Journale finden Sie hier zum kostenlosen Download:
https://christ-michael.net/download-phoenix-journale/

Infos über die drei Ausgabeformaten Hardcover, Paperback und eBook erschienenen Phönix-Journale in deutscher Sprache finden Sie unter:
https://christ-michael.net/die-phoenix-journale/

Glossar

Für die Phönix-Journale generell

Christ Michael Aton von Nebadon (CM)

Christ Michael ist ein Paradies Schöpfersohn, geschaffen vom Ewigen Vater und dem Ewigen Sohn. Seine Identität als Schöpfersohn prädestinierte ihn zum Schöpfer eines eigenen Universums, unseres Lokaluniversums von Nebadon, das in der Peripherie des großen Universums liegt. Alle Schöpfersöhne werden Michaele genannt (vgl. „El Machal", der Allerhöchste). Dazu hat jeder seine individuelle Namenskennung, die in diesem Fall Christ/Christ Michael lautet. Christ Michael ist erst seit ca. 2000 Jahren vollständig souverän über sein Universum.

Durch die 7. Selbsthingabe als Jesus von Nazareth (gemeinsam im gleichen Körper mit Esu Jmmanuel Kumara als Navigator) auf einem Planeten der Luziferrebellion erlangte er vor dem Ewigen Vater den Rang des Souveräns von Nebadon. Christ Michael gilt unter den Schöpfersöhnen als sehr risikofreudiger und unkonventioneller Schöpfersohn, der die Tendenz besitzt, neue Wege zu beschreiten. Sein vollständiger Name ist übrigens um vieles länger und würde auf Papier wohl eine halbe Seite einnehmen. Dieser Name wird im Urantia-Buch nicht offenbart. Er nennt sich einfach Christ Michael, bzw. CM, Aton, Hatonn, oder auch George, und manchmal auch in seinem reichhaltigen Humor „Big Cheese".

Aton bzw. Gyeorgos Ceres Hatonn

Kommandant des plejadischen Sternschiffes Phönix, hinter dem sich die aktuelle Verkörperung von Christ Michael Aton – kurz CM genannt – verbirgt. CM löst hierdurch das Versprechen seiner

Rückkehr ein. Er ist nicht durch Geburt inkarniert, sondern benutzt den geklonten Körper eines „großen Grauen" für seine spezielle Mission in der Korrekturzeit. Unter diesem Namen wurden auch die meisten Beiträge für die Phönix-Journale „durchgegeben". (Eve)

Esu JMMANUEL Kumara – Sananda

Esu ist der Sohn von Sanat Kumara und bekleidet den Rang eines Mächtigen Botschafters. Er ist ein Sternenkrieger erster Güte, erprobt und erfahren, und er diente Christ Michael in der Inkarnation als Jesus, wo er in einer Doppelinkarnation mit CM im Körper von Jesus seinen Erfahrungsschatz auf materiellen Welten zur Verfügung stellte. Er trägt den Titel „Sananda", unter dem er als „Aufgestiegener Meister" bekannt ist. Sananda bedeutet „Eins mit Gott". In den kommenden ca. 1000 Jahren des Neuen goldenen Zeitalters hat er das Amt des planetaren Fürsten auf der materiellen Ebene inne. Er ist definitiv verkörpert und wird wieder sichtbar auf der Erde sein. Sein weibliches Komplementär ist die Aufgestiegene Meisterin Lady Nada, die damals als Maria Magdalena verkörpert war.

Adam und Eva

Auszug aus einem Channeling mit El Morya, „Verschmelzen der Religionen" Adam und Eva: Dies war eine große Mission, eine der großen Offenbarungen, aber was Eva gemacht hat – ihr „Versagen", wurde durchweg lächerlich gemacht und in die Geschichte gepackt, in der ein Apfel gegessen wurde. Vergeßt die Apfelgeschichte, Ihr Lieben. Adam und Eva kamen als hochgebildete Persönlichkeiten hierher, von der Sphäre Jerusem. Sie hatten einen hohen Rang in der universellen Hierarchie, sie waren erfahrene Mitarbeiter in den universellen Labors und Mitglieder des Ordens der planetaren „Adame und Evas", die im Allgemeinen auf Planeten entsandt werden, die eine Offenbarung benötigen. Sie kannten ihren Job gut, und verpflichteten sich selbst wie verlangt, den Job ohne weitere himmlische Unterstützung zu vollbringen, sozusagen „in Quarantäne".

Nun liefen die Dinge auf diesem speziellen Planeten von Urantia nicht so gut, wie es erhofft worden war. Adam und Eva war es nicht gestattet, ihre DNS mit den „gewöhnlichen" Leuten zu vermischen, die hier angesiedelt waren. In ihrer Mission ging es um die Implementierung der höheren DNS durch Fortpflanzung, exklusiv aus der vermischten DNS von Adam und Eva und ihren direkten Nachkommen, wie auch um Unterrichtung.

Es geschah nicht aus Gier nach persönlichen Vorteilen, daß Eva gegen die Abmachung verstieß und im Mitgefühl ihre DNS an die „gewöhnlichen" Leute weitergab. Es war ihre bewußte Entscheidung, die aus dem Wunsch des Dienstes an der Menschheit in Kraft gesetzt wurde. Adam war sehr betroffen über Evas Entscheidung, und daher solidarisierte er sich mit Eva, so daß sie nicht alleine die Konsequenzen aus dem Vertragsbruch tragen mußte.

Auch Adam gab seine DNS jenseits des vorgegebenen Rahmens weiter, um sich selbst auf dieselbe Ebene wie Eva zu begeben. Die Konsequenzen bestanden darin, daß Adam und Eva den Garten, in dem sie lebten, verlassen mußten und Beide sämtliche Privilegien verloren, die ihnen vorher zugestanden hatten.

Nachdem ihr irdisches Leben geendet hatte, wurden sie zur Verantwortung gezogen, weil sie vertragsbrüchig geworden waren, aber Gott ist wahrhaftig Liebe und Christus rehabilitierte sie. Jetzt sind Beide Mitglieder im planetaren Rat von Urantia.

Soweit zu diesem Thema, nur um Euch ein Beispiel zu geben, wie Information abhanden kommen kann, geschmälert, ins Lächerliche gezogen wird. Und denkt mal darüber nach, wieviele Frauen in der Geschichte gefoltert worden sind, nur wegen eines Alptraumes, den der Mensch als „Erbsünde Evas" bezeichnet.

Diese gescheiterte Mission hatte mit Sicherheit Konsequenzen für alle Menschen, die auf Erden gelebt haben, aber das was ungebildete, gierige und naive Menschen daraus gemacht haben, kann nicht wirklich Eva zugeschrieben werden.

Zusatz aus dem UB: Adam und Eva materialisierten vor fast 38000 Jahren auf Urantia. Sie waren ca. 2,5 Meter groß und hatten eine violette Hautfarbe. Ihre Körper leuchteten und in der Nacht, wenn sie ihre Mäntel trugen, erschien das Leuchten von ihren Köpfen wie ein Heiligenschein. Sie hatten eine sehr schwierige Mission, weil die planetare Quarantäne sie von jeglichem Kontakt mit dem Rest des Universums isolierte. Sie kamen auf einen rückläufigen Planeten, ohne planetarischen Prinzen, mit Menschen, die wenig auf ihr Erscheinen vorbereitet waren.

Eva gebar 105 Nachkommen aus reiner Herkunftslinie, bevor sie ihr Mandat aufgaben – siehe oben. Adam wurde 530 Jahre alt und starb an Altersschwäche. Eva starb 10 Jahre vor Adam an einem schwachen Herzen. (Urantia-Buch, Schriften 73-76)

Sanat Kumara

Sanat Kumara ist das Oberhaupt der weitläufigen Familie Kumara. Esu JMMANUEL Kumara ist sein Sohn – in kosmischem Verständnis eine „Ausdehnung seiner Energie" (vgl. Esu's Biographie durch Jess, unter der Rubrik VIPs, Esu). Seine weibliche Entsprechung ist Lady Venus Kumara. Die Kumaras sind eine Familie von „Sternenkriegern", was bedeutet, daß sie Spezialisten für komplizierte und verfahren erscheinende Situationen sind.

Während Christ Michaels 7. Selbsthingabe als „Jesus" gemeinsam mit Esu waren eine Menge der Leute in seinem direkten Umfeld inkarnierte Kumaras. Bekannt ist, daß die Kumaras ursprünglich aus dem System Lyra kamen, von wo sie aufgrund von Zerstörung ihres

Heimatplaneten umsiedeln mußten. Ein Teil integrierte sich ins plejadische System, ein anderer ins Sirius-System.

Sanat Kumara ist uns hauptsächlich geläufig als „Herr der Venus", der sich aber auch ausgedehnte Zeitalter um Urantia kümmerte. Derzeit ist sein Amt das des solaren Logos, was man quasi als Supervisor unseres Sonnensystems bezeichnen könnte. Das Wort Kumar bedeutet im Indischen soviel wie „Prinz". Passenderweise wird Esu Jmmanuel Kumara in den nächsten ca. 1000 Jahren das Amt des materiellen Fürsten (vgl. engl. „Prince") bekleiden, gemeinsam mit seiner weiblichen Entsprechung Lady Nada.

Nebadon

Nebadon ist der Name des Lokaluniversums, in dem wir uns befinden. Es ist die Schöpfung des Schöpfersohnes Christ Michael gemeinsam mit dem Muttergeist Nebadonia. Es ist bis jetzt ein Projekt von 400.000.000.000 Jahren. Es wird, wenn es fertig ist, aus 100 Konstellationen, 10.000 Systemen und 10.000.000 bewohnten Planeten bestehen. (Urantia-Buch, Teil II)

Nebadonia

Universum Mutter Geist von Nebadon. Sie wurde von der Dritten Person der Trinität erschaffen, dem „Vereinigten (Mit-)Spieler (Conjoinded Actor), auch „Mitvollzieher" genannt und auch als der „Heilige Geist" bezeichnet. Nebadonia ist die Repräsentantin dieser Dritten Person der Trinität, in unserem Lokaluniversum von Nebadon. Universum Mutter Geist von Salvington, Göttliche Ministerin, Gehilfin und spirituelle Begleiterin von Michael – in aller Liebenswürdigkeit in ganz Nebadon als „Mutter" bekannt. Sie allein erschuf unzählige Persönlichkeiten. Sie ist die Schöpferin der Seraphimen Wesen in Nebadon und die Selbsthingeberin des Geistes durch das Repräsentieren des „Mitvollziehers", wie auch durch ihren eigenen Einfluß als die Präsenz des Heiligen Geistes. Sie stellt den „Lebensfunken" zur Verfügung, der alles Leben, Geschöpfe und Pflanzen auf allen Welten Nebadons belebt. (UB, Schrift 34)

ORVONTON

Name des Superuniversums, in dem sich unser Lokaluniversum Nebadon befindet. Es handelt sich um das SIEBTE Superuniversum, das ganz Besonders auf den Fokus der Liebe ausgerichtet ist. Der amtierende Hauptgeist ist Lord SIRAYA, von den Sirianern auch als Lord Surea bezeichnet.

Durch BEYOND wissen wir jetzt, daß Siraya wesentlicher Teil eines Komplottes gegen CM ist und seine Aufgabe zur Disposition steht.

(Eve) Zusatz: Eigentlich wird ein Superuniversum von drei Persönlichkeiten „regiert". Sie werden die „Ältesten der Tage" genannt.

Orvonton rotiert, zusammen mit den anderen sechs Superuniversen um das Zentrale und Göttliche Universum, der perfekten Schöpfung des Paradies Havona. Nach Vollendung wird es aus 1 Trillion bewohnter Planeten, 10 Hauptsektoren (relativ symmetrische Sternhaufen) und 10 Trillionen Sonnen bestehen. Wenn man durch die dichtesten Ebenen von Orvonton in Richtung Paradies schaut, sieht man die Milchstraße. Orvonton ist noch nicht vollendet. Seine Hauptstadt ist Uversa. (UB, Schrift 15)

PHÖNIX

Plejadisches Raumschiff, Mutterschiff. Es hieß früher anders, wurde im Rahmen von Christ Michaels Mission umbenannt. Die Phönix ist CMs materieller „Sitz" und seine Kommandozentrale in seinem Projekt der Säuberung Urantias. CM kehrte 1954 als Kommandant Hatonn bzw. Gyeorgos Ceres Hatonn (auch genannt Aton) gemäß seinem früher gegebenen Versprechen zurück und fing an, Durchgaben zum Zeitgeschehen über das irdische Medium Dharma zu machen. Diese Journale wurden bis Ende der 90er Jahre fortgesetzt und werden als „Phönix-Journale" bezeichnet. Der aus der Asche emporsteigende Phönix ist auch das Siegel auf jedem Journal. (Eve)

Quarantäneplanet

Planeten, die einer Rebellion anheimfallen (wie es auf Urantia mit der von dunklen Kräften inszenierten „Luzifer-Rebellion" der Fall war), werden von den kosmischen universellen Kreisläufen des Lichts abgekoppelt und in „Quarantäne" isoliert, damit sich die Rebellion nicht weiter ausbreiten kann.

Urantia wurde sofort nach Caligastias Anschluß an die Rebellion unter Quarantäne gestellt und es wurde damals auch sofort damit begonnen, die Korrekturzeit zu planen. Mit Beginn der Korrekturzeit wird der Planet wieder an die kosmischen Kreisläufe angeschlossen und unter ein besonderes Programm gestellt.

Die Quarantäne war mit ein Grund, warum die Amnesie der Menschen auf Urantia bezüglich ihrer kosmischen Herkunft besonders schwerwiegend ausgefallen ist. (Eve) Zusatz: Die Isolation und Abkopplung vom Universellen Kreislauf wird so lange aufrecht erhalten, bis die Ältesten der Tage darüber zu Gericht sitzen und über die Angelegenheit ein Urteil fällen.

Die Isolation, die auch weitere 36 Planeten betraf, dauerte 200.000 Jahre, bis 1985 der Gerichtsprozeß stattfand. Dies war der Beginn der Korrekturzeit.

Korrekturzeit

Kosmische Zyklen sind als Taktgeber für die Entwicklungsstufen gemäß dem Schöpfungsplan anzusehen. Da Urantia seit der sogenannten „Luzifer-Rebellion" vor etwa 200.000 Jahren aus dem Tritt gekommen ist, der Planet mit der Menschheit jedoch nicht aufgegeben werden soll, hat Christ Michael eine Korrekturmaßnahme eingeleitet, die mit Unterstützung vieler himmlischer Persönlichkeiten, der Menschheit und dem Planeten den Anschluss an den Rest des Lokaluniversums ermöglichen soll und die Verankerung in „Licht und Leben" zum Ziel hat.

Die Korrekturzeit wird sich voraussichtlich über die nächsten 1000 Jahre erstrecken. Die Korrekturzeit bezieht sich nicht nur auf die Erdveränderungen – aufgrund natürlicher oder vom Menschen verursachter Gründe, wie Umweltverschmutzung, Überbevölkerung – sondern auch auf die Veränderungen in Bezug auf die Institutionen, die mit Wirtschaft, Politik, Religion, Erziehung und der Familie zu tun haben.

Christ Michael hatte sich mit dem Plan für diese nötige Korrektur schon vor 200.000 Jahren befasst und er betrifft noch 36 andere Planeten, die ebenfalls in die Rebellion involviert waren und somit auch in Quarantäne und ohne Möglichkeit der Kommunikation mit dem Universum waren.

Urantia

Der Name von diesem Planeten, der Erde, in den kosmischen Registern. Unser Planet wurde schon so genannt, lange bevor es auf ihm Bewohner gab, die fähig dazu waren, in einer gesprochenen Sprache zu kommunizieren. Der Name geht auf den Planetarischen Höchsten zurück, der mit den Lebensträgern zusammen ankam, um Leben einzupflanzen und dessen Name Urantia war.

Urantia-Buch

Das Urantia-Buch (engl. The Urantia Book) ist ein 1955 erschienenes Buch in englischer Sprache, in dem der Begriff „Urantia" als eigentlicher Name des Planeten Erde vorgestellt wird. Das Buch entstand in Chicago, Illinois, USA zwischen 1924 und 1955 und beruft sich auf Offenbarungen durch geistige Wesenheiten aus sehr hohen kosmischen Kreisen.

Die Schriften des Urantia-Buches (erste deutsche Ausgabe 2005; 2. Ausgabe 2008) bietet dem Leser u.a. einen einzigartigen Überblick über Struktur, Verwaltung und Personal des Schöpfungsreichs sowie über die Geschichte unseres Universums von Nebadon, der Erde Urantia, der Evolution der Menschheit, der Mission von Adam und Eva und der Ersten Ankunft von Christ Michael auf der Erde vor 2.000 Jahren.

Auch wenn das Buch aus heutiger Sicht nicht frei von irreführenden Beschreibungen ist, präsentieren die Inhalte insgesamt einmalige und überzeugende Darstellungen über die Grundfragen der Existenz und insbesondere über das Abenteuer der menschlichen Evolution in Bezug auf die Wiederherstellung der Verbindung zum Schöpfer.

Weitere Informationen

zu den Themen dieses Buches, insbesondere im Zusammenhang mit der Mission von Christ Michael Aton, finden Sie unter

https://christ-michael.net/

Buchempfehlungen

Phönix-Journal Nr. 01

Das Journal Nr. 01, SIPAPU ODYSSEE, ist das einzige Journal, was ein Copyright hat, weil es offiziell als „Roman" deklariert ist und direkt von *Doris Ekker*, aka *Dharma*, aka Pseudonym *Dorushka Maerd* geschrieben wurde.

Allerdings erklärt CM/Hatonn darin bereits in der Einleitung, es sei alles genau so gewesen. Im Rahmen einer Nahtoderfahrung beschreibt *Dorushka Maerd* ihre Erfahrungen mit den „Raumbrüdern" in einer Art höheren Dimension.

Die spannenden Schilderungen umfassen metaphysische und schwer erklärbare Geschehnisse, die sich als Folge eines absichtlich von dunklen Kräften herbeigeführten Verkehrsunfalles ereignen.

Der Unfall bildet die Rahmenhandlung, die mit dem scharfen Blick des Rotschwanzfalkens beobachtet wird. Von da aus beginnt eine spannende Reise voller Poesie und ewiger universeller Wahrheiten. Dabei werden spirituelle Dimensionen der indianischen Ureinwohner Amerikas ebenso berührt wie die Verantwortung des Menschen auf diesem Planeten im Sinne des Schöpfers.

Bemerkenswert ist, daß die Schilderungen der kosmischen Persönlichkeiten durch die Autorin vollends deckungsgleich sind mit den eigenen Erfahrungen der Übersetzerin während ihrer Kontakte in der meditativen Praxis, wobei besonders der großartige Humor einer der Hauptakteure auffällt.

Ein weiteres wichtiges Thema sind die im Rahmen der Transformation unseres Planeten möglichen Erdveränderungen. Sollten diese in unserer Zeit einsetzen, dann wäre es unbedingt zu empfehlen, sich mit den im Buch beschriebenen Evakuierungsmaßnahmen von OBEN vertraut zu machen.

Es ist eine spannende Lektüre für Suchende und Aufgewachte, bei der auch die Komponente zwischenmenschlicher Herzensliebe einen großen Raum einnimmt.

Erhältlich beim *tradition Verlag* (https://tradition.de) oder im Buchhandel in drei Ausgabeformaten Taschenbuch, Hardcover und eBook.

Buchempfehlung: Phönix-Journal Nr. 02

Das Journal Nr. 02 gehört zu den wichtigen Grundlagen-Werken. Nicht umsonst empfiehlt auch Christ Michael, alias Hatonn, in diesem Journal Nr. 13 dringend die Lektüre dieses Buches.

Es enthält die ungefilterten und unzensierten Zeugnisse über die dramatischen Ereignisse in Israel vor 2000 Jahren. Erschütternd, berührend – und sehr kontrovers zur kirchlichen Lehrmeinung. Unter schwierigsten Bedingungen hat diese Schrift den Weg in die Öffentlichkeit gefunden. Jesus Sananda Jmmanuel sagt dazu in der Einleitung:

„Das folgende Dokument wurde übersetzt von Schriftrollen, die in Eurem Jahr 1963 von einem katholischen Priester griechischer Herkunft ans Licht gebracht wurden. Die Schriften wurden meistens mit mir an der Seite aufgezeichnet. Diese Schrift beweist zweifelsfrei, daß die falschen Glaubenslehren der Religionen jeglicher Wahrheit entbehren und daß sie die verantwortungslosen Machenschaften skrupelloser Kreaturen sind, die teilweise vom ‚Heiligen Stuhl' angeheuert wurden."

Allein mit diesen Worten zeigt Jesus Sananda Jmmanuel, daß er nicht den Zerrbildern des weichgespülten „Softie" entspricht. Er ist damals gekommen – wie es im Buch heißt – *„das Schwert der Wahrheit und des Wissens und der Kraft des Geistes, die dem Menschen innewohnt"* zu überbringen.

Die Inhalte dieses Buches verschaffen z. B. Klarheit darüber, was er gelehrt und vorgelebt hat, warum sein Name in „Jesus" abgeändert wurde, wer seine Lehrer waren, warum er den Weg der Kreuzigung gegangen ist, wer die wirklichen Verräter waren und viele – prophetische – Einzelheiten über sein Versprechen, wieder zu uns zurückzukehren.

Es sind Worte von großer Kraft und Weisheit. Wer bereit ist, sich mit dem Herzen auf den „Geist" dieser Texte einzulassen, wird mit tiefen Erfahrungen der Erkenntnis beschenkt.

Erhältlich beim *tredition Verlag* (https://tredition.de) oder im Buchhandel in drei Ausgabeformaten Taschenbuch, Hardcover und eBook.

Buchempfehlung: Phönix-Journal Nr. 03

Das Journal Nr. 03 gehört – ähnlich wie das Journal Nr. 02 – zu den wichtigen Grundlagen-Werken.

In diesem Buch enthüllt Commander Hatonn hochgeheime Aktivitäten in den USA, wie z. B. des MJ-12-Programms (Majestic 12) und der Jason Society, deckt die Hintergründe der mysteriösen UFO-Abstürze oder des geheimen Raumfahrtprogramms auf und nennt den wirklichen Mörder von John F. Kennedy.

Es vermittelt schockierende, aber auch erkenntnisreiche Einblicke in eine Welt jenseits unseres durch Zensur eingeschränkten Vorstellungsvermögens.

Obwohl bereits 1989 zum ersten Mal veröffentlicht, hat dieses Phönix-Journal nichts von seiner Brisanz verloren. Im Gegenteil. Jetzt, fast 30 Jahre später, können durch den anhaltenden Aufwach- und Erkenntnisprozeß die dargestellten Fakten und Zusammenhänge besser verstanden werden. Unverblümt sagt Hatonn:

„Ihr sitzt und meditiert über dies oder jenes in Euren lächerlichen Kostümen und singt Kristalle an und Gott allein weiß, was sonst noch, – sehr riskant für Eure Gesundheit und die Existenz im Ewigen Leben. Beherzigt die Warnung! Geht diesen Dingen nach – erforscht sie und hört der Wahrheit zu, die versucht, von Eurem inneren Wissen in Eure Gehirne vorzudringen."

Durch Indoktrination seitens einer selbsternannten Elite halten uns Lüge und Selbstbetrug seit Generationen gefangen. Zur Befreiung reicht uns Hatonn seine helfende Hand:

„Die einzige Weise, in der Ihr hoffen könntet, Stand zu halten, wäre, wenn Ihr angemessene ähnliche Fähigkeiten hättet – die Eure Brüder aus dem Kosmos Euch anzubieten haben." Wenn wir diese Hilfe nicht annehmen, sagt Hatonn weiter, marschieren wir geradewegs zum Armageddon. – Höchste Zeit, endlich – in Einheit mit dem Göttlichen – unser Schicksal zu wenden.

Erhältlich beim *tradition Verlag* (https://tredition.de) oder im Buchhandel in drei Ausgabeformaten Taschenbuch, Hardcover und eBook.

Phönix-Journal Nr. 08

In diesem Buch enthüllt Hatonn die WIRKLICHEN Hintergründe der Aids-Krankheit und gibt dem Leser jede Menge wertvoller Hinweise zu Viren, Retroviren und deren Mutationen.

Beispielsweise zeigt er schlüssig auf, daß hier keine einzige Impfung helfen wird, genauso wenig wie ein Kondom, da die Größenordnung der offenen Poren eines Kondoms sich zu einem Virus verhält wie ein Basketballkorb zu einem Tennisball.

Zudem erfahren wir, daß die WHO in die Entwicklung und Verbreitung des AIDS-Virus verstrickt war. Somit war es nur folgerichtig, daß US-Präsident Donald Trump im April 2020 die Unterstützung für diese Organisation aufgekündigt hat. Die Parallelen zur verheerenden „Corona-Krise" in 2020, bei der die WHO ebenfalls korrupt im Interesse einer Impfmafia weltweit die Fäden gesponnen hat, sind unverkennbar.

In diesem Buch werden aber nicht nur die dunklen Hintergründe der AIDS-Krankheit beleuchtet, sondern auch die Möglichkeiten zur Linderung und Heilung aufgezeigt. Hierzu kommen Walter Russell und Nikola Tesla zu Wort, wie mit Licht, Farben und Frequenzen die Krankheit aus der Welt geschafft werden kann.

Also wieder ein sehr spannendes Werk von Hatonn und Mitgliedern seines Teams mit einer Fülle an Wissen und Mut machenden Ausblicken darauf, daß die „Plagen" letztlich alle überwunden werden auf dem Weg der Befreiung des Planeten von den dunklen Machenschaften einer selbsternannten Elite."

Erhältlich beim *tradition Verlag* (https://tradition.de) oder im Buchhandel in drei Ausgabeformaten Taschenbuch, Hardcover und eBook.

In diesem Buch zeigt Sananda (Esu Jesus Jmmanuel) mit der ihm eigenen schonungslosen Offenheit eine schockierende Realität, welche sich seit Generationen im Geheimen aber doch letztlich mitten unter uns abspielt. Aus Geld-

und Machtgier haben Hunderttausende ihr Denken und Handeln einem Kult unterworfen, der als Satanismus bezeichnet wird. Es sind zu einem großen Teil sehr prominente Menschen aus Politik, Kultur und Medien. Hinter einer ehrenwerten Maske sind sie abscheuliche Monster mit perversen Praktiken, bei denen z. B. hilflose Kinder erbarmungslos sexuell mißbraucht und am Ende rituell ermordet werden.

Es geht hier aber auch um Aufklärung über die subtilen und verführerischen Vorstufen zur Hölle. Drogen, geisttötende exzessive Musik, sexuelle Perversionen oder auch heilsversprechende Ideologien können besonders junge Menschen in einen Teufelskreis führen, dem sie nur schwer wieder entrinnen können.

Sananda nimmt kein Blatt vor den Mund bei der Erklärung satanischer Symbole, Rituale und vor allen Dingen, wie bereits im Kindesalter die Weichen gestellt werden für das Abgleiten in die Knechtschaft des Bösen. Und das alles mit den „Segen" von Eltern, Pädagogen und der Politik. Umso wichtiger ist es, daß wir die kranke Gottesferne bereits im Keim erkennen. Denn, so Sananda, „wenn Ihr nicht aufwacht und euch dieses Problems annehmt, dann werdet Ihr eine Generation Kinder verlieren, entweder an die Krankheit selbst oder als Mordopfer in den Händen dieser Bösartigen – oder sowohl als auch."

Wie gute Eltern zu ihren Kindern zeigt Sananda aber auch einfühlsam die Wege zur Selbsterkenntnis auf: „Ihr seid bis zu eurer nahenden Zerstörung Menschen der Lüge gewesen. Ihr müßt Wissen darüber erlangen, wie Ihr dem Widerstand leisten könnt, was dabei ist, euch einzunehmen. Gott hat euch nicht verraten – IHR habt das Göttliche verraten und in eurer Ignoranz ein Angebot bei Skorpionen abgegeben. Ich biete euch nun meine Hand an, auf daß ich euch heimbringen möge."

Erhältlich beim *tredition Verlag* (https://tredition.de) oder im Buchhandel in drei Ausgabeformaten Taschenbuch, Hardcover und eBook.

Phönix-Journal Nr. 12

Das Journal Nr. 12 gehört auch – ähnlich wie das Journal Nr. 02 und 03 – zu den wichtigen Grundlagen-Werken. Hier spricht Hatonn wie so oft Klartext, nennt die Dinge beim Namen und neigt dazu, sehr direkt zu sein und seine Information unverblümt und unorthodox auszusprechen.

In „Die Kreuzigung des Phönix" spannt Gyeorgos Ceres Hatonn einen sehr weiten Bogen. Von der Beantwortung der Korrespondenz von damaligen Lesern aus dem Jahr 1990 bis zu den Hintergründen vieler Mythen alter Völker.

Dabei geht es immer um das Überwinden der Unwissenheit, die unsere Spezies Mensch in die gottesferne leidvolle Umnachtung, in den geistigen Tod führte. Einengende religiöse und politische Glaubenskonzepte werden von satanischen Kräften bereits im Kindesalter eingetrichtert, um das Wissen über die Macht des Geistes und über die Schöpfungsgesetze zu behindern oder zu verfälschen.

Was früher die Hexenverbrennung war, ist heute die subtile Unterdrückung jeder Art von Denken über den Tellerrand der vorgegebenen Denkschablonen. Das ist die Kreuzigung des Phönix, der durch die Unwissenheit im Feuer leidvoll zu Tode kommt.

Der Phönix wird somit zum Symbol für unseren Evolutionszyklus der Transformation. Nach seinem qualvollen Tod erhebt sich der Vogel aus der Asche. Mit den Flügeln der Erkenntnis schwingt er sich wieder empor und erwacht zu neuem Leben. *„Ihr müßt der Wahrheit ins Auge sehen, dann könnt ihr handeln",* sagt Hatonn in seinem Vorwort und übermittelt uns auch in diesem Journal wieder tiefgreifende Fluganleitungen für das Erheben aus der Asche der Unwissenheit.

Erhältlich beim *tredition Verlag* (https://tredition.de) oder im Buchhandel in drei Ausgabeformaten Taschenbuch, Hardcover und eBook.

Phönix-Journal Nr. 30

Dieses Phönix-Journal ist der erste Band der sogenannten „Plejaden-Serie", einer insgesamt 8 Bände umfassenden Reihe, die der Autor Kommandant Hatonn als „die 8 wichtigsten Bücher auf dem Planeten" bezeichnet.

Man könnte diesen ersten Band als Einleitung für die Plejaden-Serie bezeichnen. Wir erfahren hier – wie üblich in den „Journalen" – viel über die beim Erscheinen des Buches aktuellen politischen Hintergründe der George Bush-Regierung und ihre dunklen Machenschaften.

Sehr spannend wird es, wenn wir von Hatonn einiges über unsere kosmischen Verwandten, die Plejadier erfahren. Wie sie wohnen und leben, welche Raumschiffe sie haben und welche Metalle sie dabei verwenden, etc.

Hatonn offenbart uns hier auch sehr interessante Hintergründe aus der Entstehungsgeschichte unserer Erde. Wie der Planet Venus in unser Sonnensystem kam und Einzelheiten über seine Oberfläche (nicht ganz das, was von manchen „Experten" erzählt wird). Auch erfahren wir einiges über die sog. Robotoiden und deren destruktiver Einfluss und vieles, vieles mehr.

Letztlich geht es Hatonn immer darum, durch Erkenntnis den Pfad zurück in die Einheit mit Gott zu finden:

„Diese Dokumentationen werden erstellt, um euch Nahrung für eure Gedanken zu geben, als Marker für Wachstum und Verstehen, denn die Verwirrung überschattet die Zeit, in der die Mysterien dieser wundervollen experimentellen Reise durch das Leben entschleiert werden."

Erhältlich beim *tradition Verlag* (https://tradition.de) oder im Buchhandel in drei Ausgabeformaten Taschenbuch, Hardcover und eBook.

Phönix-Journal Nr. 42

Gyeorgos Ceres Hatonn diagnostiziert in diesem Journal in seiner typischen direkten Art die skrupellosen Machenschaften einer Medizin, die nicht daran interessiert ist, daß wir vollkommen gesund sind.

Das alles ist schockierend, aber auch heilsam und schützend. Denn nur durch das Erkennen der Fallstricke der „unheiligen Allianz" können wir uns und unsere Kinder aus den gefährlichen Täuschungen befreien und alternative Wege der Heilung finden, wozu Hatonn auch viele Tipps und Hinweise gibt. Mit gutem Grund widmet er dieses Journal den vielen ganzheitlichen Ärzten und Heilpraktikern, denen „von den medizinischen Gesellschaften und der Verschwörung der Priester in den Todestempeln übel mitgespielt wird" so Hatonn.

Denn die moderne Medizin ist wie eine Religion, die in ihren grundlegenden materialistischen Glaubenssätzen keinen Widerspruch duldet und deren Priester primär dem Mammon dienen, statt unserer Gesundung. Es ist deshalb heilsam, nicht länger ein blinder Gläubiger zu sein.

Hatonn beschränkt sich hier aber nicht nur auf Gesundheitsthemen. Beispielsweise enthüllt er Hintergründe über den Mord an John F. Kennedy und über die geheimen unterirdischen Anlagen bei einem US Air Force Stützpunkt in Kalifornien oder spricht über den Opium-Gehalt im Zigarettenpapier.

Bei all den verstörenden Einblicken begleitet Hatonn den Leser wie ein guter Freund und fordert auch dazu auf, ihn direkt auf unserer Erkenntnisreise um Unterstützung zu bitten: „Mit welchem Namen Ihr mich auch immer rufen mögt – ich komme, um Euch den Weg zu weisen und Euch nach Hause zu bringen."

Erhältlich beim *tredition* Verlag (https://tredition.de) oder im Buchhandel in drei Ausgabeformaten Taschenbuch, Hardcover und eBook.

Phönix-Journal Nr. 50

In diesem Journal nimmt Gyeorgos Ceres Hatonn den Leser sorgsam mit auf eine außergewöhnliche Entdeckungsreise zu den ewigen Zyklen der Schöpfung und der daraus resultierenden Entstehungsgeschichte unseres Sonnensystems. Dabei erläutert er auch ausführlich die Enuma elish, das sumerische Schöpfungs-Epos, welches laut Hatonn die Grundlage der Schöpfungs-Epen aller Religionen ist. Beispielsweise entspricht die biblische Einteilung der sieben Schöpfungstage den sieben sumerischen Schrifttafeln, in denen sechs Teile vom Schöpfungsvorgang handeln und die siebte Tafel ausschließlich der Verherrlichung „Gottes" gewidmet ist.

Die Sumerer hatten also bereits vor 6000 Jahren nicht nur umfassendes Wissen um die Entstehungsgeschichte unseres Planeten, sondern beschrieben auf ihren Tontafeln auch sehr exakt die astronomischen Zusammenhänge unseres planetaren Systems. Woher hatten die Sumerer dieses enorme Wissen? Hatonn bestätigt hier die Forschungsergebnisse von Zecharia Sitchin, daß dieses von den Anunnaki stammt, einer hochentwickelten außerirdischen Zivilisation, „jene, die vom Himmel auf die Erde kamen". In der Bibel wird von ihnen als den „Anakim" gesprochen und in Genesis Kapitel 6 werden sie auch als „Nephilim" bezeichnet. Somit können im Licht des göttlichen Plans der geistigen und physischen Evolution nicht nur die sumerischen Texte und die biblische Genesis verstanden werden, sondern auch Götter-Mythen bis hin zu den Sagen über die verschwundenen Kontinente Atlantis und Lemuria.

All diese Einblicke in das „Nähkästchen" des Schöpfers werden eingebunden in ein tiefes Verständnis um den Sinn und Zweck unserer menschlichen Existenz innerhalb des Göttlichen Plans. Wir stehen am Ende eines kosmischen Zyklus, in dem wir aus der Gottesferne einen evolutionären Sprung in die nächsthöhere Bewußtseinsstufe machen müssen. Dabei reicht uns Hatonn die Hand mit den Worten: „Ich bin Euer älterer Bruder und komme als Euer Begleiter, um Euch nach Hause zu geleiten."

Erhältlich beim *tradition Verlag* (https://tredition.de) oder im Buchhandel in drei Ausgabeformaten Taschenbuch, Hardcover und eBook.

Adama von Telos: GOLDENE FELDER

Spaziergänge mit Adama

Adama von Telos ist bekannt als Hohepriester plejadischer Herkunft, mit Sitz in der unterirdischen Stadt Telos unterhalb von Mount Shasta in Kalifornien, wohin sich der überlebende Teil der lemurianischen Bevölkerung nach dem Verlust des Mutterlandes zurückgezogen hatte.

Dieses Buch erfasst durch lockere Gespräche mit Adama über ganz unterschiedliche Themen des Lebens seinen einzigartigen, humorvollen Charakter und dient durch seine Inhalte als eine Art Brücke zwischen der alten und neuen Zeit. Ein Beispiel daraus:

„Leben war es, das aus der Liebe erschaffen wurde und es waren Beziehungen, die aus der Bedeutung des Lebens entstanden. Und es wird niemals Leben ohne einen gewissen Risikofaktor geben. Ganz gleich, ob ihr die Meere durchtaucht oder die Himmel durchfliegt ... die Kunst zu Leben wird von der Lebensfreude inspiriert, durch den Tanz der Elemente um euch herum, mit euch selbst, die ihr eure Nase in den Strom von Wind, Sonne, Wasser und Erde haltet, während ihr vollständig zu dem Wesen werdet, das ihr seid.

Adama offenbart sich dem Leser als nahestehender, väterlicher Freund mit tiefer Empathie, großer Herzlichkeit und einzigartiger Authentizität inmitten imaginärer Spaziergänge durch die legendären goldenen Felder Lemurias.

Leserkommentar: „Sicher ein sehr ungewöhnliches spirituelles Buch der ‚next generation': impulsgebend, kurzweilig und mit hohem Unterhaltungswert."

Erhältlich beim *tredition* Verlag (https://tredition.de) oder im Buchhandel in drei Ausgabeformaten Taschenbuch, Hardcover und eBook.